제4판

INTRODUCTION TO
RESORT
MANAGEMENT

복합리조트경영론

유도재 저

 (주)백산출판사

제4판 머리말

이번에 리조트경영론 제4판을 2014년 이후 6년 만에 개정하게 되었다. 2006년에 초판을 발행한 이후 지금까지 독자분들의 꾸준한 사랑을 받아 지금에 이른 것을 감사드리고, 2~3년 전부터 주변 독자 교수님들의 계속되는 개정 요구에 부응하게 되어 마음이 보람되고 기쁘다.

과거로 잠시 거슬러 올라가 보면 리조트경영론 초판을 출간할 당시만 하더라도 국내 대학에는 세종대를 비롯한 몇 개 대학에서만이 리조트 관련 과목을 개설할 정도로 그 학문적 기반이 미약한 상태였으며, 강의를 수강하는 학생들조차 리조트에 대한 이미지가 산간지역에 콘도미니엄이 딸린 소규모 스키장이나 온천콘도 정도로 협소한 인식을 가지고 있었다. 이들에게 한 학기 내내 리조트산업의 미래가치나 중요성을 인식시키느라 애썼던 일이 기억에 남는다.

그러나 14년의 짧지 않은 시간이 흐른 지금 전 세계적으로 리조트산업의 위상은 너무 많이 변했다. 하물며 책을 쓰고 강의를 하는 저자로서도 리조트산업의 성장과 변화를 쉽게 따라가지 못할 정도로 리조트산업은 거대한 흐름 속에 초기의 단일형 개념을 탈피하여 초대형화, 통합화, 복합화라는 융합적 시대 개념을 선택하고 미래 성장동력 산업으로 눈부신 성장을 거듭하고 있다.

국내만 하더라도 라스베이거스식 복합리조트인 파라다이스시티와 제주신화월드 두 곳이 개장하였고, 뒤이어 외국 자본인 인스파이어 복합리조트와 시저스 복합리조트, 무의쏠레어 복합리조트 등이 개장을 앞두고 치열한 경쟁을 예고하고 있다.

국내 대기업들의 리조트사업 참여도 이어지고 있는데, 롯데그룹은 자사 호텔브랜드를 롯데호텔&리조트로 변경하고 테마파크와 워터파크, 아쿠아리움, 골프리조트 등으로 사업영역을 확장하고 있으며, 한화호텔&리조트도 전국에 17개의 리조트와 11개의 테마파크 및 골프리조트를 운영하고 있다. 최근 리조트업계의 선두자리를 지키고 있는 대명리조트도 세계적인 호텔리조트그룹으로 도약하기 위해 소노호텔&리조트로 브랜드를 변경하고 전국에 16개의 프리미엄 리조트를 운영 중이다. 신세계그룹도 2026년까지 4조 6,000억 원을 들여 '화성국제테마파크'를 개장할 예정인데, 이곳은 테마파크와 호텔, 쇼핑몰, 골프장 등이 갖춰진 '글로벌 복합테마파크'로 개발되어 1만 5,000명의 고용창출을 예상하고 있다.

국제적으로도 미국 라스베이거스를 중심으로 시작된 카지노 개발은 초창기 단독 카지노호텔 형태에서 벗어나 종합적인 엔터테인먼트와 MICE 중심으로 진화되고 있으며, 이러한 변화는 마카오, 싱가포르 등 여러 아시아 국가들로 확산되고 있다. 이와 더불어 국가 간 복합리조트 경쟁에서 생존하기 위한 방안으로 거대한 복합리조트들을 한 지역에 집단화하는 시도로서 카지노복합리조트를 연계한 카지노 스트립(strip)을 조성하여 복합리조트의 집적화를 실현하고 있다. 이러한 성공적 경영전략은 이미 '라스베이거스 스트립'이나 '마카오 코타이스트립'에서 증명되고 있다.

이러한 복합리조트의 국내외적 발전상을 참고하여 이번 제4판은 리조트의 발전과정이나 다양성 등을 소개하는 데 충실하였다. 제4판의 개정 내용은 크게 네 가지로 나뉘는데 이를 살펴보면 다음과 같다.

첫째, 본서에서는 '리조트'와 '복합리조트' 두 가지 용어를 혼용하여 사용하고 있다. 이는 전통적 개념의 리조트가 현대적 개념의 초대형 복합리조트를 설명할 수 없는 부분이 있고, 다른 한편으로는 리조트의 한 유형인 복합리조트가 다양하게 세분화된 현대의 리조트 유형을 모두 설명할 수 없는 부분이 존재하기 때문이다.

둘째, 전체 목차 구성을 크게 세 파트로 새롭게 구성하였다. 파트1에서는 복합리조트의 이해편으로 복합리조트를 이해할 수 있는 내용들로 새롭게 구성하였다. 파트2에서는 복합리조트를 구성하는 단일형 리조트의 유형을 7가지로 분류하여 소개하였고, 파트3에서는 리조트마케팅을 새롭게 추가하였다.

셋째, 전체적인 장의 구성은 기존의 12장에서 14장으로 추가하였다. 제1장에서는 복합리조트의 개념과 시장을 새롭게 추가하였고, 제3장에서는 외국의 복합리조트 발전사 편을 전부 개정하였다. 제4장에서는 전체적으로 부분 수정을 하였고, 제5장 리조트개발 부분은 전부 개정하였다.

넷째, 제6장부터 제13장까지는 단일형 리조트에 초점이 맞춰져 있는데, 각 장을 구성하고 있는 절 수를 한 절씩 줄여 복잡한 내용을 좀 더 간결하게 정리하였다. 그리고 제14장에서는 경영적 부분을 보강하기 위해 리조트마케팅 편을 새롭게 추가하였다. 이 외에도 교재 전반에 걸쳐 부분수정을 가하였고, 학생들의 이해를 더하기 위해 관련 사진을 추가로 첨부하였다. 그러나 이러한 노력에도 불구하고 부족한 부분이 있을 수 있으며 부족한 내용은 다음 개정에서 보완하여 채울 것이다.

끝으로 본 교재가 출판될 수 있도록 관련 자료를 협조해주신 호텔리조트 기업의 홍보팀과 (주)백산출판사 관계자분들께 감사를 드린다.

저자 유도재

머리말

오늘을 살아가는 현대인들은 기술이 고도로 발전한 풍요로운 환경에서 생활하면서도 대변동의 실수에 대한 잠재성이 증대되는 스트레스에 노출되어 살아가고 있다. 이러한 심리적 현상은 현대인들이 일보다는 삶의 질을 중시하는 가치관의 변화를 가져왔으며, 도시화·산업화된 일상 생활권을 벗어나 육체적·정신적 해방감을 얻고자 하는 사회적 동기를 제공하면서 리조트산업의 발달단계에도 지대한 영향을 미쳤다.

과거에는 1세대형 리조트라 할 수 있는 온천이나 기후를 중시한 단순 요양목적의 소규모 리조트개발이 우신이었다면, 1990년대부터는 레저인구의 증가로 인한 리조트 시장의 확대로 대기업들이 참여하는 2세대형 리조트로서 골프, 스키, 테마파크 등 휴양과 레포츠를 동시에 즐기려는 스포츠 체류형의 리조트개발이 증가하였다. 그러나 2000년대 중반부터는 호텔·카지노·컨벤션·테마파크 같은 여러 시설을 단일 공간 안에 갖춘 3세대형 복합리조트(IR : Integrated Resort)가 등장하면서 세계 각국은 복합리조트개발과 유치경쟁에 총력을 기울이고 있다.

이처럼 세계 각국이 리조트산업을 범국가적 새 성장 동력산업으로 인식하여 복합리조트개발에 도전장을 내는 이유는 리조트산업이 관광객 유치와 일자리 창출을 통한 글로벌 내수부흥 효과가 탁월하기 때문이다. 특히 리조트개발 7년여 만에 세계 1위 카지노 도시가 된 마카오와 2010년에 두 곳의 복합리조트를 개장하여 대박을 터트린 싱가포르의 성공모델은 아시아 각국의 복합리조트 경쟁을 촉발시키기에 충분하다. 싱가포르는 마리나베이샌즈 리조트와 센토사 리조트에서만 매년 1,500만 명의 관광객과 70억 달러(약 7조 원)의 매출을 일으키며 각종 신규일자리를 4만 개 이상 창출하고 있다. 2008년 싱가포르의 경제성장률이 −3.4%로 곤두박질쳤다가 두 리조트가 개장한 2010년부터 14.3%로 수직 상승한 것이 이를 증명하고 있다.

이 외에 기존의 다국적 호텔그룹들도 리조트 시장으로 빠르게 진출하고 있다. 힐튼그룹은 전 세계 27개국에서 70여 개의 'Hilton Hotels & Resorts'를 운영하고 있으며, 메리어트그룹 역시 전 세계 유명 휴양지에 'Marriott Hotel & Resorts' 브랜드를 운영하며 대규모 리조트호텔로 변신을 꾀하고 있다. 쉐라톤·웨스틴 등의 브랜드가 속해 있는 스타우드그룹은 리조트호텔의 체인 수가 확장되면서 자사의 브랜드명을 'Starwood Hotels & Resorts Worldwide'로 변경하였다. 또한 라스베이거스의 대형 카지노호텔들도 하나같이 '카지노 & 리조트호텔'로 변모하고 있으며, 호텔 내에 대규모 워터파크나 테마파크 등의 놀이시설을 복합적으로 갖추면서 가족여행객들에게 자사를 리조트호텔로 포지셔닝하고 있다.

이에 반해 우리나라는 2007년 말부터 경기도 화성시에 유니버설스튜디오를 유치해 아시아 최대 테마파크 리조트를 건설하겠다는 청사진을 발표했지만 토지보상 문제 등으로 사업계획이 지금까지 표류하고 있다. 또한 1996년에는 경기도 이천시에 아시아 1호 레고랜드를 건설하려다가 수질오염 등을 내세운 당국의 규제에 막혀 최근 강원도 춘천에서 2018년 완공을 목표로 다시 진행 중이다. 관광선진국의 리조트개발을 한국의 리조트개발 현실과 견줘보면 놀랄 만한 추진력이다.

이와 같은 사례에서 알 수 있듯이 이제 리조트산업은 한 지역이나 한 기업의 발전을 뛰어넘어 한 국가의 미래를 좌우하는 고부가가치 전략산업으로 성장하였다. 이러한 흐름에 발맞춰 국내 대부분의 관광관련 학과에서도 리조트산업의 중요성을 인식하여 이미 5~6년 전부터 리조트산업과 관련된 과목을 개설하여 운영하는 추세이다. 그러나 이러한 흐름과 달리 리조트경영과 관련된 교재개발은 아직도 미흡한 수준에 그치고 있다. 일부 교재가 있지만 여가와 레저스포츠에 관련된 단편적 이론에 그치거나 전문가 수준을 대상으로 하는 리조트개발론에 치우쳐 리조트산업을 쉽게 이해하기 어려운 것이 현실이다. 이보다 더한 현실적 난제는 대학에서 공부하는 대부분의 학생들이 리조트를 충분히 경험하거나 근무해 본 적이 없는 상태에서 복잡한 개발위주의 교재를 먼저 배우기 때문에 교육적 목표를 충분히 달성하기가 힘들다는 것이다.

이러한 측면에서 본 교재의 기본 방향은 학생들이 리조트경영을 쉽고 흥미롭게 이해할 수 있도록 하는 데 충실하였다. 본서의 이해를 돕기 위해 몇 가지 특징을 소개하면 다음과 같다.

첫째, 리조트산업의 세계적인 흐름은 10년 전과는 비교할 수 없을 만큼 빠르게 변하고 있다. 그 대표적 사례는 싱가포르 마리나베이샌즈 리조트와 같은 복합리조트의 등장이다. 세계적 규모의 복합리조트들은 공통적으로 호텔·카지노·컨벤션·워터파크 등과 같은 4가지 이상의 다양한 테마를 한 단지에 복합화하는 추세이다. 따라서 본 교재는 복합리조트를 구성하고 있는 테마별 유형을 각 장으로 구분하여 설명하였다. 이에 그치지 않고 각 장에서는 리조트의 이론과 함께 국내외의 대표적인 리조트들을 선별하여 소개하였다.

둘째, 기존의 교재에서는 좀처럼 다루어지지 않았던 테마파크, 워터파크, 마리나리조트, 카지노리조트 등을 리조트의 주요 유형으로 추가하여 설명하였다. 워터파크의 경우 리조트를 구성하는 주요 테마이면서 세계적인 트렌드이기 때문에 테마파크의 범주에서 분류하여 별도로 설명하였다. 마리나리조트는 아직 국내에서는 생소한 단계이지만 관광선진국에서는 이미 활성화된 산업으로 향후 국내에서도 활성화될 것으로 예상되어 소개하였고, 카지노리조트의 경우에는 국내 카지노산업뿐만 아니라 세계에서 가장 성공한 카지노리조트로 인정받고 있는 세 곳을 선정하여 그들의 성공적 사례를 설명하였다.

셋째, 교재 전반에 300여 장의 관련 사진을 첨부하였다. 학생들이 리조트경영의 개념을 쉽게 이해하고, 오랫동안 기억하여 향후 현업에서 적용할 수 있는 능력을 배양시키기 위해서는 리조트경영론 교재에서부터 이러한 부분을 충족시켜 주어야 한다. 쉽게 이해하기 위해서는 이론적 내용과 함께 한 장의 사진이 더욱 효과적일 수 있기 때문에 리조트의 외부 전경부터 내부 업장까지 다양한 사진을 첨부하였다.

넷째, 본론의 내용 중 이론적인 내용이 복잡하거나 추가적인 설명이 필요한 부분은 이해하기 쉽도록 연도별·내용별로 정리하여 그림이나 도표로 보충설명하였다. 따라서 교재 전반에 75개의 도표 및 그림 자료가 첨부되었으며, 이번에 개정2판을 준비하면서 최신 자료를 수집하여 업데이트하였다.

마지막으로 본 교재의 전문성과 완성도를 높이기 위해 각사 리조트의 홍보실로부터 관련 자료와 사진 등의 협조를 받았다. 그 외에 별도로 필요한 자료는 관광관련

잡지나 홈페이지를 검색하여 자료를 발췌하였다.

　　그러나 이와 같은 저자의 노력에도 불구하고 미흡한 부분이 있을 수 있으며 부족한 내용은 향후 수정과정을 거쳐 모자람을 채울 것이다. 본 교재가 개정2판으로 완성되기까지 많은 분들의 협조가 뒷받침되었다. 일일이 찾아뵙고 인사를 드려야 하지만 우선 지면을 통해 감사의 마음을 전한다. 끝으로 본 교재가 리조트경영을 접하고 배우고자 하는 학생들에게 좋은 안내서가 되기를 희망한다.

저자 유도재

차 례

제5장 리조트개발의 이해

PART 2 복합리조트를 구성하는 단일형 리조트의 유형

제6장 스키리조트

제7장 테마파크

제8장 워터파크

제9장 마리나리조트

제10장 온천리조트

제11장 골프리조트

제12장 카지노리조트

제13장 휴양 콘도미니엄

PART 3 리조트마케팅 경영전략

제14장 리조트마케팅

PART

1

복합리조트의 이해

제 **1** 장

복합리조트 개념의 이해

제1절 복합리조트의 개념

전 세계적으로 리조트산업은 관광산업의 핵심산업 중 하나로 숙박산업, 레저산업, 엔터테인먼트산업, 컨벤션산업 등을 포괄하는 미래지향적 복합산업으로서 그 규모와 범위가 지속적으로 확장되고 있다. 이에 따라 향후 전개될 복합리조트를 이해하기 위해 먼저 리조트 및 복합리조트의 개념을 살펴보기로 한다.

1. 리조트의 정의

1) 리조트의 어원 및 정의

리조트의 어원　리조트(resort)의 어원은 프랑스의 고어(古語)인 'resortir'에서 유래되었다고 보는 것이 가장 일반적이다. resortir의 의미를 살펴보면 're(again) + sortir(to go out)'로서 '자주 방문하는 곳'으로 해석할 수 있다. 즉, 반복적으로 가는 것은 사람의 행위를 의미하고, 이 의미는 한편으로는 자주 가는 장소에 적용할 수 있다. 사람들이 자주 가는 장소는 사람들이 많이 몰리는 곳이 되고, 그런 곳은 주로 재미있게 놀거나 편안히 쉴 수 있는 시설을 갖춘 곳이 될 것이다.

리조트의 사전적 정의　우리나라에서 리조트라는 신개념의 용어가 처음 등장한 것은 1975년에 용평리조트가 개장하면서부터이다. 그 이전까지는 국내에서 리조트라는 용어를 공식적으로 사용한 적은 없다. 당시의 리조트는 체류하면서 골프나 스키를 즐길 수 있는 장소로 인식하였고, 비슷한 의미로는 '종합휴양지', '체류형관광단지', '레저스포츠단지' 등이었다.

이에 리조트의 사전적 정의를 살펴보면 두산백과사전에서는 리조트를 '휴양 및 휴식을 취하면서 각종 스포츠나 여가활동을 즐기는 체류형 휴양시설로서, 숙박, 식음료, 오락, 스포츠, 쇼핑 시설을 갖춘 종합단지'로 정의하고 있다.

영국의 옥스퍼드사전에서는 리조트를 Resort Land, Resort Town, Resort Complex

등으로 명칭하며, 'A place often visited for a particular purpose'로 정의하고 있다. 이를 설명하면 '특별한 목적(휴가 · 건강회복 등)을 위해 사람들이 찾아가는 곳으로 종합레크리에이션센터 또는 종합관광지라고 부를 수 있는 장소'를 의미한다.

미국의 웹스터 사전에서는 리조트를 'A place to which people go often or generally, esp. one for rest or recreation, as on a vacation'으로 정의하고 있는데, 이를 설명하면 '사람들이 휴가 시 휴식과 레크리에이션을 위하여 많이 방문하는 곳'을 의미한다.

일본의 리조트법이라고 할 수 있는 종합휴양지역정비법(綜合休養地域整備法)의 정의에 의하면 리조트란 '양호한 자연조건을 가진 토지를 포함한 상당규모(15ha)의 지역으로, 국민이 여가 등을 이용하여 체재하면서 스포츠, 레크리에이션, 교양문화활동, 휴양, 집회 등 다양한 활동을 할 수 있는 중점 정비지역(약 3ha)이 수 개소 정도 존재해 그것이 상호 간에 연결되어 유기적인 연대를 가지는 일체적인 지역'으로 규정하고 있다.

이 정의에 의하면 리조트는 ①체재성, ②자연성, ③휴양성(보양성), ④다기능성, ⑤광역성 등의 요건을 겸비하고 있어야 하는 것으로 해석할 수 있다. 즉 하나의 요건만 만족시켰다고 해서 모두 리조트라 할 수 없는 것이다.

이와 같은 리조트의 정의들을 종합하여 본서에서는 리조트를 '자연경관이 수려한 일정규모의 지역에 관광객의 다양한 욕구를 충족시킬 수 있는 휴양 및 레저, 레크리에이션 시설들을 복합적으로 갖춘 체류형 종합휴양지'로 정의한다.

2) 법규적 정의

아직까지 우리나라 법규상에 리조트라는 외래어 표기는 없으며, 리조트에 대한 정의도 존재하지 않고 있다. 이는 여가레저를 즐기는 장소로서의 서양적 용어가 그대로 국내에 도입되었기 때문이다.

그러나 리조트 개념에 상응하는 유사한 법규와 용어들을 「관광진흥법」에서 찾아볼 수 있다. 「관광진흥법」에서 리조트와 상응하는 우리말로는 '관광단지', '종합휴양업', '전문휴양업' 등이 있다. 종합휴양업은 다시 '제1종 종합휴양업'과 '제2종 종합휴양업'으로 세분한다. 따라서 법규로 규정하는 이러한 업종들이 국내 리조트의 등록과 설립에 법률적 근거를 제공하고 있다.

이에 따른 법규적 정의를 살펴보면 관광단지란 '관광객의 다양한 관광 및 휴양을 위하여 각종 관광시설을 종합적으로 개발하는 관광거점 지역으로서 이 법에 따라 지정된 곳'을 말한다.

또한 전문휴양업이란 '관광객의 휴양이나 여가 선용을 위하여 숙박업 시설이나 휴게음식점영업, 일반음식점영업 또는 제과점영업의 신고에 필요한 시설을 갖추고 전문휴양시설 중 한 종류의 시설을 갖추어 관광객에게 이용하게 하는 업'으로 정의하고 있다.

종합휴양업의 경우 제1종 종합휴양업은 '관광객의 휴양이나 여가 선용을 위하여 숙박시설 또는 음식점시설을 갖추고 전문휴양시설 중 두 종류 이상의 시설을 갖추어 관광객에게 이용하게 하는 업이나, 숙박시설 또는 음식점시설을 갖추고 전문휴양시설 중 한 종류 이상의 시설과 종합유원시설업의 시설을 갖추어 관광객에게 이용하게 하는 업'으로 정의하고 있다.

제2종 종합휴양업은 '관광객의 휴양이나 여가 선용을 위하여 관광숙박업의 등록에 필요한 시설과 제1종 종합휴양업의 등록에 필요한 전문휴양시설 중 두 종류 이상의 시설 또는 전문휴양시설 중 한 종류 이상의 시설 및 종합유원시설업의 시설을 함께 갖추어 관광객에게 이용하게 하는 업'으로 정의하고 있다.

이와 같은 리조트의 정의가 '체재를 전제로 한 기본적 숙박시설과 관광객의 휴식과 레저를 목적으로 하는 복합시설을 갖춘 종합휴양지'라고 전제할 때, 리조트의 개념과 속성에 좀 더 상응하는 유형으로는 관광단지보다는 전문휴양업이, 전문휴양업보다는 종합휴양업이, 종합휴양업에서는 제2종 종합휴양업이 좀 더 리조트의 개념에 일치한다고 할 수 있다.

등록방식에서는 리조트 허가절차상의 복잡성과 초기투자비용 등의 문제들로 인해 주기능 시설과 부기능 시설들로 구분하고, 각 시설들은 개별법에 의해 허가를 받고 사업추진 시 「관광진흥법」에서 규정하는 종합휴양업이나 전문휴양업으로 등록을 하는 경우가 많다. 예를 들면 스키리조트의 경우, 스키시설을 주기능으로 하고 골프시설, 콘도미니엄, 휴양시설 등을 부기능으로 하여 각 개별 시설들은 해당법에 의하여 사업승인을 받아 단지화하거나 「관광진흥법」에 의하여 종합휴양업이나 전문휴양업으로 사업승인을 받은 경우이다. 이런 경우는 우리나라에서 가장 많이 사용되는 방법이기도 하다.

<표 1-1> 「관광진흥법」에서 규정하고 있는 관광사업의 종류

여행업		일반여행업, 국외여행업, 국내여행업
관광숙박업	호텔업	관광호텔업, 수상관광호텔업, 한국전통호텔업, 가족호텔업, 호스텔업, 소형호텔업, 의료관광호텔업
	휴양콘도미니엄업	
관광객이용시설업		전문휴양업, 종합휴양업, 야영장업, 관광유람선업, 관광공연장업, 외국인관광도시민박업
국제회의업		국제회의시설업, 국제회의기획업
카지노업		외국인전용 카지노, 내국인도 입장이 가능한 카지노
유원시설업		종합유원시설업, 일반유원시설업, 기타유원시설업
관광편의시설업		관광유흥음식점업, 관광극장유흥업, 외국인전용유흥음식점업, 관광식당업, 관광순환버스업, 관광사진업, 여객자동차터미널시설업, 관광펜션업, 관광궤도업, 한옥체험업, 관광면세업, 관광지원서비스업

<표 1-2> 전문휴양업과 종합휴양업, 종합유원시설업의 등록기준 요약

구 분	등록기준
전문휴양업	■ 공통기준 - 숙박시설 or 음식점시설, 편의시설과 휴게시설 ■ 개별기준 - 민속촌 : 한국고유의 건축물(초가집 및 기와집) 20동 이상, 건축물 모형 50점 이상 - 해수욕장 : 수영하기 적합한 해변, 간이목욕시설, 응급처리설비, 담수욕장, 인명구조원 - 수렵장 : 「야생생물보호 및 관리에 관한 법률」에 따른 시설을 갖출 것 - 동물원 : 「박물관 및 미술관 진흥법 시행령」 별표2에 따른 시설을 갖출 것 - 식물원 : 온실면적 2,000㎡ 이상, 식물종류 1,000종 이상 - 수족관 : 건축연면적 2,000㎡ 이상, 어종 100종 이상 - 온천장 : 대중목욕시설, 레크리에이션시설 2종류 or 유원시설업시설 - 동굴자원 : 천연동굴, 편리한 관람시설 - 수영장 : 수영장시설 - 농어촌휴양시설 : 농어촌 관광휴양단지 or 관광농원시설 - 등록 및 신고 체육시설업 시설 : 「체육시설의 설치·이용에 관한 법률」에 따른 9종의 체육시설 - 활공장 : 이륙장 및 착륙장, 응급구조설비, 2종류 이상의 관광비행사업용 활공장비 - 산림휴양시설 : 자연휴양림, 치유의 숲 or 수목원시설 - 박물관 : 종합박물관 or 전문박물관시설 - 미술관 : 미술관시설
종합휴양업	■ 제1종 종합휴양업 등록기준(2가지 중 선택1) - 숙박시설 or 음식점시설 + 전문휴양시설 2종류 이상 - 숙박시설 or 음식점시설 + 전문휴양시설 1종류 이상 & 종합유원시설업 시설 ■ 제2종 종합휴양업 등록기준(2가지 중 선택1) - 단일부지 50만㎡ 이상의 면적 + 관광숙박업 + 전문휴양시설 2종류 이상 - 단일부지 50만㎡ 이상의 면적 + 전문휴양시설 1종류 이상 + 종합유원시설
종합유원시설업	■ 등록기준 - 대지면적 10,000㎡ 이상 + 유기기구 6종 이상 + 의무시설 및 안내소 + 음식점시설 or 매점

<표 1-3> 종합휴양업 및 전문휴양업 등록현황

구분	종합휴양업 제1종	종합휴양업 제2종	전문휴양업
서울	롯데월드, 한화 63시티	-	-
부산	신세계 센텀시티	-	한국아쿠아리움
대구	스파밸리	-	-
인천	송도유원지	-	-
대전	-	-	대전꿈돌이랜드
울산	-	-	-
경기	에버랜드, 부천이도랜드, 한국민속촌	-	서울랜드, 서울리조트스키장, 서림온천리조트, 장흥자생수목원
강원	남이섬, 대명홍천비발디파크 설악워터피아	용평리조트 휘닉스평창 현대성우리조트	알프스리조트
충북	-	-	-
충남	천안상록리조트	-	서대신레저타운, 아산스파비스, 파라다이스
전북	-	무주리조트	변산상록해수욕장
전남	-	-	-
경북	경주월드	-	성보예술촌, 신라밀레니엄파크
경남	부곡하와이	-	-
제주	-	-	여미지식물원, 대유수렵장, 퍼시픽랜드(수족관), 미니월드(민속촌), 테디베어뮤지엄, 한림공원(식물원), 소인국테마파크, 일출랜드(동굴), 아프리카박물관, 제주휘트니스타운, (주)아쿠아랜드, (주)제주드림랜드, 방림원, 석부작테마공원, 생각하는 정원분재예술원, 팜빌리지관광농원, 조이월드, 나비공원 프시케월드, 제주러브랜드, 선녀와나무꾼, 한국공항제주민속촌, 세계성문화박물관, 제주유리의성, 제주아트랜드, 제주허브동산
합계	14	4	38

자료: 문화체육관광부, 2010년 기준.

* 국내 리조트의 등록현황 자료가 2010년 이후 업데이트되지 않고 있어, 그동안 등록현황이 변경된 곳들이 다수 있을 수 있다. 다만 본 자료를 통해 리조트의 등록이 실제 세 가지 유형 중 한 가지로 등록되고 있다는 점을 이해할 수 있다.

2. 복합리조트의 개념과 시장

1) 복합리조트의 개념

현대 리조트산업에서 새롭게 등장한 대표적 용어를 꼽자면 '복합리조트(Integrated Resort)'를 들 수 있다. 국내에서도 카지노를 주요 기반으로 하는 복합리조트에 대한 관심이 높아지면서 '리조트'라는 용어와 혼재되어 사용하고 있어 그 개념을 구분하여 살펴볼 필요가 있다. 하지만 국내 「관광진흥법」상이나 그 어떤 공식적인 문구에서도 아직까지 복합리조트에 대한 규정이나 정의는 존재하지 않고 있어 외국의 사례를 함께 살펴본다.

외국의 경우를 살펴보면 싱가포르의 카지노감독법에서는 복합리조트를 '호텔, 쇼핑, 레스토랑, 엔터테인먼트, 오락시설 및 다른 시설물 그리고 카지노 또한 일부일 수 있는 복합 개설시설'로 정의하고 있다. 일본은 2010년 발의된 '특정복합관광시설 구역의 정비 추진에 관한 법률'에서 복합리조트를 '회의시설, 숙박시설, 식음시설, 쇼핑시설과 다양한 유흥시설 또는 공익적 시설 등을 포함하며, 그 핵심에 카지노 시설을 포함하는 복합적인 기능을 가진 여가·유흥시설'로 법률적 정의를 하였다.

이러한 정의를 살펴볼 때 복합리조트의 핵심시설로는 대부분 카지노가 포함되며, 그 외 고객 유인력의 확보를 위한 시설로서 테마파크를 비롯한 대규모의 숙박시설과 MICE시설, 다양한 문화시설 등이 함께 조성되는 것을 알 수 있다.

국내에서는 복합리조트라는 용어가 처음으로 사용되기 시작한 시점을 정확히 규정하는 것이 모호한 측면이 있지만, 필자의 견해로는 2010년에 싱가포르가 두 곳의 카지노 복합리조트를 개장하면서 사용했던 용어가 국내에 소개되어 사용되기 시작한 것으로 사료된다. 이 시점부터 정부나 지방자치단체, 학계 등에서 국내 복합리조트개발의 필요성이나 경제적 효과를 논할 때 많이 토론되고 사용되었다. 국내 리조트업계에서 공식적으로 쓰이기 시작한 것은 2017년에 '동북아시아 최초의 복합리조트'라는 슬로건을 내세운 '파라다이스 시티'의 개장부터로 볼 수 있다.

따라서 복합리조트는 자사 리조트를 초호화리조트로 표현하기 위해 마케팅 차원에서 파생된 개념으로 이해할 수 있다. 싱가포르의 '마리나베이샌즈 리조트'나 인천 영종도에 위치한 '파라다이스시티'는 기존의 리조트와 차별화를 꾀하고 자사를 초호화리조트로 표현할 때 복합리조트라는 용어를 사용하고 있다. 이는 자사 리조트가 카지노와 컨벤션을 핵심기반으로 하면서 기존의 리조트보다 규모나 시설면에서 좀 더 다양한 복합시설을 포함하고 있다는 점을 차별적으로 표현하는 개념이다.

이와 같은 내용들을 종합하여 본서에서는 복합리조트를 다음과 같이 정의한다. 복합리조트란 '일정규모 이상의 부지에 풀 서비스의 숙박시설과 카지노, 컨벤션 등을 주요 기반으로 하면서 테마파크, 공연장, 쇼핑센터 등의 엔터테인먼트 시설과 해변, 마리나, 스키장, 골프장 등의 레저 및 스포츠 시설을 선택적으로 포함하여 비즈니스와 휴양, 게임 등 다양한 관광목적을 충족할 수 있는 종합리조트'로 정의한다.

▲ 국내 리조트업계에서는 '동북아시아 최초의 복합리조트'라는 슬로건을 내세운 '파라다이스시티'가 2017년에 인천 영종도에서 개장하였다.

2) 복합리조트 시장

미국 라스베이거스는 복합리조트의 시초이다. 라스베이거스는 1930년대까지만 해도 축산과 광업 위주의 한적한 마을이었는데, 카지노가 들어서기 시작하면서부터 도박과 환락중심의 관광도시로 바뀌었다. 이후 1966년에 제이사노(Jay Sarno)가 로마를 테마로 하는 '시저스팰리스호텔&카지노'를 개장하면서부터 카지노 외에 테마파크와 쇼핑시설 등을 갖추어 온 가족이 즐길 수 있는 리조트로 변화하였다. 그러다가 1990년대 들어 일대 전환기를 맞이한다. 카지노 중심의 호텔들이 대규모 컨벤션시설과 전시장을 조성하고 비즈니스와 휴양 등 복합적 기능을 결합하면서 종합리조트의 모습을 갖췄다. 이것이 복합리조트의 시초이다.

아시아에서 복합리조트의 시초는 1971년에 말레이시아 쿠알라룸푸르에 개장한 '겐팅하일랜드리조트'이다. 이곳은 카지노호텔을 중심으로 외국 유명가수들이 수시로 무대에 섰던 대규모 공연장과 아이들을 위한 실내외 놀이시설과 워터파크, 승마장과 골프장을 갖추어 최근의 복합리조트 개념과 일치한다.

이후 아시아에서 복합리조트 경쟁의 방아쇠를 당긴 것은 마카오였다. 2004년부터 라스베이거스 샌즈그룹이 '샌즈 마카오'를 개장하고, 2007년에는 복합리조트 스타일의 정점을 찍은 '베네치안 마카오'도 이곳에서 문을 열었다. 그리고 마카오는 개발 7년 만인 2010년에 카지노 전체 매출액이 149억 달러에 달해 라스베이거스 카지노 전체 매출액인 140억 달러를 추월했으며, 지금은 라스베이거스 매출을 4~6배 뛰어넘고 있어 넘볼 수 없는 세계 1위 카지노 도시가 되었다. 2020년 기준 마카오의 카지노 숫자는 40여 개에 달한다.

그리고 가장 드라마틱한 사례는 독립 이후 도덕국가를 자부하며 카지노를 금지해왔던 싱가포르가 2010년에 '마리나베이샌즈(Marina Bay Sands)'와 '리조트 월드 센토사(Resort World Sentosa)' 두 곳의 카지노복합리조트를 개장하여 대성공을 거두었다. 싱가포르 복합리조트개발의 성공전략은 카지노만을 핵심기반으로 하지 않은 것이다. 기존의 많은 국가나 도시에서 카지노를 두었지만 그것만으로 성공하기는 어렵다고 판단하여, 카지노를 중심으로 특급호텔, 국제회의장, 테마파크, 쇼핑몰, 영화관, 박물관, 공연장, 쇼 등의 엔터테인먼트 등이 갖춰진 복합리조트를 만들어 승부를 본 것이다. 싱가포르는 이 두 곳의 복합리조트 성공으로 연평균 1,700만 명의 관광객 유치와 70억 달러의 매출 발생, 4만 명의 고용창출 효과로 이어져 경제성장에 새로운 활력을 불어넣고 있다.

이때부터 복합리조트는 황금알을 낳는 미래형 고부가가치산업으로 인식되어 아시아 각국의 복합리조트 경쟁을 촉발시켰다. 특히 우리나라를 비롯해 일본, 싱가포르, 베트남, 대만, 필리핀 등 아시아권 국가는 복합리조트 시장을 놓고 경쟁이 치열하다. 복합리조트는 건설에서 운영에 이르기까지 한 곳당 최소 수십조 원의 직간접적인 경제적 이익을 가져다주기 때문이다.

▲ '샌즈리조트 마카오' 계열의 7개 호텔리조트 이미지 전경. 아시아에서 복합리조트 경쟁의 시작은 마카오에서 촉발되었다. 특히 라스베이거스의 샌즈그룹은 마카오에서만 7개의 호텔리조트로 구성된 '샌즈리조트 마카오'를 운영하면서 마카오를 세계 1위 카지노 도시로 변모시켰다.

3. 리조트의 연관용어

국내에서는 외국용어의 이해부족으로 인해 '리조트'의 의미가 상당히 넓게 적용되고 있으며 관광지나 레저 등 유사한 내용과 혼동되어 사용되고 있다. 리조트란 개념과 유사한 개념을 갖고 있는 여러 가지 단어들에 대한 명확한 개념의 이해와 용어의 구분이 필요하며 그 내용들을 정리하여 살펴보면 다음과 같다.

1) 여가

직업이나 생활양식에 따라 다소 다르겠지만 일반적으로 인간은 일상생활이 반복되는 사이클을 벗어나지 않는다. 그리하여 인간의 생활시간은 보통 1일 24시간이라는 절대적인 시간의 한계 속에서 생활 필수시간과 노동시간 등의 구속시간을 뺀 나머지를 자유시간으로 볼 수 있다.

영국의 여가사회학자 파커(Parker)도 『현대사회와 여가』에서 여가란 '1일 생활 총시간에서 노동시간, 생리적 필수시간, 의무시간 등을 제외한 나머지 잔여시간'으로 정의하고 있다. 사회학 사전에서는 여가를 '1일 24시간 중 노동, 수면, 기타 필수적인 것에 소요된 시간을 제외한 나머지 잉여시간(surplus time)'으로 정의하고 있다.

이와 같이 여가의 정의를 근거로 할 때 여가는 레저가 발생할 수 있는 기회 즉 자유시간을 제공하며, 선진사회일수록 여가의 많은 부분이 레저에 할당되고 있다. 따라서 여가는 레저의 상위개념이고 레저의 필수조건으로 인정된다고 할 수 있다.

▲ 여가시간은 생활 필수시간과 노동시간을 뺀 나머지 자유시간으로 여가는 레저가 발생할 수 있는 기회 즉 자유시간을 제공한다.

2) 레저

레저(leisure)는 참가의 주된 목적이 의식주 문제의 해결이 아닌, 집을 떠나 행해지는 자발적인 여가활동으로 정의되고 있다. 인간생활의 영역을 일의 영역과 여가의 영역으로 구분할 때, 레서는 여가의 영역에 속하며, 이러한 여가의 영역에서 다양한 활동들이 이루어진다. 레저와 유사한 용어로는 '레포츠'가 있으며, 레포츠는 한가한 시간에 즐기면서 신체를 단련할 수 있는 운동을 의미한다. 선진국에서는 레크리에이션(recreation)으로 정의되는 활동과 유사하지만 일반적으로는 신체를 이용한 레포츠 활동의 의미가 좀 더 강하다.

이와 관련하여 사회학자인 Dumazedir은 『레저의 사회학』에서 인간의 활동을 다음과 같이 4가지 유형(①보수가 있는 일, ②가족 간의 의무, ③사회·종교적인 의무, ④자아실현과 자기표현 중심적인 활동)으로 구분하면서 레저는 네 번째 유형에 속한다고 주장했다.

▲ 레저는 참가의 주된 목적이 의식주 문제의 해결이 아닌, 집을 떠나 행해지는 자유로운 스포츠활동으로서, 어떤 활동이 자유를 전제로 자발적으로 선택될 때 레저가 된다.

또한 레저는 자아향상의 목적을 위해 선택되는 활동이기도 하다. 레저는 분명한 목적성을 지니며 그 목적이란 자기표현, 기분전환, 그리고 자기개발과 연관되어 있기도 하다. 그러나 가족, 친구, 국가, 종교와 관련된 사회적 기대를 충족시키는 활동은 레저의 범위에서 제외된다.

3) 레크리에이션

레크리에이션(recreation)은 본래 회복을 의미하는 라틴어의 '레크레티오(recretio)'에서 유래하였다. 옥스포드 사전에서는 레크리에이션을 '자신이나 타인의 기분을 전환시키는 행동이나 즐거운 일, 심심풀이, 오락 등으로 기분전환이 되는 사실'로 정의하고 있다. 여가를 자유시간으로 정의할 때 레크리에이션은 그 시간 내에 행해지는 다양한 자유 활동으로 언급할 수 있다. 따라서 레크리에이션은 분류기준을 어디에 두느냐에 따라서 각양각색이지만, 유희·게임·스포츠·편히 쉬기·기분전환·오락·예능·취미 등으로 분류할 수 있다.

그러므로 레크리에이션은 리조트와 밀접한 연관성을 가진다. 리조트 내의 카지노 게임이나 레포츠, 각종 엔터테인먼트 활동 등이 레크리에이션의 영역에 포함되기 때문이다. 최근에 개장하는 복합리조트일수록 카지노와 함께 레크리에이션 시설을 더욱 강화하여 온 가족이 함께 즐길 수 있는 가족형 리조트로 변화를 꾀하고 있다.

▲ 레크리에이션은 기분전환을 위해 행해지는 놀이가 가미된 자유 활동으로 즐거운 일, 심심풀이, 오락 등의 다양한 활동들을 의미한다.

4) 휴양, 휴양촌

휴양(rest, 休養)은 일반적으로 노동이나 일 또는 활동 등을 잠시 중지하고 피로 등 신체의 소모 상태로부터 체력을 복원하는 것을 의미한다. 휴양의 방법에는 소극적 휴양과 적극적 휴양이 있는데, 전자는 주로 수면, 휴식 등을 의미하고, 후자는 기분전환, 레크리에이션(recreation) 행동 등을 포함한다. 육체적 피로에는 주로 전자가, 정신적 피로에는 주로 후자가 효과적이다. 그리고 휴양하기에 알맞은 곳이나 휴양시설이 되어 있는 곳을 휴양지 또는 휴양촌이라고 한다.

휴양촌은 '편안히 쉬면서 몸과 마음을 보양하기에 알맞은 단지' 또는 '휴양소가 자리 잡은 마을'을 의미하고 리조트와 비슷한 의미로 사용되고 있다. 휴양촌은 공공사업의 일환으로 개발되기도 하며, 클럽메드(Club Med)와 같이 상업적인 개발에 의해 이루어지기도 한다. 따라서 휴양은 리조트와 연관성이 높은 개념이다.

▲ 클럽메드에서 한가롭게 휴양을 즐기고 있는 관광객 전경. 클럽메드는 휴양하기에 알맞은 곳에 위치한 최고의 휴양리조트이다.

5) 관광지

관광지(觀光地) 또는 여행지(旅行地)는 자연적 또는 문화적 관광자원을 갖추고 관광객을 위한 기본적인 편의시설을 설치하는 지역으로 「관광진흥법」에 따라 지정, 고시된 곳을 말한다. 관광지는 시각적인 측면의 방문목적이 강하고 방문이나 구경이 주 활동요소가 되며 주로 역사·문화·국립공원 지역들이 해당된다. 기본적으로 화장실, 주차장, 상하수도시설 또는 관광안내소 등의 공공편의시설을 갖추어야 한다. 단일 관광지가 리조트와 다른 것은 일반적으로 숙박시설이나 레저시설 등이 단일면적 내에 복합적으로 존재하지 않는다는 점에서 차이가 있다.

하지만 관광지는 리조트가 입지할 수 있는 유리한 조건들을 제공하고 있어 리조트와 뗄 수 없는 관계를 형성하기도 한다. 관광지를 대규모 관광단지로 지정하여 개발하거나 복합리조트 등이 들어설 경우 지역이나 국가를 대표하는 관광자원으로 탈바꿈할 수 있다.

6) 관광단지

관광단지는 '관광객의 다양한 관광 및 휴양을 위하여 각종 관광시설을 종합적으로 개발하는 관광거점 지역으로서 「관광진흥법」에 따라 지정, 고시된 곳'을 말한다. 즉 관광단지는 관광의 가치가 높은 특정 지역의 전체 일원을 지정하기 때문에 그 안에 관광지나 리조트 등이 속하고, 관광지 등은 관광단지의 하위 영역에 속한다.

2009년에는 정부가 관광단지 개발에 대한 의욕이 있어도 선뜻 나서지 못했던 민간 사업자들의 투자를 적극 유치하기 위해 그동안 투자에 걸림돌이 됐던 규제를 완화하였다. 주요 내용은 취득세 감면(50%에서 최대 100% 감면), 관광단지의 지정 면적 기준을 현행 100만㎡에서 50만㎡로 완화, 관광단지의 설치시설기준은 공공편의시설, 숙박시설, 운동·오락시설, 휴양·문화시설의 4종에서 공공편의시설, 숙박시설, 운동·오락시설 또는 휴양·문화시설로의 3종으로 완화하였다.

정부의 관광단지 지정은 1971년 '제주 중문관광단지'를 시작으로 하여 리조트 업계에서는 원주오크밸리, 휘닉스평창, 알펜시아, 홍천비발디파크, 설악한화리조트, 에버랜드 등이 관광단지로 지정받았고, 현재도 많은 지자체나 관광업계에서 관광단지 신청을 준비 중이다.

이와 같이 여가, 레저, 레크리에이션, 휴양, 관광지, 관광단지 등의 개념들은 모두 리조트와 관계되는 용어들로서 중복되는 부분도 적지 않으나, 각 분야가 지니는 특성들도 잘 이해하여 구분할 필요가 있다.

〈표 1-4〉 관광지, 레저 시설, 리조트 시설의 의미 비교

구 분	관광지	레저 시설	리조트 시설
목 적	시각적인 측면 (방문·구경 위주)	체험적인 측면 (스포츠, 오락 위주)	복합적인 측면 (휴양, 사교 위주)
체재기간	방문형	단일체재형	장기체재형
숙박시설	단체대상, 저렴성	없는 것이 일반적	가족단위, 서비스형
입 지	역사문화유적, 자연관광명소형	도심지 근교형	자연의 원형이 남아 있음
시설형태	별점형	특정 단일형	인위적인 원거리형, 다종 복합형

제2절 복합리조트의 분류

1. 문헌별 분류

리조트의 문헌별 분류는 그 시설의 위치나 주목적이 무엇인가에 따라 상당히 세분된다. 즉 특정 리조트가 어떤 활동을 위하여 형성되었으며 그에 필요한 시설들이 주가 되어 하나의 유형으로 분류되는 것이다. 이러한 세분화 현상은 향후에도 시설의 구성이나 레저나 스포츠의 다양화에 따라 심화되어 그 종류가 더욱 많아질 것이다.

따라서 본 장에서는 기존에 존재하던 리조트의 문헌별 유형 세 가지에 저자가 세 가지 유형을 추가하여 여섯 가지 형태로 살펴본다. 이는 현대의 리조트산업이 위치나 활동목적에 의해 분류되기도 하지만, 최근 들어서는 리조트의 입지뿐만 아니라 사업형태나 복합적 시설구성에 따라 리조트의 규모와 경쟁력이 시장에서 결정되고, 리조트의 서열이 가려지는 판별요인으로 작용하기 때문이다. 이러한 내용을 도표로 정리하여 살펴보면 〈표 1-5〉와 같다.

〈표 1-5〉 문헌별 리조트의 분류기준 및 유형

저자	분류기준	리조트의 유형
Manuel Baud & Fred Lawson	입지에 의한 분류	· 산지리조트(mountain resort) · 해변리조트(seaside resort) · 전원리조트(rural areas) · 온천리조트(spa resort)
Walter A. Ruters & Richard H. Penner	활동형태와 시설목적에 의한 분류	· 스포츠리조트(sport resort) · 헬스리조트(health resort) · 휴양촌(vacation villa) · 마리나리조트(marina resort) · 스키리조트(ski resort) · 관광 / 유람리조트(sight-seeing resort) · 복합리조트 콤플렉스(multi resort complex)

Margaret Huffadine	목적에 의한 분류	· 골프(golf) · 스키(ski) · 비치(beach) · 마리나(marina) · 온천(spa) · 카지노(casino) · 연수(education) · 생태관광(ecotourism) · 테마(theme) · 콘퍼런스(conference)
유도재	입지에 의한 분류	· 산지형 리조트 · 해변형 리조트 · 전원형 리조트 · 도심형 리조트
	사업형태에 의한 분류	· 스키리조트 · 테마파크리조트 · 워터파크리조트 · 마리나리조트 · 온천리조트 · 골프리조트 · 카지노리조트 · 복합리조트
	2가지 이상의 복합적 시설구성에 의한 분류	· 콘도+온천 · 콘도+스키 · 콘도+골프 · 콘도+마리나 · 콘도+스키+골프 · 콘도+워터파크 · 콘도+워터파크+온천 · 콘도+테마파크+워터파크 · 호텔+테마파크+컨벤션+카지노 · 호텔+콘도+스키+골프+워터파크 · 호텔+콘도+스키+골프+워터파크+컨벤션 · 호텔+콘도+스키+골프+워터파크+컨벤션+카지노 · 호텔+카지노+컨벤션+공연장+테마파크+쇼핑센터

자료 : Margaret Huffadine, Resort Design, McGraw-Hill, p. 4. 참조 재구성.

2. 입지에 의한 분류

1) 산지형 리조트

산지형 리조트(mountain resort)는 웅대한 산지, 산악 등의 경관과 넓은 고원, 풍부한 삼림자원을 활용한 유형의 리조트이다. 국토의 70%가 산으로 형성된 우리나라의 지형 특성상 많은 리조트들이 이 유형에 속한다. 주로 국립공원인 설악산, 속리산 및 지리산 일대를 중심으로 개발된 리조트들이 그것이며 기존 스키장 및 골프장도 모두 이 사례에 속한다고 할 수 있다.

특히, 강원도 일대에 분포한 많은 리조트들은 풍부한 주변 자연환경과 함께 관광객들이 가장 선호하는 지역이다. 강원도는 풍부한 자연자원을 살려 하이킹코스, 캠프장, 삼림욕 등 자연 그 자체를 체험하고, 자연과의 교류를 즐기며, 심신의 건강을 회복할 수 있는 시설 등을 배치하기가 바람직하기 때문이다.

산악형 스키리조트의 경우 주변 경관이나 주변 관광지와의 연계를 유지하는 것이 대단히 중요하며, 스키장 이외의 골프장 시설 등을 부대화하여 사계절 리조트로 변화를 꾀하는 것이 중요하다.

▲ ①알펜시아리조트 전경 ②말레이시아 겐팅하이랜드리조트 전경. 산지형 리조트는 고원지대에 위치하거나 풍부한 삼림자원을 활용하여 스키장, 골프장 등 다양한 레저시설을 배치하기가 편리하다.

2) 해변형 리조트

해변형 리조트(seaside resort)는 주로 바닷가에 위치하는 리조트로서 비치리조트나 마리나리조트 등이 해당되며, 각종 수상스포츠와 레크리에이션 시설을 해변에 결합한 형태의 리조트를 총칭하는 의미이다. 호숫가나 강가에 위치한 리조트들도 유사한 성격을 띠고 있으며, 해수욕장, 요트선착장, 윈드서핑, 낚시터, 골프, 테니스 등의 다양한 스포츠시설을 포함하는 종합리조트가 많고, 해변을 따라 대규모 복합개발이 가능하다는 특징이 있다. 해변리조트는 괌이나 하와이 등 해외에서 매우 발달한 리조트 형태이며, 우리나라도 3면이 바다인 관계로 해양리조트개발이 유리하다.

최근에는 국내에서도 해변리조트개발이 활기를 띠는 추세이다. 특히 소노호텔&리조트(구 대명리조트)의 해변리조트개발이 활발하다. 대명리조트는 2007년에 양양군 바닷가에 특1급의 쏠비치호텔&리조트를 개장하였고, 다음 해인 2008년에는 변산반도 해변로에 대명리조트변산을 개장하였다. 뒤이어 2012년에는 남해안에 특1급의 여수엠블호텔을 개장하였고, 2013년에는 거제시 해변가에 대명마리나리조트를 개장하였다. 이 외에 한화호텔&리조트에서도 해운대, 제주, 대천 등지에서 해변리조트를 운영하고 있으며, 리솜리조트도 안면도 해변가에 리솜오션캐슬 등을 운영하고 있다. 향후에도 국내의 해양리조트개발은 더욱 확대될 것으로 예상된다.

▲ ①쏠비치호텔&리조트 양양 전경 ②발리 클럽메드 전경. 해변리조트는 전형적으로 바닷가에 위치한 리조트로서 해변에 각종 레포츠나 레크리에이션 시설을 결합한 형태의 리조트이다.

3) 전원형 리조트

전원형 리조트(rural areas)는 수도권에서 1~2시간 거리 내의 한적한 전원 지역에 위치하는 리조트를 총칭하는 의미이다. 주로 도시 주변부에 위치하기 때문에 가족단위가 즐겨 찾을 수 있는 테마파크 등이 대표적이고, 주말 체재형의 온천리조트나 골프리조트 등도 이에 해당된다. 전원리조트의 특징으로는 도시 근거리에 위치하기 때문에 지하철이나 고속도로와 연계하여 교통이 편리하다는 점과 테마파크, 마리나, 온천장, 골프장, 연수시설 등을 핵심시설로 운영한다는 점이다.

국내에서는 서울에서 1시간 거리에 위치하는 에버랜드나 서울랜드, 한국민속촌 등의 테마파크리조트가 위치적으로 전원리조트에 해당되며, 이 외에도 고속도로 인근에 위치하는 양지파인리조트나 지산리조트, 곤지암리조트 등도 서울에서 1시간 거리의 한적한 전원지역에 위치하면서 골프장이나 스키장, 연수시설 등을 주요시설로 운영하고 있다.

▲ ①한국민속촌 전경 ②곤지암리조트 전경. 전원리조트는 위치적으로 수도권에서 1~2시간 거리의 한적한 전원 지역에 위치하고 있다.

4) 도심형 리조트

도심형 리조트는 도시의 중심부나 유명 관광도시 등에 위치하는 리조트를 통칭하는 의미이다. 도심형 리조트의 특징은 두 가지로 분류할 수 있는데, 첫째는 비즈니스나 쇼핑 중심가 등에 위치하면서 지하철 등 교통이 좋은 곳에 위치하는 리조트이다. 국내에서는 잠실 롯데월드나 한강을 배경으로 한 워커힐호텔&리조트 등이 해당되며, 해외에서는 싱가포르의 마리나베이샌즈 리조트 등이 도심지역에 위치하는 리조트이다. 둘째는 국가적 차원에서 관광거점 도시로 개발하여 세계적인 관광도시로 변모한 도심지의 중심부에 위치한 리조트 등이 있다. 주로 라스베이거스나 마카오 등의 관광도시에 위치하는 카지노복합리조트 등이 해당되며, 국내에서는 제2의 마카오로 성장 가능한 영종국제신도시에 위치한 파라다이스시티나 인스파이어 복합리조트 등이 도심형 복합리조트에 해당된다.

▲ ①라스베이거스 도심에 위치한 호텔&리조트 전경 ②마카오에 위치한 샌즈리조트 전경. 세계적인 관광도시의 중심부에는 도심형 카지노복합리조트 등이 위치하고 있다.

3. 이용목적에 의한 분류

1) 스포츠형 리조트

(1) 스키리조트

스키리조트(ski resort)란 '스키와 스노보드를 탈 수 있는 스키장 시설을 핵심시설로 갖추고, 스키어와 스노보더들이 체류할 수 있는 숙박시설과 각종 휴양에 적합한 시설을 복합적으로 갖춘 스키 중심의 리조트'를 말한다. 즉 스키 스포츠를 중심으로 조성된 리조트로서 스키 시즌 외에도 이용할 수 있도록 콘도, 골프 등의 시설을 갖추고 있다.

스키리조트의 가장 큰 특징은 적설량이 풍부한 산악지대에 위치하는 것인데, 국토의 70%가 산악지형인 우리나라에서 스키리조트는 가장 먼저 도입된 리조트 형태이다. 국내에 리조트라는 개념이 생소하던 시기인 1975년에 용평리조트가 강원도 평창군에 대규모 스키장과 특급호텔, 유럽풍의 콘도미니엄 등을 갖추고 국내 최초의 리조트로 개관하여 현재는 전국적으로 16개소의 스키리조트가 운영 중에 있다.

▲ ①일본 니가타현에 위치한 롯데아라이리조트 전경 ②무주 덕유산리조트 스키장 전경

(2) 골프리조트

골프리조트(golf resort)란 '골프를 칠 수 있는 골프장 시설을 핵심시설로 갖추고, 골퍼들이 체류할 수 있는 숙박시설과 각종 부대시설을 복합적으로 갖춘 골프 중심의 리조트'를 말한다. 골프장은 대규모 자연환경을 인위적인 시설로 변화시켜야 하기 때문에 자연환경과의 조화를 살린 자연친화적 개발이 중요하다. 따라서 골프장 주변의 경관·기복·수목 등의 자연환경을 가급적 살려서 설계하며, 필요에 따라 자연을 모방한 계곡, 연못, 언덕, 삼림 등을 조성한다.

우리나라에서 골프는 그동안 일부 부유층의 전유물로서 귀족 스포츠라는 인식이 강하였으나 1990년대부터 골프의 대중화가 이루어지기 시작하여 현재는 모든 연령층에서 남녀 구별 없이 즐기는 대중 스포츠로 자리잡았다.

▲ ①비발디파크 골프장 전경 ②골든베이 골프리조트 전경. 골프리조트는 '골프장을 핵심시설로 갖추고 골퍼들이 체류할 수 있는 숙박시설과 각종 부대시설을 갖춘 골프 중심 리조트'를 말한다.

(3) 마리나리조트

마리나리조트란 '수상스포츠나 레크리에이션용의 요트, 모터보트 등의 즐길 수 있는 마리나를 핵심시설로 갖추고, 이용객들이 체류할 수 있는 숙박시설과 각종 편의시설을 복합적으로 갖춘 리조트'를 말한다. 대형 마리나리조트일수록 요트 외에도 윈드서핑, 수상스키, 제트스키, 바다래프팅, 스킨스쿠버, 해수욕, 낚시 등 다양한 레저활동을 즐길 수 있다.

우리나라는 3면이 바다로 둘러 싸여 있어 해양레저산업이 발전하기에 좋은 여건을 가지고 있다. 최근에는 여가문화 확산에 따라 해양레저스포츠가 각광 받으면서 바다를 낀 지자체를 중심으로 해양관광개발이 활발하게 진행되고 있다.

세계적 규모의 마리나리조트 시장은 북미, 유럽, 호주 등 주요 선진국에 위치하고 있는데, 대표적으로 미국의 마리나델레이, 프랑스의 랑그도크루시용, 호주의 골드코스트 등이 있다.

▲ 소노캄 거제(구 대명리조트 거제마리나) 전경. 마리나리조트는 마리나를 핵심시설로 하는 마리나 중심의 리조트로서, 3면이 바다인 우리나라에서 향후 해양마리나리조트의 발전이 예상된다.

2) 휴양형 리조트

(1) 온천리조트

온천리조트(spa resort)는 온천이라는 자연적인 특수성을 최대한 활용하여 휴양지로 개발한다는 점에서 다른 리조트와 다소 차이가 있다. 스키리조트나 골프리조트가 자연을 개발하는 차원이라면 온천리조트는 자연을 활용하는 차원이기 때문이다.

초기의 온천은 입지에 크게 관계하지 않고 양질의 온천수가 생산되는 지역을 중심으로 형성되어 왔지만, 점차 온천수에 대한 의존도가 줄어들고 비수기 기간이 길다는 단점으로 인해 체형관리와 물놀이 위주의 워터파크 형태로 변화하면서 지명도가 높아지고 있다.

온천리조트의 장점은 다른 유형의 휴양시설과 복합적으로 개발이 가능하다는 것이다. 예를 들어 온천과 스키장의 복합개발이나 온천과 워터파크 또는 테마파크와의 복합개발 형태가 대표적이다. 우리나라에서도 획일적인 욕탕 위주의 온천개발에서 벗어나 온천과 워터파크의 복합개발 형태가 많아지고 있다. 대표적으로 1979년 경남 창녕군에 부곡하와이(Bugok Hawaii)가 온천과 물놀이시설을 복합적으로 개발한 스파리조트 형태로 개발되었고, 2007년에는 리솜스파캐슬(Resom Spa Castle)이 덕산온천 단지 내에 대규모 숙박시설과 함께 온천을 이용한 워터파크를 개발함으로써 온천리조트로서의 면모를 갖추게 되었다.

①
②

▲ ①리솜스파캐슬 온천리조트 ②일본 온천여행의 성지로 불리는 쿠사츠온천리조트 전경. 온천리조트는 전통적으로 온천이라는 천연자원을 활용하지만 물놀이시설과 결합하여 온천형 워터파크 형태로 개발할 수 있다.

(2) 휴양리조트

휴양리조트란 '아름다운 자연환경과 조용한 분위기에서 편안하게 휴양 및 휴식을 취할 수 있는 적합한 시설을 복합적으로 갖춘 리조트'를 말한다. 즉 휴양리조트는 힐링(healing)과 맥을 같이 하는 자연친화적 리조트로서 가장 전통적인 리조트 형태라 할 수 있다. 휴양리조트의 일반적인 특징은 주로 바닷가 휴양지에 위치하면서 방갈로 형태의 프라이빗 객실과 전용해변, 야외수영장, 놀이시설, 스파시설 등을 기본적으로 갖추고 있다. 특히 스파는 고급 서비스 중 하나이며, 각종 마사지, 테라피, 트리트먼트 등의 스파 프로그램을 운영하고 있다.

세계적으로 휴양리조트가 많이 위치한 지역을 살펴보면, 남태평양 최고의 휴양지인 사이판, 천혜의 자연환경을 가진 괌, 태국 최고의 휴양지 파타야, 로맨틱 아일랜드로 불리는 몰디브, 신들의 섬 발리, 동양의 하와이 하이난, 필리핀 세부 등 세계 곳곳에 분포되어 있다.

▲ 하늘에서 바라본 몰디브 포시즌스리조트 전경과 방갈로 객실 전경

3) 위락 · 오락형 리조트

(1) 테마파크리조트

테마파크란 '특정 테마를 중심으로 꾸민 놀이공원으로서 자신만의 테마를 실현할수 있는 건축물, 탑승시설, 공연시설, 관람시설 등을 갖추고, 각종 엔터테인먼트 등을 개최하여 고객들에게 즐거움을 제공하는 체험공간'이다. 따라서 테마파크리조트란 '테마파크를 핵심시설로 갖추고, 체류하는 데 필요한 숙박시설과 다양한 부대시설을 복합적으로 갖춘 리조트'를 말한다.

국내의 대표적인 테마파크리조트는 에버랜드, 롯데월드 등이 있으며, 세계적으로는 미국 자본의 월트디즈니사가 운영하는 테마파크가 전 세계 테마파크의 70% 이상을 점유하고 있다.

(2) 워터파크리조트

워터파크리조트란 '워터파크를 핵심시설로 갖추고, 체류하는 데 필요한 숙박시설과 다양한 부대시설을 복합적으로 갖춘 리조트'를 말한다. 워터파크의 유형은 '캐리비안베이'와 같이 특정 테마를 중심으로 스릴과 재미가 가미된 순수 물놀이 중심형의 워터파크가 있으며, 다른 한 가지는 '리솜스파캐슬'처럼 온천을 주 기능으로 하면서 물놀이 기능을 가미한 온천형 워터파크 형태가 있다. 최근에는 전통적인 온천리조트들이 경쟁력을 갖추기 위해 워터파크 기능을 가미한 온천형 워터파크 형태로 변화하고 있는 추세이다.

(3) 카지노리조트

카지노리조트란 '카지노를 핵심시설로 갖추고, 체재에 적합한 숙박시설과 다양한 부대시설을 갖춰 레저 휴양 등을 함께 즐길 수 있도록 조성한 리조트'를 말한다. 카지노는 호텔이나 리조트의 한 사업장처럼 운영되지만 많게는 전체 매출의 80~90%를 차지하고 있다. 또한 카지노 고객은 체류하면서 객실이나 식음료 업장을 이용하기 때문에 전체 영업장에 미치는 영향이 크다.

카지노의 유형은 한국관광공사에서 직영하는 '세븐럭카지노'처럼 기존의 호텔이나 리조트에 임대 사업자로 들어가 독립적으로 운영하는 형태가 있고, 다른 한 가지는 '하이원리조트'나 '파라다이스시티'처럼 자사가 복합리조트를 개발하여 카지노를 직영으로 운영하는 형태가 있다. 최근에는 카지노를 핵심기반으로 하면서 호텔, 컨벤션, 테마파크, 공연, 쇼핑, 레저스포츠 등을 복합적으로 갖춘 복합리조트가 전 세계적으로 대세를 이루고 있다.

제**2**장

복합리조트의 성립요건과 확대요인

제1절 복합리조트의 성립요건과 구성요소
제2절 리조트 수요의 확대요인

제1절 복합리조트의 성립요건과 구성요소

1. 복합리조트의 성립요건

1) 리조트의 선호패턴

사람마다 가지고 있는 경제력이나 여가시간 등이 모두 같을 수는 없을 것이다. 따라서 소비자들의 구매행동이나 선호패턴은 경제력이나 여가시간에 따라 차이가 발생할 것이다. 특히 리조트산업에서 관광의 주체가 되는 관광객의 구매행동을 형성하는 주요 요인은 경제력과 자유시간이라고 할 수 있다. 여기서 경제력을 종축으로 하고, 자유시간을 횡축으로 하여 관광객의 구매유형을 적용해 본다면 리조트의 다양한 선호패턴을 유추해 볼 수 있다.

예를 들어 경제력이 높고 자유시간이 많을수록 골프 등의 실외스포츠나 크루즈여행과 같은 장기간의 해외여행을 선호하게 되며, 경제력이 낮고 자유시간이 적을수록 실내에서 할 수 있는 실내스포츠나 국내의 가까운 리조트를 선택하여 방문하게 될 것이다.

[그림 2-1] 리조트의 선호패턴 유형

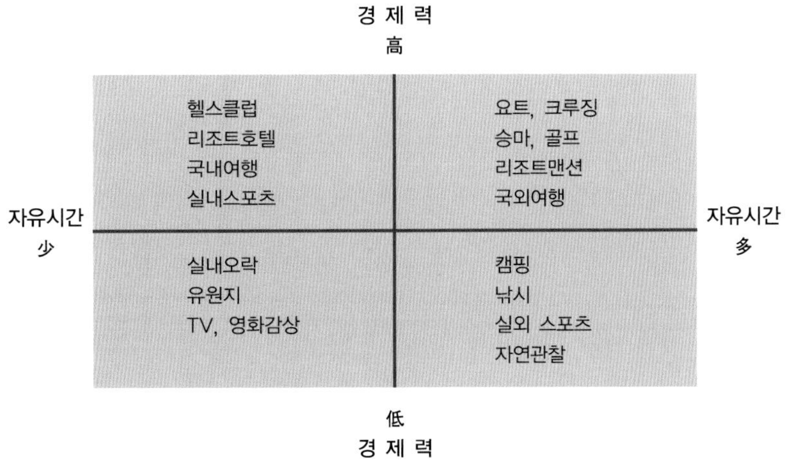

자료 : http://www.gisco.re.kr 참조.

51

잠재 소비자들의 이러한 선호패턴을 이해하는 것은 개발주최가 리조트개발의 유형을 결정하는 데 유용한 기초자료로 활용할 수 있다. 즉 리조트개발의 방향을 도심형으로 할 것인지?, 전원형으로 할 것인지? 골프, 승마 등 실외스포츠형 리조트로 할 것인지? 아니면 실내온천 중심의 온천리조트로 할 것인지? 등을 결정하는 데 적용할 수 있다. 리조트의 선호패턴 유형을 그림으로 살펴보면 [그림 2-1]과 같다.

2) 복합리조트의 성립요건

리조트경영에서 관광주체가 되는 관광객과 관광객체가 되는 리조트는 상호 밀접한 연관성을 가진다. 관광주체인 관광객의 경제력이나 자유시간 등에 따라 리조트의 선호패턴이 달라질 수 있다면, 관광의 객체가 되는 리조트도 기본적으로 갖춰야 할 다양한 성립요건들이 존재한다.

본 장에서는 리조트의 성립요건을 체재성, 자연성, 휴양성, 다기능성, 광역성으로 규정한다. 고객들은 리조트가 갖춘 성립요건을 보고 리조트의 규모나 성격을 판단하여 리조트를 선택하게 된다. 따라서 리조트는 이러한 다섯 가지 요건을 모두 겸비하는 것이 바람직하다.

리조트개발에서 이와 같은 다섯 가지 요건을 동시에 충족하는 경우가 최상이지만, 리조트건설을 계획하는 기업이나 지자체 등의 사정에 따라 이를 모두 갖추기가 쉽지 않은 경우도 있다. 이러한 경우 리조트가 추구하는 성립요건을 선택적으로 반영하여 개발해야 할 것이다.

예를 들어 단순 휴양리조트개발을 계획하는 기업이 있다면 자연성이 좋은 지역에 휴양성을 보강하는 시설들을 갖춰서 리조트를 조성해야 할 것이다. 하지만 카지노 중심의 복합리조트를 개발할 경우에는 무엇보다 체재성, 광역성, 다기능성이 중심이 되어야 할 것이다. 즉 복합리조트의 경우 주요 고객인 외국인관광객을 유치하기 위해서는 공항에 인접한 장소가 유리하고, 내국인 고객을 위해서도 고속도로, 철도 등의 광역교통망이 잘 갖춰진 지역이 유리하다. 그리고 카지노 외에 컨벤션이나 전시 등의 비즈니스시설과 함께 호텔, 테마파크, 공연장, 영화관, 쇼핑몰 등의 다양한 기능적 시설들을 광역적으로 갖추는 것이 필요하다. 리조트의 성립조건이 될 수 있는 다섯 가지 요건을 정리하여 살펴보면 〈표 2-1〉과 같다.

〈표 2-1〉 리조트의 성립요건

구 분	내 용
체재성	• 충분한 인적서비스를 제공할 수 있는 인적자원을 갖출 것 • 장기체재가 가능한 숙박, 식음료, 부대시설 등의 편의시설을 갖출 것
자연성	• 자연훼손이 덜 되고 자연환경이 매력적인 곳 • 산, 바다, 강, 호수와 인접하거나 순수자연성을 느낄 수 있는 곳
휴양성	• 개인의 프라이버시 보장과 자유로운 활동을 할 수 있을 것 • 일상 생활권을 벗어나 힐링을 할 수 있는 편안한 공간을 갖출 것 • 휴양에 도움이 되는 헬스, 스파 등 레크리에이션 시설을 추가로 갖출 것
다기능성	• 단순 집객소가 아닌 사교성이 있을 것 • 숙박, 비즈니스, 휴양, 게임, 레포츠 등 복합적 기능을 갖출 것 • 리조트의 부가가치를 높일 수 있는 핵심시설과 함께 다양성을 가질 것
광역성	• 대규모 건설이 가능한 넓은 토지와 장소가 있을 것 • 단지규모나 현대적 복합시설이 거대함이나 웅장함을 갖출 것 • 항공, 고속도로, 철도, 항만 등 광역 교통망과의 인접성이 있을 것

2. 복합리조트의 구성요소

1) 숙박시설

복합리조트에서 숙박시설은 레크리에이션 시설과 더불어 리조트의 규모와 수준을 결정하는 주요 시설이다. 과거 콘도미니엄 위주의 숙박에서 최근에는 고객의 세분화된 욕구에 맞는 다양한 형태의 숙박시설이 생겨나고 있는데, 본 장에서는 복합리조트의 숙박시설을 5가지 유형으로 나누어 살펴본다.

(1) 호텔

복합리조트를 중심으로 일반인을 위한 콘도미니엄 숙박시설 외에 고급 숙박시설로서 호텔을 운영하는 곳이 늘어나고 있다. 국내에서는 용평리조트가 개장 당시부터 드래곤밸리호텔(4성급)을 운영하였고, 현재는 휘닉스평창, 무주리조트, 하이원리조트, 알펜시아리조트 등에서 특급호텔을 운영하고 있다. 특히 하이원리조트에서는 강원랜드호텔(5성급), 컨벤션호텔(5성급), 하이원호텔(4성급) 등 3개의 특급호텔을 운영하고 있으며, 알펜시아리조트에서도 인터컨티넨탈리조트호텔(5성급)과 홀리데이인 리조트호텔(5성급) 등 2개의 특급 호텔을 운영하고 있다.

최근에 개장한 복합리조트일수록 특급호텔을 운영한다. 인천 '파라다이스시티'는 770실 규모의 5성급 호텔을 운영하고 있으며, 제주신화월드는 단지 내에 2,000실 규모의 5성급 호텔 2곳을 운영하고 있다.

▲ ①알펜시아리조트 인터컨티넨탈호텔 전경 ②제주신화월드리조트 메리어트호텔 전경

(2) 콘도미니엄

콘도미니엄(condominium)은 호텔과 달리 객실에서 숙박과 취사가 가능하므로 이 두 가지를 동시에 즐기려는 고객들에게 인기가 많다. 따라서 여가활동을 즐기는 관광객들이 대부분인 리조트에서 가장 많이 운영하는 숙박시설이다. 객실의 규모는 리조트마다 100실에서부터 1,000실까지 다양하게 구비하고 있다.

▲ ①휘닉스평창 콘도미니엄 전경 ②오크밸리리조트 콘도미니엄 전경

콘도미니엄의 특징은 운영회사가 1개의 객실을 10명에게까지 분양금을 받고 회원권을 분양할 수 있으며, 회원들은 객실사용 시 약간의 운영실비만 납부하고 사용할 수 있다. 회원권의 유효기간은 10~20년으로 기간이 끝나면 원금을 돌려받거나 재계약 할 수 있다. 운영회사는 콘도회원들이 객실을 사용하지 않을 때는 비회원들에게 객실을 판매하여 추가 수익을 창출한다.

(3) 유스호스텔

최근 국내의 대규모 리조트들이 단지 내에 별도의 유스호스텔을 운영하는 추세이다. 유스호스텔의 특성상 학생들의 수련활동, 수학여행, MT 등 대규모 단체를 유치하기가 수월하기 때문이다. 국내 복합리조트 중에는 용평리조트, 휘닉스평창, 웰리힐리파크, 소노벨 비발디파크 등에서 유스호스텔을 운영하고 있으며, 전국적으로는 2020년 기준으로 88개의 유스호스텔이 운영 중에 있다.

유스호스텔의 법적 근거는 「청소년활동진흥법」의 '청소년수련시설'에 해당한다. 「관광진흥법」의 '호스텔업'과는 법적 근거가 다르다. 유스호스텔은 숙박시설과 단체식당, 세미나실 등을 기본으로 갖추고 자가취사장, 샤워장, 세탁실 등은 공용으로 사용하는 것이 특징이다.

▲ ①소노호텔&리조트 유스호스텔 전경 ②용평리조트 유스호스텔 전경

(4) 풀빌라

풀빌라(pool villa)는 수영장이 딸린 프라이빗 빌라형 객실을 말한다. 연중 날씨가 더운 동남아지역의 고급휴양리조트에서 주로 운영되는 객실 형태이다. 이러한 휴양

리조트의 객실은 '호텔형 객실'과 '풀빌라 객실'의 두 가지 타입으로 나뉘는데, 풀빌라는 객실이 넓고 객실마다 바로 앞에 프라이빗 풀장이 갖춰져 있어 럭셔리 호캉스를 즐기려는 고객들에게 인기가 좋다. 리조트 단지 내에는 잘 정돈된 정원이나 산책로 등이 있고, 야외에는 바다를 배경으로 하는 메인 풀장 1~2곳이 별도로 운영되는 특징이 있다.

국내 리조트업계에도 고급화 바람이 불면서 풀빌라 형태의 객실을 운영하는 리조트가 생겨나고 있는데, 대표적으로 '아난티 펜트하우스 해운대'에서는 1km의 전용해변과 객실마다 테라스에 개인 풀장을 갖춘 풀빌라 객실을 운영하고 있다.

▲ ①인터컨티넨탈 다낭 페닌슐라 리조트의 풀빌라 객실 전경 ②아난티코브 해운대 풀빌라 객실 전경. 풀빌라는 주로 휴양리조트에서 운영하는 객실형태로 넓은 테라스와 온수가 제공되는 개인풀이 딸려 있는 것이 특징이다.

(5) 캠프장

최근 국내의 일부 호텔이나 리조트에서 숙박고객의 세분화 욕구에 맞춰 캠프장을 운영하고 있다. 리조트선진국에서는 호텔보다 텐트와 카라반이 더 많이 이용되는 경우가 많은데, 국내에서도 자연체험학습과 더불어 가족 단위 고객들에게 선호되고 있어 캠프장을 운영하고 있다. 캠프장 시설은 주로 두 가지 타입인데, 캠핑카라반과 글램핑 타입이 있다.

리조트업계에서는 한화리조트가 제주·설악·양평·산정호수·지리산 등의 체인에서 캠프장을 운영하고 있으며, 호텔업계에서는 제주신라호텔이나 서울워커힐호텔 등이 운영하고 있다.

▲ 한화리조트 양평 글램핑&카라반 빌리지 전경. 전국의 호텔&리조트들이 숙박고객의 다양한 레저 욕구를 충족시켜주기 위한 대안으로 글램핑존을 운영하고 있다.

2) 레스토랑&바

과거 리조트의 식음료 업장은 객실투숙객에게 식사와 음료를 판매하는 단순한 부대시설로서의 역할만을 수행해 왔다. 그러나 리조트의 규모가 대형화, 고급화되면서 리조트의 식음료부서는 단순한 판매부서의 수준을 벗어나 리조트의 이미지를 강화시키고, 재정적 측면에서 경영수익을 증대시키기 위한 대안으로 그 비중이 점차 높아지고 있다.

또한 리조트를 방문한 고객들에게는 해당 국가나 지역의 고유한 음식문화를 경험할 수 있는 문화적 공간이자, 음식을 통해 상호 친선을 교류하고 자연스럽게 비즈니스로 이어질 수 있는 비즈니스 공간으로도 그 중요성이 부각되고 있다.

리조트의 규모나 성격에 따라 운영하는 식음료 업장에 저마다 차이가 있지만, 리조트에서 운영하는 레스토랑의 종류로는 양식당, 일식당, 중식당, 한식당, 스낵식당, 그릴, 뷔페, 카페, 푸드코트, 룸서비스 등으로 다양하다. 음료업장은 커피숍, 로비라운지, 바 등이 있다. 이 외에도 리조트의 특색을 살린 이색적인 토속식당 등을 운영하는 경우도 있다.

이러한 식음료시설들은 리조트 내 호텔이나 각 건물 등에 적절히 분산하여 배치하거나, 먹거리 타운과 같은 형식으로 한 곳에 집중적으로 배치하여 고객들이 편리하게 이용할 수 있도록 하고 있다.

▲ 마리나베이샌즈의 프라이빗 다이닝과 바 전경. 마리나베이샌즈는 45개의 레스토랑과 20여 개의 다양한 라운지&바를 운영하고 있다.

3) 컨벤션센터

최근 개장하는 대규모 복합리조트의 가장 큰 특징 중 한 가지는 전시컨벤션 시설을 핵심시설로 하여 비즈니스 기능을 확대한다는 점이다. 복합리조트의 대명사인 싱가포르의 '마리나베이샌즈 리조트'도 개장부터 세계적인 명성을 얻을 수 있었던 비결은 카지노와 함께 컨벤션 등 다양한 시설을 핵심시설로 개발한 이유 때문이다.

마리나베이샌즈 리조트의 전시컨벤션 시설은 모든 비즈니스 여행자들이 만족할 만하다. 우선 30,000㎡의 전시장은 한 층 공간을 3개의 별도 전시장으로 분할할 수 있으며, 4만 5,000여 명이 모일 수 있는 컨벤션센터는 세 개 층에 걸쳐 250개의 회의실과 24개의 그랜드 볼룸(대연회장)을 갖춰 어떠한 형태의 연회컨벤션 행사도 가능하다.

▲ 마리나베이샌즈 리조트 그랜드 볼룸 컨벤션 전경. 최근 개장하는 대규모 리조트일수록 연회컨벤션 시설을 주요시설로 갖추고 비즈니스 기능을 확대해 나가고 있다.

국내에서도 대형복합리조트를 중심으로 전시컨벤션 시설을 갖춰나가고 있다. 대표적으로 하이원리조트는 2011년에 컨벤션호텔을 추가로 개장하였는데, 이곳은 250실의 객실과 함께 2,000석 규모의 전시컨벤션센터와 대규모 공연장을 완비하였다. 이외에도 소노호텔&리조트의 소노벨 비발디파크는 1,000석 규모의 연회장을 구비하고 있으며, 평창 알펜시아리조트 역시 2,500명을 수용할 수 있는 컨벤션센터를 갖추고 대규모 세미나, 패션쇼, 전시회, 연회행사 등을 개최하고 있다.

4) 레크리에이션 시설

복합리조트가 호텔과 구별되는 가장 큰 특징 중 한 가지는 다양한 레크리에이션 시설을 구비하고 있다는 것이다. 레크리에이션을 '사람들의 기분을 전환시키는 행동이나 즐거운 일, 심심풀이, 오락 등 기분전환이 되는 여러 활동'으로 정의할 때, 리조트의 레크리에이션 시설들은 카지노, 영화관, 공연장, 테마파크, 워터파크, 실내게임장, 노래방, 나이트클럽, 키즈클럽 등을 들 수 있다.

이러한 시설들은 리조트의 자연자원과 더불어 리조트의 다기능성과 복합성을 충족시키는 매력요인이자, 여러 시설 간의 연쇄작용을 불러일으켜 리조트 전체에 활력을 주며 리조트의 매출증대에도 상당한 기여를 하고 있다.

▲ ①마리나베이샌즈 리조트 카지노 전경 ②마리나베이샌즈 리조트 나이트클럽 전경. 리조트의 레크리에이션 시설은 여러 시설 간의 연쇄작용을 불러일으켜 리조트 전체에 활력을 주며 리조트 매출증대에도 기여를 한다.

5) 쇼핑센터

최근 개장하는 복합리조트의 또 다른 특징 중 하나는 비즈니스나 엔터테인먼트의 강화와 함께 대규모 쇼핑센터를 포함한다는 점이다. 과거에 건설된 단일형 리조트나 소규모 리조트에서는 기념품점이나 편의시설과 같은 부대시설 중 하나로 운영되었지만, 현대의 복합리조트는 웬만한 백화점이나 면세점 시설을 능가하는 화려한 시설로 운영되고 있다. 복합리조트 입장에서 쇼핑센터는 관광객들에게 다양한 관광욕구를 충족시킬 수 있으며, 시설 간의 연계성을 더하여 리조트의 매력을 높이고, 여성 고객이나 관광객들의 유인력을 높이는 중요한 수단으로 활용할 수 있기 때문이다.

실제 마리나베이샌즈의 쇼핑센터는 일반 백화점이나 면세점 등에서도 볼 수 없는 세계 유명 브랜드들이 모두 입점되어 있으며, 신규 브랜드들은 이곳에 입점하는 것 자체만으로 성공적이라 할 정도이다. 국내에서도 파라다이스시티나 제주신화월드 등에서 리조트 내에 쇼핑센터를 운영하고 있으며, 앞으로 개장하는 시저스복합리조트나 인스파이어복합리조트 역시 대규모 쇼핑센터를 운영할 계획이다.

▲ 마리나베이샌즈의 쇼핑센터는 세계 3대 명품브랜드를 비롯하여 200여 개의 럭셔리 브랜드가 입점하고 있어 리조트의 매력성과 고객 유인력을 높이고 있다.

6) 스포츠/액티비티 시설

학문적으로 살펴보면 액티비티 활동이 레크리에이션의 활동 영역에 포함되는 것이 일반적이지만 대규모 리조트일수록 한 종류의 스포츠시설이 그 리조트의 핵심시설이 되거나 리조트를 대표하는 중심시설이 되는 특성으로 인해 스포츠시설을 레크리에이션 시설과 구분하여 살펴볼 필요가 있다.

▲ ①소노문 단양 아쿠아월드 ②엘리시안강촌리조트 스키장 전경. 리조트의 스포츠/액티비티 시설은 리조트의 다기능성과 복합성을 높여 리조트의 상품가치를 높이는 중요한 시설이다.

리조트의 스포츠/액티비티 시설은 레크리에이션 시설과 더불어 리조트의 규모와 수준을 판단하는 준거 기준으로 작용할 뿐만 아니라 리조트의 다기능성과 복합성을 높여 리조트의 상품가치를 높이는 중요한 시설이다. 리조트의 주요 스포츠/액티비티 시설로는 골프장, 스키장, 눈썰매장, 마리나, 승마장, 야외운동장, 사우나/스파, 실내외수영장, 피트니스센터, 스크린골프, 볼링장, 족구장, 테니스장, 산책로 등이 있다. 이러한 다양한 액티비티 시설들은 특정 시즌에만 몰리는 성수기를 분산시키고, 다양한 직업군의 고객을 유치할 수 있는 장점이 있다.

7) 보조적 시설 및 편의시설

위와 같은 주요 시설 외에도 리조트 내에는 좀더 다양한 레크리에이션 시설 및 편의시설들이 존재한다. 이러한 시설들은 고객들의 다양한 욕구를 세심하게 충족시켜 줄 뿐만 아니라 리조트의 매력을 배가시키고, 기후나 자원의 제약을 극복하기 위한 대안시설로서 충분한 가치가 있다.

여기에 포함되는 시설들을 살펴보면 축제나 이벤트를 진행할 수 있는 야외공연장이나 식물원, 동물원, 박물관, 기념품점, 예배실 등이 있고 편의시설로는 편의점, 이미용실, 세탁실, 의무실 등이 있다. 이와 같은 보조적 시설들은 리조트 고객의 다양한 휴양 및 레크리에이션 욕구를 충족시켜 줄 수 있는 시설로서 리조트의 다기능성을 충족시키는 중요한 시설이다.

▲ 소노호텔&리조트의 ①비즈니스센터 ②편의점 전경. 리조트의 보조적 시설이나 편의시설은 고객들의 다
양한 욕구를 세심하게 충족시켜 줄 뿐만 아니라 리조트의 다기능성을 보완해준다.

제2절 리조트 수요의 확대요인

오늘날 전 세계적으로 리조트를 방문하는 관광수요가 증대되고 대중화되는 것은 경제의 고도성장에 의한 국민소득 및 생활수준의 향상, 각종 기술과 기계의 발달로 인한 여가시간 증대에 중요한 원인이 있다. 또한 급격한 도시화와 산업화에서 오는 긴장감 해소의 증대, 물질적 풍요에서 오는 인간의 정신적 욕구증대, 여가에 대한 가치관의 변화, 교육수준의 향상, 교통수단의 발달, 관광현상의 다양화 등도 상당한 영향을 주고 있다.

따라서 본서에서는 리조트산업을 발달시키는 가장 중요한 요인으로 국민소득의 증대, 여가시간의 증대, 교통수단의 발달, 가치관의 변화 등을 살펴보기로 한다.

1. 국민소득의 증대

리조트 시장이 확장되는 중요한 요인 중 하나는 국민소득의 증대이다. 다른 어떤 여가활동보다 리조트 방문은 경제적·시간적 여유가 필요하므로 소득증대에 따른 생활의 질적 개선은 리조트 방문객의 관광욕구를 유발하는 중요한 요소이다.

세계경제가 질적·양적 측면에서 발전하게 되면서 개인소득이 증가하게 되고, 이에 따라 개인의 가처분소득(disposable income)이 크게 증가하였다. 특히 생활 수준의 향상과 함께 가처분소득 중에서도 의·식·주 비용에 비하여 관광비용을 포함한 레저비용의 비율이 높아졌다.

국내에서도 국민소득에 따라 레저 패턴이 변화하고 있다. 과거 국민소득 1만 달러 시대에는 등산이나 테니스, 자전거와 같은 야외활동이 활발했고, 2만 달러를 넘어서부터는 골프 등 아웃도어 열풍이 거셌다. 이후 3만 달러 시대가 도래하면서부터 패러글라이딩, 경비행기, 스카이다이빙, 번지점프 등 공중에서 이루어지는 액티비티(activity)부터 서핑·패들보드, 스쿠버다이빙, 플라이보드 등 수상에서 이루어지는 액티비티까지 다양한 형태의 레저활동이 성행하고 있다. 이는 국민소득 수준이 높아지면서 그동안 접하기 어려웠던 극한의 액티비티를 찾는 고객층이 확대되기 때문이다.

또한 우리나라는 이미 2017년에 '30-50 클럽'에 가입한 7번째 국가로 이름을 올렸다. 이른바 인구 5,000만 명 이상, 1인당 국민소득 3만 달러를 넘긴 나라로 이에 해당하는 국가는 미국, 독일, 영국, 일본, 프랑스, 이탈리아 등 6개국뿐이다. 2018년에는 근로기준법 개정으로 주 52시간 근무제가 도입되면서 여가시간이 증대되었고, 생활수준이 선진국 수준으로 높아지면서 요트와 같은 해양레저 수요가 증가하여 향후에는 마리나리조트 등의 해양레저개발이 활발해질 것이다.

▲ 국민소득 수준이 높아지면서 관광활동 형태가 그동안 접하기 어려웠던 극한의 액티비티를 찾는 고객층 확대로 이어지고 있다.

2. 여가시간의 증대

리조트 시장의 급속한 발전을 가져온 두 번째 요인은 여가시간의 증대이다. 레저 행위는 여가 또는 시간적 여유가 필요하기 때문에 여가의 증대는 곧 리조트 수요를 유발하게 되고 리조트개발을 촉진하게 된다.

또한 여가시간은 국민 개개인의 생활에 여유를 주고 생애학습의 기회를 제공하며 시민활동에 참여하는 등 자기개발을 위한 중요한 기초가 되고 있다. 사회적으로는 개성과 창조성이 풍부한 사회를 실현케 하는 기초가 되고, 경제적으로는 레저관련 지출의 증가에 의한 지역경제 활성화는 물론 국가 경제에도 기여하는 등 아주 중요한 의의를 갖는다.

여가는 산업혁명 이후 근세(18~20C 초)까지만 하더라도 여전히 개인의 소득과 공장의 생산성을 위한 수반 활동에 불과한 것이라는 생각이 지배적이었다. 미국의 경우 19세기 내내 주당 노동시간이 70시간대로 가난한 이민자들의 경우 하루 16시간까지 일해야 했다. 덴마크의 경우도 1890년대 주당 근로시간이 약 70시간으로 근로일수는 6.5일이었다.

이후 선진국을 중심으로 근로시간이 단축되기 시작하여 프랑스는 1936년, 독일은 1967년, 일본은 1987년부터 주 40시간 근무제를 시행하였다. 이와 함께 연 1~4주간의 유급휴가가 인정되고 전문직종의 확대 등으로 여가시간은 과거에 비해 크게 증가하였다.

우리나라도 1998년부터 주 5일 근무제를 단계적으로 추진하기 시작하여 2018년에 이르러 주당 최대 근로시간을 52시간(법정 40시간+연장 12시간)으로 단축하였다. 이처럼 노동시간의 단축과 유급휴가의 확대는 일반 대중들의 여가시간을 증대시켜 주말이나 휴가를 리조트나 휴양지에서 보낼 수 있는 환경을 제공하고 있다.

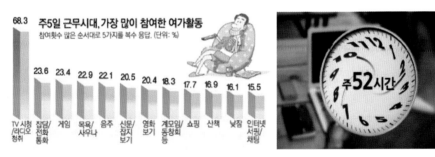

▲ 주 5일 근무제나 주 52시간 근무제는 일반 대중들의 여가시간을 증대시켜 주말이나 휴가를 리조트 등의 휴양지에서 보낼 수 있는 환경을 제공하고 있다.

3. 교통수단의 발달

리조트로의 접근을 쉽게 하면서 적극적인 레저활동을 가능하게 하는 세 번째 주요 요인은 교통수단의 발달이다. 대중교통의 발달, 자가용 승용차의 보급, 항공노선의 확대 등은 관광객의 이동을 장거리화·국제화시켰다.

19세기에 지배적인 교통수단이었던 철도여행은 제2차 세계대전 전까지만 해도 가장 인기가 있었으며, 당시 항공여행은 대중화되지 못하였다. 그러나 제2차 세계대전 후부터 발달하기 시작한 각종 교통수단의 증강은 여행기간은 물론 여행거리까지도 단축시켜 놓았다. 특히 자동차의 보급은 국민들의 레저참여를 촉진케 하는 일대 전환점을 마련하였다.

우리나라 자동차 보급 대수는 1997년에 자동차 1,000만 대 시대를 돌파하였고, 2014년에 1,960만 대를 거쳐 2020년 1월 기준으로 2,368만여 대로 집계되어 인구 2.2명당 자동차 1대를 보유하고 있는 것으로 나타났다.

문화체육관광부의 자료에 따르면 우리나라 만 15세 이상 국민들의 국내 숙박여행과 당일여행 시, 주로 이용하는 교통수단 조사결과를 살펴보면, 국내 숙박여행 시 자가용을 이용하는 비율이 76.3%, 당일여행 시에도 자가용 이용이 72.7%로 가장 많았다. 국민들이 두 번째로 많이 이용하는 교통수단은 숙박여행의 경우 고속·시외버스가 6.6%, 당일여행은 전세·관광버스가 6.9%로 조사되었다. 세 번째로 많이 이용하는 교통수단은 숙박여행의 경우 철도가 5.8%, 당일여행은 고속·시외버스 이용이 6.9% 순으로 조사되었다.

이와 같이 자동차 보급대수와 자동차를 이용한 교통수단은 크게 늘어난 데 반해, 도로시설 확충은 이를 따르지 못해 휴가철이나 성수기에는 도처에서 교통체증이 일어나고 있다. 그럼에도 불구하고 자동차는 레저활동을 위한 적절한 교통수단으로 계속 증가할 것으로 보인다.

〈표 2-2〉 국내여행 교통수단 이용 현황

구 분	국내 숙박여행	국내 당일여행
1	자가용(76.3%)	자동차(72.7%)
2	고속·시외버스(6.6%)	전세·관광버스(6.9%)
3	철도(5.8%)	고속·시외버스(6.9%)
4	항공기(5.3%)	지하철(8.8%)
5	전세·관광버스(3.3%)	철도(2.5%)
6	기타(2.7%)	기타(2.2%)

자료 : 문화체육관광부, 2020 국민관광실태조사(n = 6,170).

4. 가치관의 변화

사회가 산업화·도시화되면서 인간성 상실이라는 문제를 안고 있는 현대인들은 지적 가치 추구라는 점에서 규칙적인 일상생활권을 벗어나 육체적·정신적 해방감을 얻고자 노력하고 있다.

우리나라 국민들도 그동안의 고속성장과 이에 따른 소득수준의 향상, 여가시간의 증대 등으로 레저에 대한 개념이 바뀌어 가고 있다. 레저를 기분전환이나 휴식을 위한 정도로 인식했으나 점차 자기개발과 창조적인 활동을 추구하기 위한 것으로 인식하는 성향이 높이지기 시작했다.

이는 국민들의 가치관이 일보다는 여가를 선호하는 추세로 변하고 있음을 시사하는 것이다. 가치관(values)이란 중요하게 생각하는 것들을 의미한다. 선진국으로 갈수록 일보다 레저를 중시하는 레저 중시형의 비중이 높아지는 것이 일반적인 추세이다. 국내에서도 국민소득의 증가와 주 40시간 근무제 시행으로 여가 기회가 확대되면서 일과 여가에 대한 가치관의 변화가 뚜렷하게 나타나고 있다. 특히 노동시간의 단축은 국민들의 생활의식을 변화시켜 노동 중심적 사고에서 여가 중심적 삶의 질을 추구함으로써 교육과 흥미가 결합된 에듀테인먼트(edutainment) 체감형 테마파크나 위락·유희시설 중심의 유원시설업, 각종 스포츠시설업, 회원제 고급 리조트산업 등이 활성화될 것으로 전망된다.

제 **3** 장

복합리조트의 발전사

제1절 외국의 복합리조트 발전사
제2절 한국의 복합리조트 발전사

제1절 외국의 복합리조트 발전사

1. 고대시대

인류문명과 함께 리조트 시설이 언제, 어디서 최초로 생겨나서 성행하였는지를 단정하기란 쉽지 않은 일이다. 다만 문헌상의 기록이나 역사적인 유물들을 기준할 때 리조트의 발생은 고대 로마제국에서 널리 유행하였던 '스파(spa)'나 '욕장(bath)'에서 그 기원을 찾을 수 있다. 고대 로마인들이 지나간 곳에는 극장, 경기장, 목욕탕 등의 건축유적들이 남아있다. 따라서 본서에서는 유적과 유물이 남아있고, 역사적 사료들이 존재하는 로마시대를 리조트의 시초로 규정하여 살펴보기로 한다.

로마는 목욕탕 때문에 망했다는 말이 있을 정도로 로마인들은 목욕을 즐겼으며, 로마인들의 목욕문화는 고대의 대표적인 여가문화와도 맥을 같이하고 있다. 공공목욕탕의 규모도 오늘날 우리가 사용하는 목욕탕과는 비교가 되지 않을 만큼 거대해서 수많은 방과 휴식공간, 사교장 등을 갖추고 있었다. 목욕탕에는 온탕, 냉탕, 열탕과 함께 작은 한증실이나 욕실들이 딸려 있었다. 목욕탕은 오늘날의 목욕탕보다 훨씬 고급으로 장식되었는데, 카라칼라 대욕장에서는 라오콘 군상 같은 놀라운 조각품이 발견되어 당시 공공욕장의 화려함을 짐작할 수 있다.

특히 로마인들의 목욕문화에 대한 욕구를 채워주고 황제들의 치적을 위해 대규모 공공욕장이 황제들에 의해 건설되었는데, 80년 무렵에 티투스 욕장이 건설되고, 95년 무렵에 도미티아누스 욕장, 100년 무렵에 트라야누스 욕장, 그리고 220년 무렵에는 카라칼라 황제의 카라칼라 대욕장이 완성되었다. 로마시대 대표적 건축물 중 하나로 꼽히는 카라칼라 대욕장은 그 규모가 1,600명을 수용할 수 있는 대규모 시설로 오락실, 휴양실, 친교실, 도서실 등을 갖추고 있어 당시 로마인들의 인기 있는 여가 장소로 활용되고, 휴양과 오락, 운동, 친교 등을 할 수 있는 복합적 시설을 갖춤으로써 오늘날 레저타운이나 휴양촌의 시초로 볼 수 있다.

로마인들은 점령국에도 공중목욕탕과 신전을 건축하였는데, 영국의 브리튼 섬을 점령한 후에는 바스(Bath)지역의 온천 수질을 알아보고 이곳에 로마목욕탕(Roman

Baths)을 건축하였다. 로마인들은 그들 특유의 화려한 건축양식으로 목욕탕을 만들었으며, 2000년이 지난 오늘날에도 바스는 로마의 공중목욕탕이 가장 잘 보존되어 있는 온천유적지로 세계문화유산에 등재되어 있다. 목욕이라는 뜻의 영어 단어 'Bath'도 이곳의 지명에서 유래하고 있다.

또 한편으로 로마시대의 거대한 영토지배와 무역의 확대는 경제성장을 촉진하여 종교, 위락, 요양 등의 여행증가로 이어졌으며, 여행객들의 이동에 따라 휴양처(villas)도 나폴리를 중심으로 해변이나 경치가 좋은 산언덕 또는 온천을 무대로 건립되면서, 휴양처는 오늘날 리조트로서의 특징을 띠게 되었다.

▲ ①로마의 카라칼라 목욕탕 유적지 전경 ②로마시대 영국 바스지역의 로마온천탕 전경

2. 근대시대

본서에서는 리조트의 사료적 가치나 실마리를 찾을 수 없는 중세를 건너뛰고 근대시대로 이어진다. 근대는 영국의 산업혁명이 시작되는 1760년대부터 제2차 세계대전이 종식되는 1945년까지로 규정하여 설명한다. 근대의 시작을 알리는 산업혁명은 종전의 농업사회를 공업사회로 전환시키는 데 결정적 영향을 미쳤고, 자본주의가 전개되면서 자본가와 신흥중산계급이 형성되어 유럽과 미국을 중심으로 여행업과 호텔업의 발전을 촉진시켰다.

환대산업에서 호텔업의 발전은 리조트 발전의 선제적 조건이자 뗄 수 없는 관계로 작용한다. 모든 리조트의 시설구성이 호텔과 같은 숙박시설을 기본으로 다양한 복합시설이 결합되는 형태이기 때문이다. 따라서 본 장에서는 호텔과 리조트의 발전내용을 분리하지 않고 함께 소개한다.

17세기 말부터는 유럽지역을 중심으로 온천휴양지(resort)나 카페(cafe)가 출현하였는데, 당시의 온천은 주로 부유층들이 이용하고 있었지만 치료와 휴양의 장소로서 인기가 많았다. 프랑스나 영국 등에서는 대도시를 중심으로 여관(tavern)과 함께 카페나 클럽 등이 생겨나기 시작하면서 성행하였다. 이러한 온천, 카페, 클럽 등의 개별적인 시설들은 시간이 지나면서 고객들의 편의를 위해 호텔이나 리조트의 내부시설로 들어서게 되면서 복합적 시설로 운영되었다.

독일에서는 1807년에 독일 최초의 온천형 호텔인 '바디셰 호프(Der Badische Hof)'가 온천지역인 바덴바덴에 건립되었다. 바디셰 호프는 당시의 여인숙(inn)이나 여관(tavern)에 비해 대단히 호화스러운 숙박시설로 건물구조도 크고 욕실이 딸린 객실과 응접실, 발코니 등을 갖추었으며, 욕실에는 냉수와 온수가 원활히 공급되었고, 호텔 내에는 식당, 온천탕, 카페, 오락실, 산책로 등을 갖추어 온천휴양리조트의 면모를 갖추었다.

이후 영국이나 독일, 스위스, 이탈리아 등지에서도 부유층을 겨냥한 호텔이나 온천휴양지개발이 확대되기 시작하였다. 특히 영국의 바스온천은 18세기 중반부터 상류계급이 즐겨 찾는 대표적인 온천휴양지로서 부유층들에게 치료와 휴양, 위락의 장소로서 인기가 많았다. 이후 숙박과 편의시설을 갖춘 소규모 형태의 온천리조트가 들어서기 시작하였다.

미국에서는 1829년에 최초의 현대식 호텔이라 할 수 있는 '트래몬트하우스'가 170실 규모로 보스턴에 개관하였는데, 200석 규모의 대형연회장을 구비함으로써 호텔연회컨벤션의 시초가 되었다. 프랑스에서는 왕족과 귀족들의 사교장으로 호화호텔들이 생겨나기 시작하였는데, 대표적으로 1897년에 세자르 리츠(Cesar Ritz)가 설립한 '리츠호텔 파리'가 개관하여 대성공을 거두었다. 이후 리츠는 런던, 뉴욕, 로마 등 전 세계에 18개의 리츠호텔을 경영함으로써 현대 체인경영의 효시를 탄생시켰고, '고객은 항상 옳다'라는 슬로건을 창안하여 고객지향적 마케팅경영의 기틀을 마련하였다.

20세기에 들어서는 산업의 발달로 사람들의 수입이 증가하고, 유급휴가 제도가 시행되면서 여유시간이 많아진 중산층들의 리조트 접근이 가능해졌다. 이에 따라 보다 많은 사람들이 태양과 바다, 눈(雪)을 찾게 되면서 리조트도 다양한 종류의 수요자를 만족시키기 위해 스키리조트, 해변리조트와 같은 좀 더 세분된 형태의 리조트로 발전하게 되었다.

프랑스에서는 1924년에 샤모니(Chamonix)에서 개최된 제1회 동계올림픽을 계기로 경기장 주변에 스키시설을 주요 시설로 하면서 숙박과 식음료, 오락실, 휴게실 등을 갖춘 초기형태의 스키리조트가 생겨났다. 이러한 전통적인 소규모리조트들은 기존의 마을에서부터 발달하기 시작하여 마을 자체를 변화시키거나 환경이 비슷한 인근 지역이나 다른 국가로 확장되었다. 이로써 근대의 리조트는 전통적 형태의 온천리조트 중심에서 벗어나 리조트의 유형이 스포츠나 레저를 복합화한 스키리조트 등으로 확대되는 계기를 마련하였다.

▲ ①미국 트래몬트하우스 전경 ②리츠호텔파리 전경 ③샤모니 동계올림픽 메인 스타디움 전경 ④빙상경기장 주변에 위치한 소규모 호텔이나 리조트 전경. 1924년 프랑스 샤모니(Chamonix)에서 개최된 제1회 동계 올림픽을 계기로 소규모 형태의 스키리조트가 생겨나기 시작한다.

74

3. 현대의 복합리조트

현대를 구분하는 시점에 대해서는 그 견해가 다양하지만, 본서에서는 현대를 제2차 세계대전(1936~1945)이 종전되는 시점부터 현재까지로 규정하여 설명한다. 필자의 견해는 제2차 세계대전 이후부터 제국주의 열강의 식민지배가 종식되고, 리조트 발전사에서도 새로운 형태의 복합리조트가 등장하는 시작점이기 때문이다.

현대 리조트산업의 특징은 기존의 단일형 리조트개발에서 과감히 탈피하여 다양한 시설을 한 단지 내에 복합화하여 대형복합리조트로 개발하거나, 특정 지역이나 도시에 리조트가 무리로 들어서는 도시형 스트립(strip) 형태의 개발방식으로 발전하였다. 이러한 대규모 개발방식은 전통적인 리조트 형태로 수 세기에 걸쳐 이루어놓은 방식을 단 몇 년 만에 바꾸기도 하였다. 즉 과거에는 온천이나 기후를 중시한 요양, 보양 목적의 리조트개발이 우선이었다면, 현대의 리조트는 호텔, 레스토랑, 골프, 스키, 카지노, 컨벤션, 쇼핑, 테마파크, 마리나 등 다양한 활동형의 레크리에이션 시설과 비즈니스 기능을 강화하여 이들 시설을 복합화한다는 점이다.

1970년대에 개발된 멕시코 칸쿤은 종합휴양도시로 개발돼 성공적 사례이다. 카리브 해의 작은 어촌 마을인 칸쿤은 1970년대 초 개발이 시작될 때만 해도 인구 100명에 불과한 어촌이었는데, 현재는 인구 50만에 해마다 400만 명이 찾아오는 세계적인 휴양도시가 되었다. 칸쿤의 20km에 이르는 산호섬 해변에는 200여 개의 호텔과 리조트, 쇼핑센터 등이 현대문명의 성벽처럼 해변을 촘촘하게 둘러싸고 있으며, 380여 개의 레스토랑이 자리 잡고 있다. 이곳에서는 전 세계 유명 호텔&리조트의 브랜드 체인을 모두 경험할 수 있으며, 그 화려한 유명세에 힘입어 휴양, 허니문, 부의 상징으로 대표되고 있다.

또한 미국 라스베이거스는 현대 복합리조트 산업의 시초와 같은 곳이다. 1960년대까지만 하더라도 라스베이거스는 카지노와 휴양시설이 있는 평범한 중소도시에 머물렀지만 현재는 한 해 평균 4,000만 명 이상이 방문하는 세계적인 비즈니스 관광도시로 성장하였다. 전체 방문객 중 660만 명 이상이 IT업계의 향방을 결정짓는 CES(국제전자제품박람회)와 같은 컨벤션이나 미팅 등의 목적으로 라스베이거스를 찾고 있다.

이러한 변화는 과거 카지노 위주의 호텔들이 얼마나 성공적으로 복합리조트로 변신하였는지를 말해주고 있다. 단일형 카지노호텔들은 기업생존을 위해 카지노 이외에 각종 비즈니스 및 가족 단위의 관광객을 대상으로 사업 범위를 넓히기 위해 카지노 주변에 각종 테마파크와 쇼핑몰, 엔터테인먼트, MICE 시설 등을 추가로 조성하면서 복합리조트로 변화하였다. 라스베이거스에 본사로 두고 마카오나 싱가포르에 진출한 대형 카지노리조트업체들도 현지에서 라스베이거스식 복합리조트를 개장하면서 큰 성공을 거두었다. 이 외에 전 세계 여러 곳에서 조성되고 있는 많은 복합리조트 업체들이 카지노를 핵심시설로 하면서 MICE나 테마파크, 쇼핑몰 등을 포함하는 것도 라스베이거스식 복합리조트를 롤 모델로 하기 때문이다.

아시아에서는 마카오와 싱가포르가 복합리조트 시장을 주도하고 있다. 아시아의 라스베이거스로 불리는 마카오는 카지노 관광이 도시의 주요 산업이 되었으며, 외국 자본의 유입으로 수많은 복합리조트급의 카지노 호텔들이 영업 중이다. 2004년에 외국 자본으로는 처음으로 라스베이거스의 샌즈그룹이 샌즈리조트 마카오를 개장하였으며, 이후 윈 마카오, 베네시안 마카오, MGM 그랜드 마카오, 갤럭시 마카오 등이 개장하면서 아시아 지역 최초로 컨벤션을 결합한 라스베이거스식 카지노복합리조트가 도입되었다.

싱가포르도 2000년 이후 경제 활성화와 내수경기 활성화, 신규 고용창출을 위해 카지노복합리조트개발을 허용하였다. 이후 '마리나베이샌즈 리조트'와 '샌토사 리조트월드' 두 곳의 복합리조트를 개장하여 대박을 터트렸다. 싱가포르의 복합리조트는 카지노 이외에도 호텔과 컨벤션, 쇼핑, 공연장 등 MICE와 엔터테인먼트 분야로 시설을 확대하여 아시아지역 복합리조트개발의 성공모델로 부상하였다.

이와 같은 사례들은 현대 리조트개발의 형태가 복합리조트로 보편화되고 있으며, 리조트경영의 성공을 위해서는 개발 초기부터 리조트의 복합성, 테마성, 독창성, 창조성 등이 중요하게 고려되어야 한다는 점을 시사하고 있다.

▲ ①멕시코 칸쿤의 종합휴양단지에는 200여 개의 호텔과 리조트가 위치해 있다. ②라스베이거스의 스트립 거리 전경. 라스베이거스는 복합리조트 산업의 시초이다. ③아시아의 라스베이거스라 불리는 마카오 전 경 ④싱가포르의 마리나베이샌즈는 아시아 복합리조트개발의 성공모델이다.

제2절 한국의 복합리조트 발전사

1. 1960년대

리조트의 시초　우리나라는 1960년 이전까지만 해도 행정조직도 취약하였으며, 관광행정의 근거가 되어야 할 독자적인 관광법규마저 전무한 상태였다. 이러한 상황에서 경제개발이라는 시대적 요청에 직면하여 우선 시급한 외화획득의 수단으로 관광산업의 중요성이 인식됨에 따라 1961년에 관광산업의 진흥에 역점을 둔 「관광사업진흥법」을 제정하였다. 그리고 1년 후 1962년에 외국인관광객 유치와 국내 관광사업의 발전을 전담하는 국제관광공사(현 한국관광공사)를 설립하였다.

이 당시에 정부 주도의 국제관광공사가 주도했던 외화획득을 위한 조치들을 살펴보면 지방에 위치한 7개 호텔(온양, 해운대, 불국사, 대구, 서귀포, 설악산, 무등산호텔)을 인수하여 운영하였으며, 대한여행사 인수(1963. 2), 아시아 최대규모의 워커힐호텔 개관(1963. 3), 반도호텔과 조선호텔 인수(1963. 8) 등 외화획득에 총력전을 펼친 것을 알 수 있다.

이후 1965년에 한·일 국교정상화가 체결되면서 일본인 관광객이 급격히 증가하게 되었고, 서울에서는 제14차 태평양지구관광협회(PATA) 총회가 워커힐호텔에서 개최되어 한국관광이 대외에 크게 홍보되었을 뿐만 아니라 국민들의 관광에 대한 인식을 달리하는 계기가 되었다.

▲ 국제관광공사는 외화획득 목적으로 1963년에 워커힐호텔을 개관하고 외국인전용 카지노와 국제회의장, 극장 쇼, 나이트클럽, 수영장, 승마장, 쇼핑센터 등을 운영하여 도심형 리조트의 면모를 갖추었다.

그러나 국제관광공사가 직영으로 운영하는 대부분의 관광사업이 적자를 면치 못하자 1965년부터 국제관광공사 산하의 8개 호텔을 모두 민영화하기 시작하였다. 이와 같이 1960년대는 관광의 기본적인 진흥시책이 제정·공포됨으로써 관광산업 발전의 초석을 마련하였으며, 정부의 강력한 행정적 뒷받침과 함께 관광사업진흥을 위한 기반을 구축하는 단계에 들어서게 된다.

2. 1970년대

용평리조트와 경주 보문관광단지 개장　1970년대는 우리나라 관광행정의 체계가 확립된 해라 할 수 있다. 1970년대 관광사업의 추이를 약술하여 살펴보면, 1971년 7월에 서울-부산 간 경부고속도로를 완공하여 전국이 1일 생활권으로 포함되었고, 온양온천을 비롯하여 13개의 관광지를 추가로 지정하였다. 1972년에는 교통부 관광국의 기능에 따라 서울, 부산, 제주도에 관광과를 설치하고, 기타 7개 도에는 관광운수과에 관광계를 두어 관광업소를 관장하게 함으로써 관광진흥을 위해 보다 강력한 행정력이 뒷받침되기에 이르렀다.

1974년 4월에는 「관광단지개발촉진법」이 제정됨으로써 우리나라에서는 처음으로 323만 평 규모의 경주 보문관광단지 개발이 착수되었고, 1975년에는 한국 최초의 현대식 시설을 갖춘 용평리조트가 강원도 평창군에 스키장과 골프장을 개장하였다. 용평리조트 개장은 한국 리조트산업이 첫발을 내디뎠다는 데 있어 중요한 상징적 의미를 가지고 있다.

1978년은 방한 외래관광객이 100만 명을 기록하여 한국관광이 크게 부각되었으며, 종합관광단지인 보문관광단지의 개장과 함께 국민관광에 대한 본격적인 정책수립의 입안(立案)이 시행되기에 이르렀다.

따라서 1970년대는 정부 주도의 다양한 관광정책이 선포됨으로써 관광산업발전과 관광산업에 대한 인식이 고양되었으며, 관광휴양지를 찾으려는 수요증가에 편승하여 관광지와 관광단지를 추가로 지정하는 등 한국형 리조트개발이 성장기로 접어드는 시기이다.

▲ ①1975년 용평리조트 개장 ②1979년 경주 보문관광단지 개장. 1970년대는 리조트와 관광단지의 지정 등으로 한국형 리조트개발이 시행되는 시기이다.

3. 1980년대

수도권 주변으로 스키장 중심의 중소규모 리조트들이 개장　1980년대는 국민관광과 국제관광의 조화발전, 서비스 수준의 향상, 대형 국제회의 유치, 86아시안게임과 88서울올림픽 등의 성공적 개최를 통해 우리나라 관광산업과 호텔산업이 일대 도약을 하게 되는 시기이다. 특히 이 시기에 국내 대기업들의 호텔사업 진출이 본격적으로 시작되었고, 국제적인 체인호텔들이 국내에 대거 상륙하는 관광산업의 부흥기를 맞이하게 된다. 그리고 국제관광의 조화로운 발전을 위해 1989년부터 전 국민의 해외여행자유화가 실현되었다.

리조트산업에서는 중소기업 등이 참여하는 스키장 중심의 중소규모 리조트들이 수도권 주변에 개장하기 시작하였는데, 1982년에 양지리조트와 천마산스키장이 개장하였고, 1985년에 알프스리조트와 베어스타운리조트가 개장하였다. 이로써 한국의 리조트산업은 용평리조트를 필두로 산악에 위치한 스키리조트 형태로 생성되기 시작하였다. 따라서 1980년대는 국민들이 일 중심의 가치관 사회에서 탈피하여 삶의 질을 중시하게 되고, 스키, 골프 등 다양한 레저활동 참여시대로 진입하는 시기로 볼수 있다.

▲ ①베어스타운리조트 전경 ②천마산스키장 전경. 1980년대는 중소기업이 참여하는 스키장 중심의 중소 규모 리조트들이 수도권 주변으로 개장하기 시작하였다.

4. 1990년대

대기업의 복합리조트 참여 1990년대 들어 우리나라는 급격한 경제적 풍요로움을 추구한 결과, 국민들의 가처분소득이 증가하고 노동시간이 크게 단축되었다. 이는 자유시간 확대와 여가생활의 선택폭을 넓혀 우리나라가 여가사회로 전환하는 데 주요한 역할을 하였다. 이러한 배경하에 여행목적지로서 리조트를 선호하는 경향이 높아지고 더 이상 리조트가 상류층만의 전유물이 아니라 일반 대중 누구나 이용하는 보편화 된 여행목적지로 인식하는 계기를 맞이하게 된다.

국민들의 여가인식과 레저활동 형태도 단순 숙박·관광형에서 체류·휴양형으로 변화하기 시작하면서 다양한 시설을 구비한 복합리조트개발의 필요성이 대두되었다. 이는 레저수요의 증가와 맞물려 막대한 자금력과 전문인력을 갖춘 대기업들의 리조트사업 참여를 유도하였다.

대표적으로 쌍방울그룹이 1990년에 122만 평 규모의 대단지에 스키장, 골프장, 호텔, 콘도, 유스호스텔 등의 복합시설을 갖춘 무주리조트를 개장하고, 1993년에는 대명리조트가 개장하였다. 1995년에는 현대그룹이 현대성우리조트를 개장하고, 같은 해에 삼성그룹에서 보광휘닉스파크를 개장하였다. 경기권에서도 1996년에는 지산리조트가 개장하였다. 이로써 1990년대는 대기업들의 리조트사업 참여로 국내 리조트산업이 대형화, 국제화되는 발전적 토대를 마련하는 시기이다.

▲ ①현대성우리조트 전경 ②보광휘닉스파크 전경. 1990년대는 레저수요의 증가로 막대한 자금력과 인력을 갖춘 대기업들의 리조트사업 참여가 이루어진 시기이다.

5. 2000년대

복합리조트의 선진화와 대중화 2000년대에도 대기업과 지자체들의 리조트사업 참여가 줄을 잇는다. 2002년에 GS건설이 리조트사업에 참여하여 강원도 춘천시에 엘리시안강촌리조트를 개장하였고, 2006년에는 강원랜드가 골프장에 이어 스키장을 개장하면서 사계절 리조트로 변모하였다. 2007년에는 LG그룹에서 곤지암리조트, 2008년에는 지자체 중에 태백관광개발공사가 오투리조트를 개장하였고, 강원도개발공사는 평창동계올림픽 유치를 목적으로 2009년에 알펜시아리조트(Alpensia Resort)를 개장하였다.

알펜시아리조트의 개장은 21세기 우리나라 리조트산업 발전에도 획기적인 역할을 담당하였다. 알펜시아리조트는 동계올림픽의 메인무대로서 우리나라가 '2018 평창동계올림픽'을 유치하는 데 있어서도 국내 리조트의 수준이 올림픽을 유치하는 데 충분히 준비되어 있다는 것을 증명해 주었으며, 시설적인 면에서도 870실의 고급 숙박시설과 45홀의 골프장, 6면의 스키슬로프, 워터파크, 컨벤션센터 등을 종합적으로 갖추고 있어 향후 국내 리조트개발의 롤 모델이 되고 있다.

이 외에도 동계올림픽의 주요활동 무대가 된 용평리조트, 휘닉스평창 등도 올림픽을 성공적으로 개최한 리조트로서 브랜드 향상을 통해 세계적인 리조트로 거듭났고, 공항, 철도, 도로 등 개최 지역의 사회간접자본(SOC) 확충을 통해 지역과 리조트의 균형적 발전이 이루어졌다. 이와 같이 2000년대 이후 국내 리조트산업은 지자체와 대기업들의 리조트사업 진출을 계기로 리조트의 시설과 규모가 크게 선진화되었다고 평가할 수 있다.

▲ ①하이원리조트(구 강원랜드) 전경 ②2018 평창동계올림픽의 상징 스키점프대 전경. 2000년대는 대기업과 지자체들의 리조트사업 참여가 이어지고, 2018 평창동계올림픽을 성공적으로 개최하여 리조트산업의 선진화가 이루어진 시기이다.

6. 2010년대 이후

카지노복합리조트와 럭셔리리조트 시대   2000년대는 대기업과 지자체 중심의 리조트사업 참여로 리조트 시장의 선진화와 대중화가 이루어졌지만, 전국적인 개발 붐으로 리조트 시장의 과열경쟁을 불러왔다. 이에 따라 2010년대부터는 시장의 과열경쟁에서 생존하기 위해 새로운 스타일의 리조트들이 등장하기 시작하였는데, 그 중심에는 라스베이거스식 카지노복합리조트와 럭셔리리조트(high-end resort) 등이 있다.

국내에서는 2017년에 인천 영종도에 위치한 '파라다이스시티'와 제주의 '신화월드'가 복합리조트 시대를 열었다. 파라다이스시티는 개장 당시 중국과의 사드갈등으로 인해 큰 어려움을 예상했지만, 개장 1년 만에 매출목표를 초과 달성하는 등 선풍적인 인기를 끌면서 2025년까지 2단계 조성사업을 추가로 진행할 예정이다. 제주신화월드는 중국계 자본이 투자되어 2,344실의 호텔과 카지노, 워터파크, 테마파크, 쇼핑몰 등을 갖춘 대규모 복합리조트로 개장하였다. 이 두 곳의 한국형 복합리조트는 아시아의 다른 복합리조트와 마찬가지로 라스베이거스의 카지노복합리조트를 모델로 만들어져 외국인 관광객을 유치하고 있다.

이 외에도 인천공항이 위치한 영종도 인근에는 다수의 초대형 복합리조트가 건설 중이거나 계획 중인데, 대표적으로 시저스 복합리조트와 인스파이어 복합리조트, 한상드림아일랜드, 무의쏠레어 복합리조트 등이 순차적으로 개장을 예상하면서 치열한 경쟁을 예고하고 있다.

미국 시저스 엔터테인먼트가 8,000억 원을 투자한 '시저스 복합리조트'는 2022년 1차 개장을 목표로 하고 있는데, 카지노를 포함해 호텔 700실과 엔터테인먼트 공연장, 컨벤션, 스파 및 수영장 등이 들어설 예정이다. 미국 MGE그룹이 투자한 '인스파이어 복합리조트'도 2022년 1차 개장을 목표로 공사 중인데, 1차 개장에는 5성급 호텔 3개 동, 1만 5,000석 규모의 아레나(다목적 공연장), 컨벤션센터, 외국인전용카지노, 쇼핑센터 등을 개장하고, 2차로는 파라마운트 영화사와 합작해 2025년까지 파라마운트 테마파크를 개장할 예정이다. 필리핀의 재계 3위 대기업인 블룸베리리조트가 투자한 '무의쏠레어 복합리조트'도 2027년까지 1단계 복합리조트 조성에 5,000억 원을 투자하고, 2단계 조성에 1조 원을 투자하여 리조트를 완공할 계획이다. 이러한 복합리조트들이 모두 완공될 경우 인천공항이 위치한 영종국제신도시는 향후 한국판 라스베이거스로 변모할 것이다.

국내 리조트업계에서 또 하나의 변화는 외국의 고급리조트를 뛰어넘는 명품 럭셔리리조트가 등장하고 있다는 것이다. 대표적으로 에머슨퍼시픽이 개발하고 운영하는 '아난티'와 소노벨 비발디파크의 '소노펠리체', 서울 남산에 위치한 '반얀트리 클럽 앤 스파' 등이 대표적이다. 이러한 럭셔리리조트의 특징은 특급호텔을 뛰어넘은 시설과 서비스를 갖추고 VVIP를 대상으로 하고 있다. 고품격 리조트의 명성에 걸맞게 리조트의 분양가격도 객실 한 채당 5~20억 원에 달한다.

이와 같이 2010년대 이후 국내 리조트산업은 카지노를 기반으로 하는 라스베이거스식 복합리조트 시대가 열리고, 특정 부유층을 겨냥한 고품격 리조트들이 대거 등장하면서 한국형 복합리조트 시대가 열리고 있다. 이러한 추세는 2020년대 이후에도 계속 확산되어 국내 리조트산업의 눈부신 성장을 예고하고 있다.

〈표 3-1〉 국내 카지노복합리조트 개발현황 비교

구 분	시저스코리아	인스파이어	파라다이스시티	제주신화월드
소재지	영종 미단시티	인천국제공항 IBC-III	인천국제공항 IBC-I	제주 서귀포시 안덕면
개발/운영사	시저스 엔터테인먼트, R&F 프로퍼티스	모하건썬	파라다이스, 세가사미	랑정제주개발, 랑정엔터테인먼트코리아
면적	부지: 38,365m² 건축 전체면적: 170,608m²	부지: 1,058,000m² 건축 전체면적: 340,858m²	부지: 330,000m² 건축 전체면적: 478,147m²	부지: 3,986,000m² 건축 전체면적: 873,000m²
주요시설	호텔, 가족호텔, 야외공연장, 레스토랑, 스파, 컨퍼런스 센터, 외국인전용카지노 등	호텔, 실내외 테마파크, 아레나(1만5천), 컨벤션, 외국인전용카지노 등	호텔, 쇼핑몰, 스파숍, 컨벤션, 클럽, 아레나, 외국인전용카지노 등	테마파크, 호텔, 콘도, 워터파크, 무비월드, 면세점, MICE시설, 쇼핑 및 F&B시설, 외국인전용카지노 등
카지노시설	테이블 140개 머신 350개	전용면적: 13,514m²	허가면적: 8,726m²	허가면적: 5,581m²
사업비	약 8천억 원(예상)	약 2조 8천억 원(예정)	약 2조 원	약 2조 2천억 원
개장일정	1단계 2022년	1단계 2022년	1-1단계: 2017년 1-2단계: 2018년	1단계: 2017년 2단계: 미정

▲ ①파라다이스시티 복합리조트 전경 ②인스파이어 복합리조트 완공 시 조감도. 국내 리조트산업은 새로운 스타일의 리조트들이 등장하기 시작하였는데 그 중심에는 카지노복합리조트나 럭셔리리조트가 있다.

제**4**장

복합리조트사업의 이해

제1절 복합리조트사업의 특성

제조업체의 상품은 주로 유형적인 상품으로서 상품의 제조과정에서 고도의 기술과 정확한 재료로 구성되어 만들어지지만, 리조트 상품은 유형상품과 무형상품이 복합적으로 구성되어 판매된다.

대부분의 리조트는 유형상품인 객실, 식당, 편의시설 및 부대시설과 천혜의 자연자원으로 온천, 눈(雪), 바다, 산, 호수 등의 자원을 배경으로 건설되며, 다양한 건축기술을 가미하여 단지 내에 관광객이 이용할 수 있는 스포츠시설로 스키장, 골프장, 수영장, 승마장 등의 유형적 시설물과 무형의 종업원 서비스가 결합되어 상품가치를 창출하게 된다.

이러한 측면에서 복합리조트사업은 호텔사업과 다르게 사업경영이나 시설 면에서 다양한 특성을 가지고 있으며, 일반적으로 다음과 같은 특성을 내포하고 있다.

1. 복합 지향성

복합리조트의 첫 번째 특성으로는 '복합성'(complexity)을 들 수 있다. 복합은 서로 다른 두 가지 이상을 하나로 합치는 것으로서 비슷한 의미로는 '통합', '결합' 등이 있고, 반대의미로는 '단일', '독립' 등이 있다. 복합리조트의 자격 기준은 얼마나 복합적인가로 판단할 수 있으며, 대규모 복합리조트일수록 복합성을 추구한다.

최근에는 마케팅 차원에서 자사를 초호화리조트로 차별화하기 위한 수단으로 '복합리조트'라는 표현을 사용하는 리조트들이 증가하고 있다. 이때 사용하는 복합리조트는 기존의 리조트 개념보다 더욱 복합적 시설을 갖추었을 때 사용하는 개념으로 이해할 수 있다. 따라서 현대 복합리조트 경영의 기본적인 성패는 다양한 시설을 얼마나 복합적으로 구성하느냐에 따라 달라질 것이다.

2. 테마 지향성

복합리조트의 두 번째 특성으로는 '테마성'을 들 수 있다. 테마(theme)는 '주제'를 뜻하며 비슷한 연관 단어로는 '특색', '독특성' 등이 있다. 리조트산업에서는 이미 테마파크 또는 테마리조트 등의 용어로서 널리 사용되고 있다. 리조트산업에서 테마가 중요한 것은 서로 비슷한 동질적인 것을 서로 다른 이질적인 것으로 만들 수 있기 때문이다. 즉 단순한 시설이라도 테마를 입힐 경우 흥미나 매력을 유발할 수 있다.

전 세계에서 가장 성공한 리조트그룹 디즈니랜드도 단순한 놀이공원을 영화와 TV에서 보았던 친근한 캐릭터 '미키마우스'와 '백설공주'가 바로 옆에서 걸어 다니는 흥미진진한 테마공원으로 구현한 것에서 시작되었다. 국내 워터파크의 대명사인 캐리비안 베이는 기존의 물놀이 공원을 '17세기 스페인풍의 카리브 해안'으로 테마를 구성하였고, 후발주자인 오션월드도 워터파크 전체를 '이집트 룩소르 신전'으로 테마화하여 세계적인 워터파크로 성장할 수 있었다. 이처럼 리조트사업에서 테마는 자사를 타사와 차별화시키는 가장 효율적인 전략적 수단으로 사용되고 있다.

▲ ①이집트 룩소르 신전을 테마로 한 오션월드 전경 ②디즈니 애니메이션을 테마로 한 디즈니랜드의 다양한 캐릭터 전경

3. 인적서비스 의존성

리조트 건축물 내에는 물적서비스가 중요하게 작용하지만 그보다도 인적서비스는 더욱 중요하다. 물적서비스 효과는 경비가 막대하게 소요되는 이유로 그 실행에 많

은 요건들이 필요한 반면, 인적서비스는 잘 훈련되고 교육받은 종업원에 의해 높은 만족감을 이끌어낼 수 있다.

언제나 세련되고 예절 바르게, 정확성이 있으며 신속하게 고객의 취향에 맞도록 서비스한다는 것은 잘 훈련된 종사자로서도 어려운 일이다. 그러나 경영자는 고객의 취향에 맞는 서비스를 제공해야 한다. 다양한 취향의 고객들을 대상으로 하는 서비스산업은 규격화되고 자동화된 기계설비에 의해서는 고객만족을 기대할 수 없다. 따라서 리조트사업에 있어 서비스의 기계화나 자동화는 경영합리화의 입장에서 제약을 받게 되고 인적자원인 종사자에 대한 의존도가 자연히 높아지는 것이다.

4. 현금흐름의 지속성

현금흐름이란 기업의 현금유입과 현금유출의 움직임을 말하는 것으로 기업에서는 현금흐름표 분석을 대차대조표 분석 못지않게 중요하게 여기고 있다. 금융시장에서 현금흐름이 좋지 않은 기업은 자산이 많고 이익을 내더라도 도산의 위험에 빠질 수 있다고 본다.

리조트 기업의 본질적인 영업 활동 수행 목적도 현금을 창출하기 위한 것이다. 리조트의 현금유입 형태는 현금수입, 신용카드, 매출채권 등인데 특히 사계절형 리조트사업의 경우 현금수입(신용카드)이 높은 편으로 기업의 영속성을 확보하는 데 유리한 것이 강점이다.

또한 리조트는 기업의 안정적인 현금수입으로 영속성을 확보하는 데 이어 지속적인 콘도개발이나 골프장 개발 등으로 분양매출을 창출할 수 있으며, 이러한 유무형자산에 대한 투자는 기업의 또 다른 영업 활동 수행으로 이어져 기업의 꾸준한 현금흐름을 창출할 수 있다. 국내에서는 대표적으로 한화호텔&리조트와 소노호텔&리조트의 경우가 리조트의 전국 체인화를 통해 안정적인 현금수입의 근간을 마련했으며, 용평리조트의 경우는 대규모 부지 안에 다양한 콘도 개발과 연계시설의 운영을 통해 꾸준한 현금흐름을 창출하고 있다.

5. 최초 투자비의 고율성

리조트사업을 전개함에 있어 가장 큰 걸림돌은 대규모 토지취득과 시설의 건설 및 인프라 시설 확충에 거액의 예산이 투자된다는 점이다. 리조트 건설 시 무엇보다도 위치 선정이 중요하고, 최초 투자총액에 대한 토지와 건물의 자금이 제일 큰 것이 특징이다. 리조트 단지의 시설 자체가 하나의 제품으로 판매되기 때문이다.

대규모 리조트 조성일 경우 단지 조성을 위한 100만 평 이상의 토지 확보와 500실 이상의 호텔이나 콘도미니엄 건축, 다양한 부대시설과 내부시설의 설비, 스포츠시설을 위한 토목공사와 장비설치, 그에 따른 비품 및 집기 등 통상 1,000억 원에서 조 단위 이상의 투자비가 소요되고 있다. 이러한 초기 투자의 위험성을 극복하기 위해 리조트 기업에서는 리조트 건설 시 콘도미니엄이나 골프장 등을 동시에 건설하여 이들 시설물에 대한 사전분양을 통해 조기에 투자금액을 회수하는 분양 정책을 실시하고 있다.

6. 고정경비의 과대지출

리조트사업은 대규모 복합시설 건설을 위해 초기에 거대한 자본을 투자하는 것에 비해 투자금을 조기에 회수하는 데는 어려움이 뒤따른다. 고정경비의 지출 비중이 높기 때문이다. 따라서 기업의 성공경영을 위해서는 과대한 고정경비의 지출을 억제하는 것이 중요하며, 자본의 회수는 결국 매출에 의해 회수될 수밖에 없으므로 매출은 극대화하고 지출경비는 줄여나가는 것이다.

하지만 리조트사업을 위해서는 고정적인 인건비와 각종 시설관리 유지비, 감가상각비, 급식비, 세금 및 수선비, 일정 기간 반복되는 최신 기종의 장비 교체와 고가의 신제품 구입 등 과대한 고정경비의 지출이 수반된다. 특히 지출비용에서 인건비의 비중이 40% 이상을 차지하고 있어 원가계산에 압박을 받게 된다. 이에 따라 대다수의 리조트 기업들은 장기아르바이트 형태의 계약직 직원을 채용하거나 성수기에는 산학실습생 등을 고용하여 고정경비를 줄여나가고 있다.

7. 상품공급의 비탄력성

일반 제조업체는 수요에 따라 수요공급의 균형을 유지할 수 있지만, 리조트사업은 성·비수기가 존재함으로써 시간적·공간적 제약을 받게 된다. 기존의 리조트입지보다 더 좋은 시장입지가 생겼더라도 리조트 자체를 이동하거나 성수기에 따라 장소를 옮겨 다닐 수 없는 비이동성의 특성이 있다.

예를 들면 리조트 객실상품의 경우 일시에 몰리는 객실 수요를 위한 추가생산이 불가능하고, 식음료 판매량에는 어느 정도의 신축성이 있다고 하나 그날 준비된 양만큼을 크게 초과하기는 어렵다. 따라서 리조트의 숙박상품이나 스포츠시설 등은 시간적·공간적 신축성의 제한이 뚜렷하고, 상품공급 측면에서도 비탄력적이라 할 수 있다.

이러한 비탄력성의 어려움을 극복하기 위해 대부분의 골프리조트에서는 카트(cart)를 도입하고 있다. 카트를 타고 편하게 이동하는 골퍼들은 만족도가 높아지고, 골프리조트 입장에서는 카트를 타고 빠르게 이동하는 골퍼들로 인해 그린 회전율을 높이고 카트 사용료 수입을 추가로 올릴 수 있기 때문이다.

8. 시설의 조기 노후화

리조트 시설은 상품 자체가 건물과 스포츠시설, 그에 따른 장비로 이루어져 있어 이를 이용하는 고객들에 의해 쉽게 훼손되거나 파손되기가 쉽다. 또한 유행의 회전속도가 빠르게 진행되어 상대적으로 시설의 노후화도 빠르게 진행된다. 결과적으로 상품의 경제적 효용 가치가 급속히 상실되는 경우이다.

스키리조트의 경우에도 1990년대 초반까지 국내 스키장의 슬로프 수는 평균 6면 정도가 대부분이었으나, 2000년대 초반부터는 모험심과 스릴을 즐기려는 10대 스키어들의 급격한 증가와 이들의 요구로 인해 스키장들은 스노보드 전용 하프파이프 신설, 모굴 및 점프대 신설, 4~8인승 고속리프트 신설, 최신 기종의 제설기 구입, 스키세트의 대대적인 교체 등 막대한 투자로 대응할 수밖에 없었다. 테마파크와 같이 리조트 시설이 곧 그 리조트의 상품 가치로 판단되는 경우에도 시설의 조기 노후화는 빠르게 진행되는 특성이 있다.

9. 환경영향의 민감성

환대산업은 타 산업 못지않게 정치·경제·사회 등 환경적 변화에 민감한 영향을
받는다. 세계 유일의 분단국가이자 초강대국들을 이웃한 우리나라만큼 관광산업이
환경변화에 따라 크게 좌우되는 국가도 없을 것이다. 특히 국내 방한관광객 순위에
서 1~2위를 차지하는 중국과 일본과의 정치적 환경은 리조트산업을 비롯한 모든 환
대산업에 미치는 파급력이 상당하다.

중국의 경우 드라마로 시작한 한류열풍이 K-POP으로 이어지면서 한때 방한 관광객
이 800만을 넘어섰지만 2016년에 발생한 사드(THAAD) 문제로 인해 자국민의 한국관광
을 전면 중단한 적이 있다. 일본의 경우에도 역사적 배경과 독도영유권 문제가 불거질
때마다 양국의 정치적 긴장이 고조되어 관광산업이 최우선으로 직격탄을 맞고 있다.

최근에는 정치·경제적 환경 못지않게 생태적 환경이 미치는 영향이 상당하다. 무
엇보다 감염성이 강한 전염병의 등장은 관광산업을 위기로 몰아넣는다. 대표적으로
2003년에 발생했던 '사스'와 2015년의 '메르스', 2020년에 발생한 '코로나19'는 전 세계
를 공포로 몰아넣으며 관광산업에 가장 큰 타격을 입혔다. 이때 국내의 리조트기업
들도 예약 고객이 무더기로 취소되고 방문객이 급격히 하락하는 경영위기를 맞이하
였다.

▲ 관광산업은 정치·경제·환경에 민감한 영향을 받는다. 대표적으로 2003년에 발생했던 '사스'와 2015년의
'메르스', 2020년에 발생한 '코로나19'는 국내 관광산업에 큰 타격을 입혔다.

10. 계절에 따른 성비수기 존재

리조트산업은 계절적으로 성수기(on season)와 비수기(off season)의 격차가 심하여 리조트경영에 미치는 영향이 심각하다. 성수기에는 상품공급이 절대적으로 부족하고 비수기에는 리조트 시설이나 상품을 저장해 놓을 수가 없어 수지의 불균형을 초래하기 마련이다.

대표적으로 스키리조트의 경우 1년 중 3개월 정도의 성수기를 제외하면 나머지 기간은 고객 방문을 유도할 만한 대표상품이 절대적으로 부족한 비수기에 해당된다. 에버랜드와 같은 야외형 테마파크는 여름철이 가장 큰 비수기에 해당된다. 전통적으로 할인마케팅을 실시하지만 경쟁기업 간 출현경쟁을 촉발시킬 수 있는 단점이 있어 한계가 있다.

이에 따라 리조트 기업들은 계절성을 극복하고 비수기를 성수기로 전환시킬 수 있는 4계절형 리조트로 거듭나고 있다. 에버랜드의 경우 캐리비안 베이를 개장함으로써 여름철 비수기를 성수기로 전환시키는 데 성공하였고, 잠실롯데월드의 경우에는 계절성 극복을 위해 처음부터 실내형 테마파크로 개장하였다.

▲ ①캐리비안베이 전경 ②롯데월드 전경. 에버랜드는 워터파크 개장으로 여름철 비수기를 성수기로 전환하였고, 롯데월드는 계절성 극복을 위해 실내형 테마파크로 개발하였다.

11. 국제적 분위기 연출

분위기 연출은 고객의 주의를 끌고, 기억을 지속시키며, 이미지를 조정하는 가장 광범위한 마케팅 요소이다. 세계적인 리조트일수록 그 리조트만의 독특한 디자인이나 분위기 연출을 통해 경쟁사와 차별화를 이루고 있으며, 리조트의 규모나 분위기도 리조트의 품격을 판단하는 중요한 준거 기준으로 사용된다.

리조트의 분위기 연출에 자주 사용되는 소재로는 고대의 성·피라미드·신전과 같은 유물적 요소, 해변·강·산악지대 등의 지형적 요소, 나무·꽃·물·모래 등을 이용한 자연적 요소, 빛·조명·음악·그림 등의 인공적 요소 등이 연출상황에 맞게 사용된다.

대표적으로 라스베이거스의 호텔리조트들은 국제적 분위기 연출로 더욱 유명해진 경우이다. 벨라지오호텔은 음악에 따라 움직이는 분수 쇼를 연출하고, 미라지호텔은 30분 간격으로 폭발하는 화산 쇼를 재현한다. 베네시안리조트는 이탈리아의 수상 도시 베네치아를 재현하였으며, 룩소르호텔은 거대한 피라미드식 디자인과 룩소르 신전을 테마로 한 분위기를 연출하고 있다.

▲ ①프랑스 에펠탑과 개선문을 테마로 한 라스베이거스의 파리스호텔 전경 ②이탈리아 베네치아를 테마로 한 라스베이거스의 베네시안리조트 전경. 국제적인 분위기 연출은 고객의 주의를 끌고, 리조트의 품격을 판단하는 기준이다.

제2절 복합리조트 선택요인

1. 상품

리조트 상품이란 관광자의 욕구를 유발하고, 충족시켜 줄 수 있는 관광시설을 의미한다. 상품을 원하는 관광자는 시간적·경제적·환경적 비용을 지급해야 한다.

상품을 생산한다고 하면 이는 상품이 필요한 개인 또는 단체의 욕구에 부응하여 수익을 얻기 위한 것이다. 리조트의 상품은 크게 유형적 측면의 시설상품과 무형적 측면의 상품으로 리조트에서 제공하는 다양한 축제 및 이벤트 프로그램, 복합적 P.K.G. 상품 등으로 분류할 수 있다. 리조트에서 제공하는 시설상품들은 그 형태나 성격이 모두 비슷하여 차별성을 부각시키기가 어려운 반면, 축제나 이벤트들은 그 리조트만의 특색을 살릴 수가 있어 선호되고 있다.

최근 들어 리조트나 테마파크에서는 최첨단 시설상품을 통해서도 차별화를 꾀하기도 하지만, 테마파크에서는 무형적 측면이 축제나 이벤트 등을 통해서도 다양한 볼거리를 제공하여 고객들의 호기심을 유발하고, 직접 방문을 유도하고 있다. 예를 들면 롯데월드에서는 1년 내내 축제나 페스티벌을 개최하고 있는데, 3~4월에는 '마스크 페스티벌', 6~8월에는 '리우삼바카니발', 9~10월에는 '해피 할로윈파티', 11~12월에는 '크리스마스 대축제' 등을 개최하여 고객들에게 다양한 볼거리를 제공하고 있다.

이에 비해 야외테마파크인 에버랜드에서는 실내테마파크인 롯데월드에서 할 수 없는 야외 꽃 축제나 이벤트 등을 개최하여 차별화를 꾀하고 있는데, 에버랜드의 연중 축제 이벤트 일정은 다음과 같다. 봄 시즌인 3~4월에는 튤립축제, 5~6월에는 장미축제를 개최하고, 여름 시즌인 6~8월에는 워터카니발 형태의 스플래쉬 퍼레이드, 가을 시즌인 9~10월에는 할로윈 호러나이트, 겨울 시즌에 해당하는 11~2월 사이에는 크리스마스 판타지와 로맨틱 일루미네이션 등의 축제나 이벤트 등을 개최하고 있다. 이와 같이 축제나 퍼레이드, 이벤트 등의 무형적 상품들은 유형적 시설상품과 달리 그 리조트만의 특색을 살리고 리조트의 상품가치를 높이는 수단으로 사용되고 있다.

▲ ①에버랜드의 튤립축제와 장미축제는 에버랜드를 대표하는 봄 상품이면서 한편으로 경쟁사인 실내테마파크와 차별화를 꾀하는 상품이기도 하다(에버랜드 꽃 축제 전경). ②롯데월드의 '리우삼바카니발'은 롯데월드를 대표하는 축제 상품 중 하나로 자리 잡았다(삼바 춤을 추는 댄서들의 모습).

2. 위치 · 접근성

위치도 전략이다. 리조트가 어디에 위치하고 있는가는 관광객들에게 리조트를 선택하는 데 있어 매우 중요하다. 포시즌스호텔 앤드 리조트(Four Seasons Hotel & Resort)의 설립자인 이사도어 샤프는 리조트 성공에 꼭 필요한 세 가지 요소가 무엇이냐는 기자들의 질문에 그것은 바로 '장소, 장소, 장소'라고 말한 적이 있다. 처음부터 좋은 위치를 선점하는 것이 어렵기는 하지만 한번 좋은 위치를 점하면 타 리조트보다 경쟁에서 월등하게 비교우위를 점할 수 있기 때문이다. 따라서 리조트의 위치, 교통, 주차 등 접근적 속성은 사업계획 수립단계에서부터 중요하게 검토되어야 할 사항이다.

국내에서도 롯데월드(2호선, 잠실역)와 서울랜드(4호선, 대공원역)가 지하철과 연계하여 위치하고 있으며, 에버랜드 역시 영동고속도로 상에서 5분 거리에 위치하고 있다. 또한 강원권 스키장의 대부분은 영동고속도로 상에서 10분 거리 내에 위치함으로써 경쟁적 이점을 높이고 있다. 외국의 사례에서는 미국 샌프란시스코에 위치한 'Six Flags Marine World' 리조트가 고속도로와 매우 인접한 위치에 개발되어 접근성을 높였다.

▲ Six Flags Marine World 리조트는 고속도로와의 접근성을 높여 건설되었다.

3. 자연경관

　자연경관이란 인공이 가해지지 않은 산, 바다, 하천, 호수 등 자연 그대로의 지리적 경관을 말한다. 자연경관이 수려한 지역에 위치하면서 휴양 및 휴식을 취하는 리조트 본연의 특성상 리조트 주변의 수려한 자연경관은 리조트의 핵심상품으로서 많은 관광객을 불러들이고, 이로 인해 고급 리조트가 조성되는 선순환을 불러온다. 그뿐만 아니라 자연환경을 즐길 수 있도록 자연친화적으로 개발된 리조트 시설은 그 리조트의 차별화된 독창성을 확보해주고, 끊임없는 관광수요를 창출하여 지역번영의 지속화를 도모케 한다.

　이를 위해 천혜의 자연환경을 보존하면서 관광객이 리조트가 제공하는 시설을 편리하게 이용할 수 있도록 자연경관 시설을 조화롭게 조성하는 것이 중요하다. 자칫 자연이 주는 가치를 훼손한 리조트개발은 리조트 방문객이 자연 속에서 얻고자 하는 핵심혜택이나 상품 가치의 효용성을 떨어뜨리는 우를 범하는 것이다. 따라서 리조트가 가진 천혜의 자연경관은 리조트 방문객이 진정으로 원하는 것이며 리조트 선택의 중요한 의사결정 요인이다.

▲ ①바다를 배경으로 한 아난티남해CC 전경 ②용평리조트 정상에서 바라보는 자연경관 전경. 리조트 주변의 수려한 자연경관은 세계적인 독창성을 확보하고 리조트의 상품 가치를 높이는 중요한 조건이다.

4. 가격

가격은 제품이나 서비스에 대하여 부과하는 요금을 말한다. 넓은 의미에서 가격은 소비자가 제품이나 서비스를 소유하거나 이용함으로써 얻어지는 편익(benefits)에 대한 가치의 합계이며, 제품의 모든 것을 하나의 징표로 보여 주는 것이 가격이다. 가치의 합계를 가격으로 책정하는 것은 기업에게 중요한 일 중의 하나이다. 가격은 고객이 구매의사결정을 할 때 가장 민감하게 반응하는 자극 중 하나이기 때문이다.

리조트 기업도 생존하고 발전하기 위해서는 반드시 리조트가 이윤을 얻을 수 있는 범위 안에서 제품이나 서비스에 대해 적정한 가격을 책정하여야 한다. 이 선택을 어떻게 할 것인지가 기업의 가격정책이다. 리조트의 가격정책은 리조트 수익과 직결될 뿐만 아니라 관광자의 만족과 불만족을 결정하는 중요 요인으로 작용한다. 관광자는 리조트의 가격을 상품, 서비스, 분위기, 오락, 위생 등 복합적인 요소로 비교하여 판단하고, 자기가 지불할 금액 이상의 가치가 있는 리조트를 선택하게 된다.

따라서 리조트가 가격정책의 우위를 확보하기 위해서는 첫째, 수요를 자극할 수 있는 가격인가? 둘째, 동종업체에서 경쟁력이 있는 가격인가? 셋째, 비용과 균형을 이루고 있는 가격인가? 넷째, 가격 리더로서 행사하고 있는가? 등을 고려하여 가격 결정이 이루어져야 한다.

5. 서비스

서비스의 거래는 서비스제공자와 고객 두 객체 사이에서 이루어지는 모든 행위를 말한다. 고객은 리조트를 방문하는 순간부터 나올 때까지 리조트 종사자들과의 서비스 만남을 경험하게 되는데, 이때의 짧은 만남을 통해서도 고객들은 리조트의 서비스 수준과 이미지를 결정할 수 있다. 리조트에서 이야기하는 대부분의 서비스도 고객만족 서비스를 의미한다. 즉 리조트에서 서비스를 제공하는 핵심은 상품을 구매하는 고객의 만족이라 할 수 있다.

리조트 서비스에 만족한 고객은 기업에 대한 신뢰감을 갖게 되고, 고객 충성도가 향상되어 재방문이나 재구매로 이어지고, 결국 기업 성장의 기반이 된다. 또한 고객을 만족시킨 리조트는 브랜드인지도가 높아져 신제품 개발 시, 시장진입이 용이하고, 마케팅 비용을 절감할 수 있는 장점이 있다. 반대로 불만족하게 되면 판매중지나 이용감소로 이어져 기존 고객을 상실하게 되고, 부정적 이미지로 낙인되어 기업경영에 악영향을 미치게 된다. 따라서 고객은 경쟁기업 중 가장 좋은 고품질 서비스를 제공하는 리조트를 선택하기 때문에 기업은 고객 중심의 서비스품질을 관리해야 한다.

6. 물질적 설비

물질적 설비는 인간이 창조한 건물, 시설, 제품 등이 해당된다. 리조트의 물질적 설비는 고객의 관심을 끌어모으고 유인하여 리조트의 경쟁력을 높이는 데 필수적인 요소이다. 특히 물질적 설비의 독특성은 모든 소비자의 관심을 받아 그 지역을 대표하는 랜드마크(landmark)로 발전하기도 하며, 독특한 건축물 자체만으로도 경쟁사와 차별화되는 강력한 마케팅요소로 작용한다. 이뿐 아니라 변화하는 글로벌시장에서 리조트의 경쟁력을 높여주고, 브랜드 파워를 강화시켜 시장을 선도하는 글로벌기업으로 성장할 수 있는 경쟁력의 원천으로 작용한다. 이것이 리조트산업이 물질적 설비에 대한 의존성이 강한 이유이다.

따라서 리조트는 최고, 최대, 최초, 최신 등 경쟁사와 비교할 수 있는 월등한 수치나 새로운 기록이 될 수 있는 물질적 설비를 갖추기 위해 노력한다. 예를 들면 포시즌스호텔&리조트는 최고의 화려한 시설과 서비스로 최고급 호화호텔리조트로서의 명성을 유지하고 있으며, 싱가포르의 마리나베이샌즈 리조트는 세계에 하나밖에 없는 독특한 디자인으로 싱가포르의 대표적인 랜드마크로 자리잡았다. 라스베이거스의 대표급 호텔리조트들의 가장 큰 특징 중 하나도 다른 리조트들이 흉내낼 수 없는 물질적 설비를 갖추고 있다는 것이다.

▲ ①돛단배를 형상화한 버즈알아랍호텔 전경 ②싱가포르 마리나베이샌즈 전경. 호텔&리조트의 독특한 건축물은 그 자체만으로도 경쟁사와 차별화되는 강력한 마케팅요소로 작용한다.

7. 정보제공

현대사회는 첨단 IT기술의 발달과 모바일 사용자들의 급증으로 정보제공 방식이 컴퓨터 시대에서 소비자와 공급자를 연결해주는 플랫폼(platform) 서비스 기반으로 급속히 변화하고 있다. 이러한 추세 속에서 여행, 항공, 호텔, 리조트 등의 예약 패러다임은 웹(web)과 앱(app)을 기반으로 한 온라인여행사(OTA)로 빠르게 넘어가고, 가격 비교 사이트인 매타서치(meta search) 서비스 등은 끝없이 약진하고 있다. 무형적 특성이 강한 서비스상품이나 소비재 상품일 경우 이러한 정보제공 의존도는 더욱 높아진다.

리조트의 경우에도 사전에 제품 및 서비스를 소유하거나 경험할 수 없는 무형적 특성으로 인해 고객은 기업이 제공하는 정보에 의존하여 리조트를 선택하는 경우가 많아 기업의 정보제공은 무엇보다 중요하다. 또한 고객은 본인들의 편의를 위해 관광 전뿐만 아니라 리조트 내에서도 자신의 욕구를 충족시켜 주는 활동들을 계획하고 실행하는 데 있어 충분하고도 구체적인 정보가 필요하다.

따라서 리조트의 각종 핵심시설이나 상품, 가격, 분위기, 흥미, 교통 등 리조트의 풍부한 정보제공은 관광자에게 유익한 정보를 제공함으로써 상품에 대한 매력을 증진시키고, 흥미와 욕구를 유발하여 성공적인 상품판매로 이어질 수 있다.

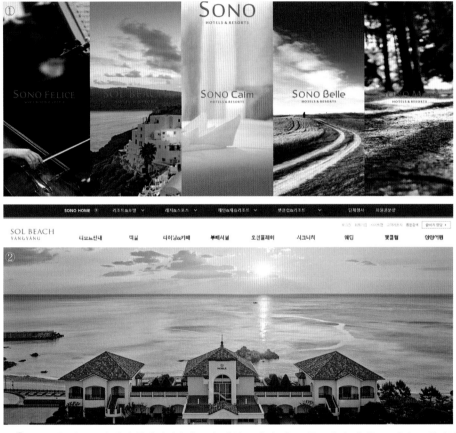

▲ ①소노호텔&리조트의 메인 홈페이지에서는 각 계열 호텔과 리조트를 5개의 테마(소노펠리스, 쏠비치, 소노캄, 소노벨, 소노문)로 구분하여 운영 ②소노호텔&리조트의 쏠비치양양 홈페이지. 고객은 기업이 제공하는 정보에 의존하여 리조트를 선택하는 경우가 많아 기업의 정보제공은 무엇보다 중요하다.

제5장

리조트개발의 이해

제1절 리조트개발의 의의와 방향

1. 리조트개발의 의의

리조트개발은 단순히 숙박시설과 스포츠시설의 건설에 머물지 않고 종합적인 관광자원을 개발하는 것과 같다. 관광자원 중에서도 위락적 관광자원을 개발하면서 한 나라의 관광산업과 관련된 산업적 관광자원을 개발하는 것이다. 이와 동시에 자연적 관광자원을 배경으로 환경친화적 조화를 이뤄내고, 지역의 특색있는 가치를 담은 사회문화적 관광자원을 발굴하고 개발하는 것이다. 이와 같은 종합적 리조트개발은 곧 강력한 개성을 가진 관광자원을 형성하여 관광시장에서 관광객을 유인하는 흡인력으로 작용한다. 이러한 차원에서 리조트개발은 관광산업을 확대하는 것이며, 관광산업의 확대는 관광시장에서 관광상품에 해당하는 관광객체의 역할이 강화됨을 의미한다.

리조트개발은 사회적 측면에서도 관광객의 편익을 증대시키고, 지역 내 관광객 유치와 관광 소비의 증대를 도모하여 지역경제 활성화에 기여하고, 지역 간 균형발전을 이루는 효과를 기대할 수 있다.

그러나 리조트개발로 인한 긍정적 효과가 아무리 차고 넘칠지라도 현대를 살아가는 수준 높은 고객들의 눈높이를 만족시키기란 말처럼 쉬운 일이 아니다. 하지만 리조트개발은 그렇게 진행되어야 한다.

이는 현대의 휴양관광객들이 매우 체계화되고 문제없는 장소에서 고요함과 휴식을 원하지만 동시에 오락과 활동적인 스포츠시설을 원하고, 자연과의 만남을 원하면서 집에서와 같은 안락함을 원하고, 현대사회와의 일시적인 격리와 프라이버시를 원하지만 다양한 사람들과의 사교적 활동에도 참여하기를 원하기 때문이다. 고객들의 이러한 이질적이면서도 역설적인 요구를 이해하고 수용할 수 있는 리조트개발이 이루어져야 비로소 사업의 성장성과 투자가치를 확보할 수 있으며, 리조트개발의 사회경제적 목표도 달성할 수 있다.

2. 리조트개발의 유형

리조트개발의 유형은 개발의 주체가 어디냐에 따라 민간주도형 개발, 공공주도형 개발, 민관합동형 개발로 구분한다. 개발의 세 가지 유형에 대해 살펴보면 다음과 같다.

민간주도형 개발　민간주도형 리조트개발은 민간사업자가 영리를 목적으로 정부나 지자체로부터 개발에 대한 사업승인을 받아 독자적으로 부지를 매입하여 리조트를 개발하는 것이다. 민간주도형 개발의 장점은 자금력과 기술력을 갖춘 상태에서는 신속한 의사결정과 추진력이 발휘되고, 독자적인 조달 계획에 의해 토지를 완전히 매입하여 개발하게 되므로 개발 후의 부동산 가치 상승에 대한 개발이익을 독점할 수 있다는 점이다.

그러나 단점으로는 각종 행정절차상의 인허가 진행에 어려움이 발생할 수 있으며, 영리성만을 추구하다 보면 자연보호나 환경보존과 같은 비영리적인 분야에 대한 투자를 등한시하거나, 지역 주민의 혜택이나 지역사회의 발전적 측면을 외면하여 지역 주민과의 마찰이 발생할 수 있다는 점이다. 민간주도형 리조트개발의 사례는 대기업들의 단독참여로 이루어진 용평리조트, 소노호텔&리조트(대명리조트), 한화호텔&리조트, 파라다이스시티 등이 있다.

공공주도형 개발　공공주도형 리조트개발은 국가나 지방자치단체, 한국관광공사, 정부투자기관 등이 지역경제 활성화나 지방정부의 재정확보, 지역균형개발, 올림픽 유치나 개최 같은 공익적 목적으로 개발계획을 수립하고 시행하는 개발을 말한다.

공공주도형 개발방식은 정부나 지자체 등이 소유한 부지에 도로, 주차장, 상하수도, 전기, 통신 등의 기반시설을 구축하여 택지를 조성하고, 개별관광시설은 민간에게 매각하여 민간사업자가 조성하게 하는 방식이다.

공공주도형 개발의 장점으로는 대규모 토지확보와 각종 인허가 절차 등이 민간주도형 개발에 비해 용이하다는 점이며, 단점으로는 개별 주인(owner)이 없다 보니 의사결정이 복잡하고, 경직된 조직특성으로 인해 다양한 형태로 변화하는 관광개발환경에 유연하게 대응하기가 어렵다는 점이다. 공공주도형 개발의 형태는 제주 중문관광단지 개발이나 경주 보문관광단지 개발처럼 지역 단위를 개발하는 형태가 있고, 석

탄산업의 사양화로 인해 낙후지역 개발목적으로 개발된 하이원리조트와 같은 형태가 있다.

민관합동형 개발　민관합동형 개발은 공공-민간 합동개발 형태로서 정부나 지자체 등 공공택지개발사업자가 소유한 토지를 출자하고, 사업자 공모를 통해 선정된 민간사업자가 건설자금의 일부를 출자해 프로젝트 회사를 설립한 후, 공동 책임으로 자금을 조달하고 사업을 수행하는 개발방식이다. 즉 공신력과 행정적 분야는 공공기관이 맡고, 자금조달이나 기술은 민간기업이 맡는 방식이다.

민관합동형 개발은 민간개발과 공공개발의 단점을 보완하고 장점을 배가하였지만, 계획과 집행과정에서 두 주체 간 개발목적의 차이로 의견대립이 발생할 수 있어 그에 대한 책임과 권한 등 민감한 부분을 사전에 조정하여 규정할 필요가 있다.

특히 대규모 리조트개발의 경우 그 규모가 크고 시설이 다양하여 완공까지의 소요기간이 길고, 많은 자본이 투입되므로 민관합동형 개발이 선호되는 추세이다. 최근에는 이와 비슷한 개발방식으로 투자와 시설은 공공기관이 하고, 운영은 철저히 민간에 위탁하여 맡기는 '공설민영방식'이 등장하고 있다. 2018 평창동계올림픽을 개최한 알펜시아리조트의 경우 개발은 강원도개발공사가 하고, 완공 후 리조트의 운영은 인터컨티넨탈호텔그룹이 경영하는 공설민영방식으로 운영되고 있다.

3. 리조트개발의 방향

성공적인 리조트개발은 투자기업뿐만 아니라 해당 지자체나 국가적으로도 매우 중요한 문제이다. 리조트개발의 성공은 개발 주체의 자산 가치증가뿐만 아니라 지역 내 관광객 유입으로 지역경제발전을 이루고, 국가적으로는 지역 간 균형발전에도 기여하기 때문이다. 하지만 리조트개발이 실패할 경우 투자자에게는 막대한 손실을 입히고 해당 지역사회에도 장기적으로 많은 피해를 야기할 수 있다. 따라서 성공적인 리조트개발을 위해서는 기본적으로 몇 가지 방향성을 세우고 진행하는 것이 필요한데 이를 살펴보면 다음과 같다.

물질적 설비를 통한 리조트시설의 다양화와 차별화 물질적 설비는 인간이 창조한 건물, 시설, 제품 등이 해당된다. 리조트가 고객의 다양한 욕구를 충족시키기 위해서는 선제적으로 이에 맞는 다양한 시설들이 필요한데, 이를 위해서는 복합리조트로 개발하는 것이 경쟁력 차원에서 우위를 점할 수 있다. 또한 리조트의 차별화를 위해서는 리조트의 물질적 설비를 통한 독특한 분위기 연출이나 지역의 고유한 전통을 잘 반영한 서비스경영이 필요하다.

특히 리조트의 독특한 외형적 디자인이나 화려한 조명 등으로 연출된 물질적 시설들은 관광객들의 관심을 받아 그 지역을 대표하는 랜드마크로 발전할 수도 있으며, 독특한 건축물만으로도 경쟁사와 차별화되는 강력한 마케팅요소로 작용할 수 있다. 따라서 리조트개발 시에는 시설의 다양화와 함께 물질적 설비를 통한 차별화를 이루어 마케팅경영에 활용할 필요가 있다.

리조트의 수명주기를 연장할 수 있는 4계절형 리조트로 개발 리조트 기업은 관광시장에 진입하면서 리조트의 수명이 오래가고 더 많은 돈을 벌어들이는 것을 기대한다. 하지만 관광시장에 성공적으로 안착한 리조트라도 고객의 욕구가 변하거나 유사 리조트의 등장으로 성장기와 쇠퇴기를 경험하게 된다. 그래서 리조트경영자는 시장진입에 성공하였더라도 그 위치가 영원할 수 없다는 사실을 인식해야 하고, 기업의 목표는 어렵게 도착한 성숙기를 최대한으로 지속시키는 데 맞춰져야 한다.

하지만 리조트사업의 경우 계절적으로 성수기와 비수기의 매출격차가 심하여 리조트경영에 미치는 영향이 상당하다. 그동안 국내에서 파산한 리조트들도 비수기로 인한 성장률 둔화와 매출감소로 이어지는 쇠퇴기를 극복하지 못한 이유 때문이다. 그렇다면 리조트경영의 근원적 문제를 해결하고 기업수명주기를 지속시키는 방안으로는 4계절 영업이 가능하도록 개발하는 것이다. 이것은 현대의 리조트개발 형태가 4계절형 복합리조트로 개발되는 추세와도 맥을 같이하고 있다.

지역관광자원의 보존과 활용을 통한 리조트의 가치증진 주로 대도심에 위치하는 호텔과 달리 리조트는 유명 관광지나 자연환경이 수려한 지역에 위치하는 경우가 대부분이다. 이는 리조트 주변의 문화적 관광자원이나 자연적 관광자원이 리조트의 매력성을 배가시키고, 리조트가 주변의 자연과 조화될 때 리조트개발이 상승효과를 내기 때문이다. 하지만 지역의 관광자원은 그 자체만으로도 가치가 있지만, 관광자원만으로 관광객을 유인하기에 충분조건은 아니기 때문에 관광객에게 만족을 주기 위해서는 어느 정도의 관광개발이 필요하다. 리조트 역시 지역의 관광자원을 외면하고 나홀로 리조트로 홀로서기에는 어려움이 뒤따른다.

따라서 리조트개발 시 지역의 고유한 사회문화적 특성이나 우수한 자연자원 등을 함께 발굴하고, 관광상품으로 연계하여 리조트를 방문한 고객들이 지역의 관광자원을 함께 보고, 즐기며, 체험할 수 있도록 활용하여 방문객의 만족도를 높여야 한다. 특히 정부의 관리가 미치지 못해 방치되다시피 한 관광자원의 경우는 관광객이나 주민들을 위해 활용하는 것이 더 안전한 보호 수단이 될 수도 있다. 따라서 리조트개발 시 지역관광자원의 보존과 활용이라는 두 축을 연계하여 개발하는 것이 지역과 리조트가 함께 상생하고 가치를 높이는 방법이다.

지역진흥을 배려하는 리조트로 개발　리조트개발 시 뜻하지 않게 발생하는 어려움 중의 하나는 지역 주민들이나 환경단체와의 끊임없는 마찰로 인해 인허가를 비롯한 개발공정이 지체되거나, 이러한 마찰들이 언론매체에 자주 노출됨으로써 리조트가 개발되기도 전에 소비자들에게 부정적으로 인식되는 것이다. 이러한 부정적 인식의 확산은 리조트시설에 대한 사전분양이나 완공 후의 영업에도 심각한 영향을 미치고, 지역민들에게도 환영받지 못하는 리조트로 전락하여 고전하기 마련이다. 지역진흥을 배려하지 않고 개발사의 수익성에만 치중할 때 흔히 발생하는 문제들이다.

따라서 대규모 리조트개발 시에는 정부나 지자체 등과 협력하여 해당 지역의 교통망 확충이나 도로, 상하수도, 공공시설 등의 기반시설을 구축하여 지역의 물리적 고충을 해결하고, 직원채용 시에는 전체 인원의 일정 부분을 지역민들로 채용하는 등지역민들의 고용창출을 도와주어야 한다. 이러한 사례들은 리조트개발을 통해 지역진흥에 기여하고, 리조트개발의 혜택이 지역민들에게도 돌아가는 방법으로 리조트가그 지역에서 환영받고 오래가는 길이다.

제2절 리조트개발의 효과

1. 지역 경제적 효과

1) 생산유발 효과

생산유발 효과는 외래 방문자가 지역에서 지출한 돈이 직접적으로 리조트 관련 상품 및 지역관광상품의 생산을 유발하고, 다시 이들 산업부문이 생산을 연쇄적으로 유발하여 생산을 증대시키는 효과이다.

리조트산업은 건설업뿐만 아니라 부동산업, 관광업 그리고 교통, 쇼핑, 유흥, 숙박, 음식업 등 거의 모든 부문에 생산유발 효과를 미치는데, 간접적으로 제2차산업은 물론 제1차산업의 생산까지도 유발한다. 특히 식음료의 소비는 지역 농업경제의 활성화를 가져오며, 다른 제3차산업 등에도 지대한 파급효과를 가져온다. 이와 같이 리조트산업은 지역경제를 활성화시키는 촉진제 역할을 할 수 있다.

2) 부가가치 유발효과

리조트산업은 금융이나 보험서비스, 농수산업 못지않은 높은 부가가치 유발효과를 가지고 있다. 이는 관광승수효과(multiplier effect)로 인해 제1차, 2차, 3차에 걸쳐 간접효과의 파급이 타 산업보다 크기 때문이다.

특히 본격적인 지방자치의 실시로 각 지방자치단체가 경쟁적으로 개발계획을 세우고 있는 것도 관광산업의 부가가치 유발효과가 매우 높은 데 기인한다고 할 수 있다.

3) 수출유발 효과

리조트산업은 관광산업과도 매우 밀접한 관계가 있기 때문에 수입유발 효과는 매우 낮은 편이며, 수출생산으로서 외화획득 효과가 크다고 할 수 있다.

실제로 한국스키장협회 자료에 의하면 1990년대 초부터 꾸준히 증가해 온 외래 스키관광객은 2018/2019 시즌에 25만 4,000명 정도의 외래 스키관광객이 국내 스키리조트를 방문하였고, 이들의 공식적인 관광매출 규모는 300억 원에 달하고 있다.

이처럼 스키리조트가 중심이 된 한국의 동계여행상품은 동남아지역의 외래 스키관광객을 유치하는 매력물로서 그 의미가 크다고 할 수 있으며, 더욱이 외래 스키관광객의 급격한 증가는 겨울철이 우리나라의 관광비수기임을 감안할 때 경제적 파급효과와 관광수지개선 측면에서도 매우 중요한 성과라고 할 수 있다.

4) 고용창출 유발효과

리조트산업은 직접적으로 리조트산업의 피고용자를 증대시키고, 다시 관련산업의 피고용자를 연쇄적으로 증대시키는 효과를 나타낸다. 이는 리조트산업이 노동집약적 산업이기 때문이다.

고용유발효과는 리조트방문객에 대한 각종 형태의 직접적인 서비스 외에 리조트 기반시설 증대를 위한 건설·운수·식음료 부문의 고용창출효과를 포함하므로 그 파급효과가 매우 크다고 할 수 있다. 또한 국내 대부분의 낙후지역에서는 인재의 외부 유출로 인한 젊은 지식층의 공백상태에서 고용유발효과가 높은 리조트산업이 개발된다면 인재의 U턴 현상으로 지역 내 활기를 가져올 수 있다.

5) 세수입 증대효과

리조트개발의 효과 중 지방자치단체의 세수입 증가를 빼놓을 수 없다. 특히 재정자립도가 열악한 지방에서 대단위 리조트개발을 통한 세수입 증대효과는 재정자립도를 높이는 매우 유용한 방법이다.

리조트사업은 각종 세수입의 원천이 되고 또한 관광객들의 지역 내 소비가 늘어남에 따라 국세나 지방세의 증가를 기대하게 되는데, 이러한 세수입 증대효과는 선진국에서 리조트개발의 필요성을 정당화시켜 주는 요인이 되고 있다. 따라서 지방재원을 확보하여 재정구조를 튼튼히 함으로써 지방자치의 성공에 큰 기여를 하게 된다.

2. 정부 정책적 효과

1) 지역진흥과 농촌 소외화의 완화

정부 관광정책 시행의 최종목적은 중앙정부와 지방의 파트너십을 기반으로 지역의 특산물, 관광, 문화 등 다양한 지역자원개발을 통한 지역진흥 및 지역 활성화에 있다. 특히 지역 간 불균형 해소와 효율적인 국토개발 이용을 위해 1994년에 「지역균형개발법」이 제정되면서 도입된 개발촉진지구사업은 대표적인 지역진흥 개발정책이다.

개발촉진지구사업의 대표적 사례는 폐광지역진흥지구 지정을 통한 리조트개발이다. 정부는 1996년부터 폐광지역의 진흥을 위해 강원도 태백과 삼척, 정선, 영월, 경북 문경을 개발촉진지구로 지정했고, 2006년에 충남 보령을 추가로 지정하였다. 지정된 개발촉진지구에는 대규모 리조트개발이 이어졌는데, 정선군의 강원랜드, 삼척시의 블랙밸리리조트, 태백시의 오투리조트, 영월군의 동강시스타리조트, 보령시의 웨스토피아리조트 등이 지역진흥을 위한 목적으로 개발되었다.

리조트를 유치한 지자체 등에서는 리조트 이용자들의 왕래를 통해 농촌 지역의 소외화 현상을 완화하거나 해결할 수 있으며, 지역 내 외식산업이나 토산물에 대한 수요가 증대되어 지역산업의 생산유발 효과도 불러올 수 있다. 특히 지방특산물, 민예품을 개발하여 이용객들에게 판매함으로써 지역 소득증대와 고용을 촉진할 수 있으며, 아울러 도시주민과 그 자녀에 대한 자연학습과 농촌에 대한 이해를 증대시키는 효과도 기대할 수 있다.

2) 사회간접자본의 정비

리조트는 국민의 레저활동 공간을 확충하는 기능을 하기 때문에 그 자체가 하나의 사회간접자본이 된다. 또한 리조트개발은 그 특성상 기본적으로 도로, 통신, 상하수도, 전기 등 사회간접자본의 확충을 촉진하기 마련이다.

특히 리조트개발이 가능한 지역조건을 갖추고 있는 곳은 대부분 낙후된 지역으로서 사회간접자본의 개발이 거의 이루어지지 않았거나 개발의 필요성도 상대적으로

낯다고 할 수 있다. 그러나 어느 특정지역에 리조트개발을 추진할 경우 반드시 도로 등 각종 사회간접시설은 물론 각종 편의시설 개발·공급이 수반됨으로써 자연스럽게 지방의 사회간접자본을 확충하게 된다.

따라서 상대적으로 낙후된 지방에 사회간접자본이 확충됨으로서 지역의 생활기반 을 정비하는 효과를 발생시킨다. 또한 리조트개발 지역을 중심으로 도시기반 시설이 형성됨으로써 지역민의 편리성을 향상시키게 된다.

3) 지방자치의 기반강화

리조트개발로 인해 지역경제의 기반이 탄탄하게 다져지면 주민들의 소득향상과 정책의식이 높아져 지역에 대한 애향심이 높아지게 되고, 이와 더불어 지방재정도 크게 확충될 것이다.

결국 리조트산업의 발전은 지방자치의 양대기반이라 할 수 있는 인적기반(주민들의 정책의식과 애향심)과 물적기반(지방재정의 확대)을 동시에 확충하는 길이 된다. 따라서 레저산업 내지 리조트산업의 진흥은 지방자치의 중요한 열쇠가 된다고 하겠다.

또한 리조트산업의 긍정적 효과로는 주민들의 여가시간을 유용하게 사용하도록 하여 주민생활의 건전화에 기여하는 측면과 올바른 레저문화의 정착으로 사회적 안정을 굳게 다지는 효과가 있다.

4) 낙후지역의 개발

낙후지역이란 지역 스스로 성장하는 데 어려움이 있는 지역으로서 주민의 생활수준과 소득수준은 낮고 실업률은 높으며, 사양산업에 기반을 두어 산업발달이 미약하고, 교통이 불편하여 국가적으로도 지역개발이 시급한 지역을 말한다.

이러한 낙후지역 개발에 최선의 대안으로 리조트개발이 선호되고 있다. 대규모 리조트개발은 정부 차원에서 보면 지역의 사회적 인프라 구축과 실업 문제 등을 해결하여 지역 간 균형발전을 이루고, 지역에서는 인구의 유입으로 지역이 활기를 띠며 지역경제의 선순환이 이루어지기 때문이다. 예를 들어 강원도 정선군은 한때 탄광산업으로 전성기를 누렸지만, 도시가스의 보급으로 탄광산업이 사양산업으로 전락하면서 이와 함께 낙후지역으로 쇠락한 도시이다. 정선군은 이곳에 하이원리조트를 유치함으로써 현재는 직접고용 3,000명에 간접고용 인원이 3만 명에 달하는 강원도의 대표적인 관광도시로 자리 잡는 데 성공하였다.

선진국이라 해서 낙후지역이나 슬럼 지역이 없는 것은 아니지만 낙후지역을 많이 가지고 있는 국가일수록 저개발 수준을 벗어나기 어렵다는 측면에서 리조트개발은 선진국뿐만 아니라 개발도상국, 저개발국 모두에서 낙후지역 개발을 위한 최적의 대안으로 선택되고 있다.

제3절 리조트개발의 절차

리조트개발은 적지선정에서부터 토지확보와 자금조달계획, 그리고 수많은 인허가 과정과 건축공정 등을 거쳐 이루어지는 거대하고 복잡한 개발프로젝트이다. 개발 기간도 짧게는 3년에서 길게는 10년 이상 오랜 기간이 필요하고, 개발방법에서도 모든 시설을 동시에 개장하기에는 오랜 시간이 소요되므로 숙박시설 등 핵심시설의 1단계 개발을 완료하여 우선적으로 1차 영업을 개시하고, 2단계, 3단계 개발을 순차적으로 진행하는 경우가 일반적이다.

따라서 본 절에서는 리조트개발의 복잡한 공정과정과 내용을 다섯 단계로 축약하여 제시하고 있는데, 리조트개발계획의 수립단계, 인허가단계, 시공단계, 분양단계, 운영단계가 그것이다. 이를 살펴보면 다음과 같다.

1. 리조트개발계획의 수립단계

개발계획의 수립단계는 개발하고자 하는 리조트의 구체적인 콘셉트와 방향, 규모 등이 결정되는 첫 번째 단계로서 철저한 조사와 분석이 필요하다. 일반적으로 개발계획의 수립단계에서는 아이디어 구상, 토지물색과 확보, 기본계획 수립 등의 업무가 이루어진다.

1) 아이디어 구상

리조트개발 구상단계는 사업주의 입장에서 리조트개발의 전체적인 개발 방향과 목표를 설정하는 단계이다. 즉 리조트개발의 방향과 목표로서 누구를 대상으로 어떤 콘셉트(Concept)의 리조트를 어디에 만들 것인가? 어떤 방법으로 개발하여 어떻게 운영할 것인가? 개발사업의 주체와 사업방식은 어떻게 해나갈 것인가? 등을 구상하는 실질적인 첫 번째 단계이다.

첫 번째 단계에서 가장 중요시되는 것 중의 하나는 콘셉트의 설정이다. 콘셉트 설정은 '어떠한 리조트를 만들 것인가'를 설정하는 개발 방향의 키(key)와도 같다. 리조트의 콘셉트에 따라 리조트의 입지장소부터 핵심시설, 건축물의 형태, 주요 고객 등이 결정되기 때문이다.

리조트의 콘셉트 설정은 리조트에서 스키를 즐길 것인지, 골프를 즐길 것인지, 스파(spa)를 즐길 것인지, 마리나를 즐길 것인지 등의 활동형 위주의 콘셉트에서부터 자연을 콘셉트로 한 '별 보기 리조트', '사막체험 글램핑리조트', '에코힐링리조트' 등으로 할 수도 있다. 또한 건강을 콘셉트로 한 '의료형 리조트' 등으로 설정할 수도 있으며, 대규모 지역개발과 연계한 카지노복합리조트(IR)나 테마형 리조트, 스포츠 위주의 리조트, 위락형 리조트 등으로 설정할 수도 있다. 이처럼 리조트사업의 시작과 성패는 콘셉트 설정에서부터 시작된다고 해도 과언이 아니다.

2) 토지물색과 확보

과거부터 대부분의 리조트개발은 부동산을 먼저 확보하는 것을 전제로 해왔지만, 현대의 전문적인 리조트개발기업들은 리조트의 콘셉트나 아이디어를 먼저 설정하고, 이와 일치하는 부동산을 찾아 나서는 경우가 많아지고 있다.

토지를 물색할 때에는 리조트 적지로서의 물리적인 조건뿐만 아니라 토지의 지가, 법규제, 토지이용, 상위계획 등을 잘 검토할 필요가 있다. 해당 토지가 리조트개발에 적정한지를 모르는 상태이기 때문에 계약 이전에 해당 토지의 개발 적정성 등을 먼저 확인해야 한다. 이를 위해 토지분석이 함께 진행되어야 한다.

토지확보수단으로는 매수, 임차, 토지신탁, 등기교환방식 등이 있다. 국내의 경우 토지확보는 주로 매수방식에 의해 이루어지고 있다. 그러나 매수방식은 자기자본이 있는 경우 가장 완벽한 방법이라 볼 수 있지만 상당한 자금력이 필요하기 때문에 최근에는 국가나 지자체, 민간기업 등이 공동출자하여 개발하는 형태(하이원리조트, 알펜시아리조트, 동강시스타리조트 등)가 도입되거나, 국가토지를 장기임대해 리조트를 개발하는 형태(사조리조트)도 있다.

3) 기본계획 수립

콘셉트의 확정　기본계획단계에서 리조트의 콘셉트를 확정한다. 콘셉트를 확정한다는 것은 리조트가 추구하고자 하는 하나의 꿈을 기본적인 개발 방향과 연결시켜하나의 키워드나 문장으로 정리하는 것이다. 그리고 이것은 리조트의 가치를 담은표어나 로고 등으로 문양화되어 리조트의 가치를 추구해나가는 지침으로 사용한다.이로써 리조트의 정체성이 보다 구체화되고, 정체성을 갖는다는 것은 리조트개발이무엇을 위해, 어떠한 철학을 가지고 개발하여 운영할 것인가에 대한 결정지침이 된다.

〈표 5-1〉 리조트개발의 기본 콘셉트 사례

리조트	리조트개발 콘셉트
이에스리조트	• 자연과 사람 • 복잡한 현대사회 속에서 벗어나 자연과 함께 하고 싶은 중장년층을 위한 편안한 휴양마을
리솜리조트	• 철학 : 그 어디에서도 느껴보지 못한 특별한 리조트를 만난다. • 방향 : 에코, 힐링, spa, 럭셔리리조트
엘노라노리소트	• 신비한 섬(자연), 황금의 땅(건강), 기회의 땅(수준높은 웰빙 서비스) • 울장한 숲 속에서 과실(건강, 사람, 꿈 등)을 안고 있는 여유로운 여인(엘도라도만의 자연과 신비롭고 고급스러운 분위기 연출)

수요의 추정　리조트 콘셉트가 확정되면 개발 규모를 결정해야 한다. 개발 규모를 결정하기 위해서는 우선적으로 수요를 추정해야 한다. 수요의 유형은 현시수요,잠재수요, 유도수요 등이 있고, 이를 추정하는 방식으로는 이용의도, 시계열모형, 중력모형, 회귀분석모형, 수요추정 사례 등이 있다. 수요의 추정은 어떠한 방식을 사용하더라도 2가지 이상의 방식을 사용하여 그 결과치를 평균화하는 방법이 오차를 좀더 줄일 수 있다. 수요의 추정방식을 살펴보면 다음과 같다.

- **이용의도 조사법** : 수요예측을 위해 잠재이용자들로부터 이용에 관한 의도를 직접 질문하는 조사방법이다.
- **시계열모형 조사법** : 이 방식은 현재의 추세가 큰 변화 없이 이어진다는 것을 전제

로 한다. 따라서 예측연도가 짧고, 환경조건의 변화가 적은 지역에서 유효한 방법으로서 기존 관광권 내에 리조트를 건설하는 경우에 많이 쓰인다.

- **중력모형 조사법** : 이 방식은 출발지와 도착지 간의 방문빈도는 두 지역 간의 거리와 밀접한 관계가 있다고 보고, 출발지와 도착지 간의 이용수요 발생 관계를 분석하는 모형이다.
- **회귀분석모형 조사법** : 이 방식은 수요에 변화를 주는 요인이 많을 경우, 그 요인을 분석해 수요를 추정하는 모형이다. 기존의 관광권과는 상관없이 새롭게 리조트를 개발하는 경우에 많이 사용된다.
- **수요추정 사례 조사법** : 이 방식은 잠재수요를 파악하기 위해 특정 여가활동에 참여할 때 참여일 수로 측정하는 방식이다. 즉 주변 대도시 지역 주민들의 연간 1인당 평균 여가활동 참여일수를 설정하고, 여기에 계획대상, 지역 주민 수를 곱해 총량을 산정하는 방법이다.

개발 규모 결정 수요에 대한 추정이 끝나면 개발 규모를 결정해야 한다. 개발 규모를 결정하는 가장 기본적인 방법은 두 가지가 있다. 첫째는 수요를 추정하여 그 수요에 맞는 적정한 개발 규모를 결정하는 방법이다. 즉 유입되는 이용객이나 경제성 등을 고려하여 개발 규모를 산출한다. 둘째는 생태적 수용력을 고려한 방법이다. 즉 개발부지가 받아들일 수 있는 수용량이나 환경적인 쾌적성 등을 토대로 필요한 면적을 산출하는 방법이다. 따라서 리조트개발에서는 발생수요량과 부지의 수용력을 동시에 고려해 개발 규모를 결정하는 것이 바람직하다.

사업성 검토 개발 규모를 결정하게 되면 이를 토대로 개발계획을 구체화해야 한다. 개발 규모에 따른 건물구조와 배치 등의 설계도를 만들고, 자금조달계획을 수립하고, 건설계획 및 영업계획 등을 수립하여 시장성, 수익성, 투자가치 등을 종합적으로 검토해야 한다. 이른바 사업성 검토단계이다. 사업성 검토는 리조트를 개발하는 데 있어 최종적인 의사결정을 위한 절대적인 근거가 된다. 이러한 사업성 검토의 결과가 양호하다고 판단되면 이를 보고서 형태로 만드는데, 이 보고서가 곧 사업계획서이다.

시공사 선정 사업성 검토가 끝나면 리조트개발의 토목과 건축을 담당할 시공사를 선정해야 한다. 시공사는 단순히 공사를 진행하는 것에서 벗어나 지급보증, 책임준공 등을 통해 PF대출의 신용을 제공해주기 때문에 매우 중요한 역할을 담당한다. 여기서 PF(project financing)대출이란 은행이 돈을 빌려줄 때 사업주의 신용이나 물적 담보에 기준을 두지 않고, 프로젝트의 사업성(수익성)이나 시공사의 신용 등을 평가하여 돈을 빌려주고, 사업이 진행되면서 발생하는 수익금을 되돌려 받는 것을 말한다. 따라서 시공사를 선정할 때는 높은 도급순위와 안정적인 신용등급으로 PF대출의 신용담보를 제공할 수 있는지를 검토해야 한다.

2. 인허가단계

시공사 선정 및 설계가 확정되면 본 사업에 대한 사업승인인가를 위한 인허가단계를 진행해야 한다. 인허가단계는 리조트개발의 두 번째 단계로서 사업계획서 제출부터 착공계획서 제출까지를 말한다.

리조트개발에서는 일정 규모 이상의 건축물을 지을 경우 인허가에 앞서 '건축심의위원회'에서 건축계획에 대하여 도시경관, 건축물배치, 단지도면, 방재, 단위 평면 등 전반에 걸쳐 합리성과 타당성 등을 검토하는 '건축심의' 단계를 거쳐야 한다. 그리고 각종 영향평가로서 교통영향평가, 환경영향평가, 재해영향평가 등 대상 기준에 해당하는 영향평가를 통과해야 한다.

이때 인허가단계에서 가장 중요한 것은 국토이용계획의 변경과 환경영향평가 및 재해영향평가 등의 협의이다. 이런 것이 건축심의 과정에서 부결되는 경우가 많으며, 이로 인해 건축심의 단계에서 상당한 시간이 소요될 수 있다는 점을 유의해야 한다. 예를 들어 일반 재건축 정비사업의 경우 건축심의를 몇 년 동안 통과하지 못하는 사례도 종종 발생한다.

인허가 관계기관으로부터 모든 인허가가 끝나면 사업자에게 최종 인허가 결과가 통보되고, 사업자는 착공 1개월 전까지 착공계획서를 제출하면서 인허가단계가 마무리된다. 리조트개발의 인허가단계를 정리하여 살펴보면 [그림 5-1]과 같다.

[그림 5-1] 리조트개발의 인허가단계

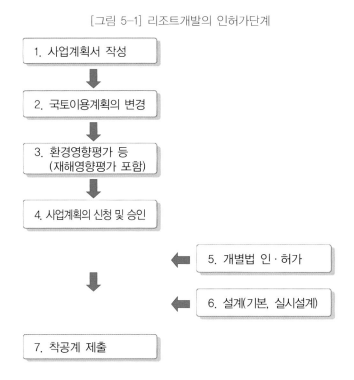

1. 사업계획서 작성

2. 국토이용계획의 변경

3. 환경영향평가 등
(재해영향평가 포함)

4. 사업계획의 신청 및 승인

5. 개별법 인·허가

6. 설계(기본, 실시설계)

7. 착공계 제출

3. 시공단계

시공단계는 본격적인 공사에 착공하여 리조트단지가 완전히 마무리되는 준공까지의 과정을 말한다. 시공은 설계도면에 의해 이루어지는데 전체적인 과정은 토목공사, 건축공사, 조경공사, 인테리어공사, 마무리공사 등으로 이루어진다.

토목공사 토목공사는 리조트의 기반을 구축하는 공사로서 배수처리공사, 단지조성공사, 시설조성공사 등으로 이루어진다. 배수처리공사는 장마나 집중호우에 발생하는 홍수를 대비하는 공사이며, 단지조성공사는 도입시설의 배치계획에 의해 전체단지의 기반을 조성하는 공사이다. 시설조성공사는 스키장의 슬로프나 골프장의 페어웨이처럼 토목공사 자체가 시설공사인 것이 많다.

건축공사 토목공사가 마무리되면 건축공사를 시작한다. 건축공사는 건축물을 구축하기 위한 공사를 말한다. 리조트의 건축물은 숙박시설, 휴양시설, 놀이시설, 레저시설, 부대시설 등이 있는데, 고객의 휴양과 레저 욕구 등을 충족시켜 줄 수 있는 건축물의 구조나 배치가 중요하고, 리조트의 콘셉트에 맞는 분위기를 연출할 수 있는 인테리어 공사도 함께 전개한다. 인테리어는 건물과 각종 시설물에 대한 이미지 창출에 있어 중요한 의미가 있다. 어떠한 인테리어를 디자인하고 설치하느냐에 따라 리조트의 이미지가 좌우된다.

조경공사　건축공사의 마무리 시점에 조경공사가 시작된다. 조경공사란 리조트의 경치를 아름답게 가꾸는 공사를 말한다. 건축법상에도 건축물을 지을 때 그 면적의 일정 부분을 녹지 공간으로 만들게 되어 있다. 특히 리조트공사는 리조트 조성을 위해 베어내는 산림의 양도 많아 황폐한 산림을 조경공사를 통해 세련되고 안정된 모습으로 조경하고, 단지 내 건축물들이 통일감 있게 조화로운 모습을 갖출 수 있도록 조경한다.

이러한 공정이 끝나면 비로소 마무리공사를 진행한다. 하지만 리조트단지 개발에는 많은 기간이 소요되므로 리조트는 일부 완공된 시설에 한해 영업을 하면서 분양을 하고, 동시에 또 나른 시설을 공사하는 경우가 많아 건축공사는 단지가 완전히 조성될 때까지 계속된다.

4. 분양단계

시공이 어느 정도 이루어지면 시설에 대한 분양을 시작한다. 분양이란 리조트시설 중 콘도미니엄이나 골프장 시설에 대하여 일정한 대가를 받고 '콘도회원권', '골프회원권', '헬스회원권' 등의 형식으로 판매하는 것을 말한다. 리조트의 분양대상과 분양 시기는 법률로 정해져 있다. 건축공정이 전체공정의 30% 이상일 때 분양이 가능하고, 분양 시점 1개월 전에 관계기관에 서류를 제출하여 허가를 받고 분양을 시작한다. 분양의 승인은 투입된 자금 중 리조트 조성자금으로 인정되는 범위 내에 분양금액의 한도를 결정하기 때문에 이를 심사하는 과정이 필요하다.

우리나라에서 리조트의 콘도미니엄 분양은 1982년부터 객실 1실당 10구좌를 회원제로 분양하는 분양형 콘도미니엄 형태로 도입되었다. 회원권은 20년 이하로 입회 기간을 정하고, 회원권 기간이 만료되면 전세금처럼 반환받거나 연장할 수도 있다. 회원은 매년 30일 한도에서 객실을 회원가격으로 이용할 수 있다.

콘도미니엄의 회원권 분양가격대는 콘도마다 차이가 있지만 일반적으로 객실 1실을 몇 명에게 분양하느냐에 따라 차이가 있다. 예를 들어 객실 1실을 10명(1/10구좌)에게 분양하면 약 3,000만 원, 1실을 30명(1/30구좌)에게 분양하면 약 1,000만 원, 1실을 60명(1/60구좌)에게 분양하면 약 500만 원 정도로 책정하는 식이다.

이와 같은 회원권 분양은 개발 초기에 투자된 막대한 자금을 조기에 회수할 수 있는 유일한 회수방법이다. 분양의 성공 여부는 자금의 수급 계획과 리조트개발의 완공에도 절대적인 영향을 미친다. 통상 리조트개발은 공사 중에 분양하여 투자자금을 확보하고, 확보한 분양대금으로 리조트개발을 완성하는 순환과정을 거치기 때문이다.

5. 운영단계

분양이 끝나고 준공검사를 마치게 되면 리조트의 각 시설은 사용검사를 완료하고, 영업장은 관계기관으로부터 영업허가를 받아 본격적인 사업운영단계로 들어선다. 운영단계는 고객을 대상으로 실질적인 영업이 이루어지는 단계로서 분양단계보다 더욱 세심한 고객서비스가 필요하고, 한번 방문했던 고객들에 의해 리조트의 품격과 수준이 평가되는 중요한 시기이다.

또한 운영단계 초기에는 미분양에 대한 추가적인 분양이 동시에 이루어지는 시기로서 리조트를 방문하는 고객들에게 좋은 서비스로 만족감을 높여 회원권 판매로 이어질 수 있도록 노력해야 한다. 다른 한편으로 사업운영의 미숙으로 회원과 고객들에 대한 서비스 수준이 낮을 경우, 회원권 시장에 회원권 매도물량이 증가하여 회원권의 형성가격이 하락하고, 이는 리조트의 평판에도 부정적인 영향을 미쳐 재방문 고객이나 단골고객을 확보하는 데 어려움을 겪는 영업의 악순환으로 이어지게 된다. 따라서 운영단계 초기에 리조트의 특성과 이미지를 살리고, 표적시장 고객을 만족시킬 수 있는 다양한 마케팅 프로그램을 전개하여 시장진입에 성공해야 한다.

[그림 5-2] 엘리시안강촌리조트개발 추진사례

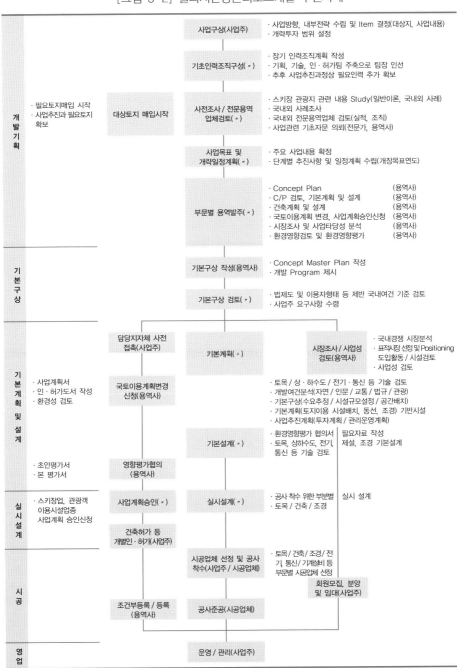

자료 : (주)LG ENC 강촌리조트 기본설계.

PART

2

복합리조트를 구성하는
단일형 리조트의 유형

제**6**장

스키리조트

제1절 스키리조트의 이해

1. 스키의 개요

인류의 원시적 스키는 이미 수천 년 전에 고안되어 북유럽·시베리아·알타이의 산악지방 등 눈이 많이 내리는 지역에서 사용되었던 것으로 추정되며, 스웨덴에서 발견된 오브레보스키는 2,500년 전에 것으로 추정되지만 현대의 스키와 유사한 형태를 유지하고 있다. 이후 여러 국가에서 스키가 점차 개량되면서 오락으로 즐기는 과정을 거쳐 오다가 1742년에 노르웨이 군대가 스키부대를 편성하면서부터 활성화되어 스키경기로 발전하였고, 그 뒤 왕실이 스키 경기의 승자를 표창함으로써 국가적 스포츠로 발전하기에 이르렀다.

20세기에 들어 스키는 유럽과 북아메리카를 중심으로 활성화되다가 1930년대에는 오세아니아지역, 1940년대에 남미지역, 1950년대에 일본 등 전 세계로 전파되었다. 특히 스키와 부츠를 고정시켜 주는 '바인딩' 장치가 고안됨으로써 스키가 안전해졌고, 1930년대에는 스키를 타기 위해 높은 곳까지 올라가는 불편을 덜어 주는 리프트 장비가 개발되고, 인공 눈을 만드는 제설기가 도입되면서 충분한 적설량을 유지할 수 있게 되어 대중적 스포츠로 발전하기 시작하였다.

이후 1924년 프랑스의 샤모니에서 열린 제1회 동계올림픽부터 노르딕 스키(크로스컨트리·스키점프·노르딕복합)가 정식종목으로 채택되었으며, 이를 계기로 14개 나라가 참여하여 국제스키연맹(FIS)이 탄생되었다. 알프스 산악지대를 중심으로 발전한 알파인스키는 1936년 제4회 동계올림픽부터 정식종목으로 채택되었다. 이후 스키는 북유럽을 중심으로 하는 노르딕 스키와 알프스를 중심으로 하는 알파인스키로 양분하여 발전하게 되었다.

우리나라에서는 1922년에 일본인 중심의 원산 스키클럽이 발족하면서 스키가 소개되었다. 1930년에 원산 신풍리에서 제1회 조선스키대회가 열리고, 1932년에 조선스키협회가 발족하였다.

광복 후 1946년에는 대한스키협회가 새롭게 설립되었고, 1947년 2월에 지리산 노

고단에서 제1회 전국스키선수권대회가 개최되었다. 1953년에는 대한스키협회가 대한체육회에 정식으로 가입하였고, 1957년에 국제스키연맹(FIS)에 정회원국으로 가입하였다.

이후 1975년 강원도 평창군 대관령면에 한국 최초의 현대식 시설을 갖춘 용평스키장이 개장하였고, 경제발전에 따른 레저인구 증가와 함께 겨울철 스키 인구의 증가로 스키산업의 저변이 확대되었다. 이에 따라 스키장 시설도 2020년 기준 전국에서 16개소가 운영되고 있다.

▲ 스키는 군대가 스키부대를 편성하면서부터 활성화되어 스키경기로 발전하다가 현대의 대중적 스포츠로 발전하였다.

2. 스키의 종류

1) 노르딕 스키

노르웨이를 비롯한 북유럽의 낮은 언덕과 평지가 대부분인 발원지의 특성이 반영되어 발달한 노르딕 스키는 겨우내 눈이 내린 지역을 스키를 신고 걷는 이동수단으로 시작하여 차츰 스포츠의 형태로 발전하였다. 이후 노르딕 스키는 평지와 언덕을 가로질러 긴 코스를 완주하는 '크로스컨트리 스키'와 스키점프대를 이용하여 공중을 비약하는 '스키점프'로 분화하여 발전하였다. 이를 총칭하여 노르딕 스키라고 한다.

크로스컨트리 스키 크로스컨트리 스키는 스키를 신고 빠르게 걸으면서 먼 거리를 이동하기 때문에 '설원의 마라톤'이라 불린다. 스키를 신고 편하게 걷기 위해 스키화의 앞쪽만 고정하고 뒤꿈치는 들리는 것이 특징이다. 동계올림픽에서는 1924년 프랑스의 샤모니에서 열린 제1회 대회부터 정식종목으로 채택되었다. 경기 구간은 남자는 15㎞·30㎞·50㎞ 등이 있고, 여자는 10㎞·15㎞·30㎞ 등이 있다. 경주 코스는 오르막·평지·내리막이 각각 3분의 1의 비율로 구성되는데, '설원의 마라톤'이라 불리는 경기인 만큼 강인한 체력과 인내력, 뛰어난 활주 기술을 갖추어야 한다.

스키점프　북유럽의 언덕이 많은 지방에서 시작된 스키 경기로서 스키를 타고 스키점프대의 급경사면을 활강하여 내려오다가 도약대로부터 직선으로 허공을 날아 착지하는 방식인데, 활강과 비행하는 모습이 화려하고 아름다워 '스키 경기의 꽃'으로 불린다. 1924년 제1회 동계올림픽에서 정식종목으로 채택되었다.

▲ 노르딕 스키는 평지와 언덕의 긴 코스를 완주하는 '크로스컨트리 스키'와 스키점프대를 이용하여 공중을 비약하는 '스키점프'로 분화하여 발전하였다.

2) 알파인스키

명칭에서 알 수 있듯이 유럽 알프스 지방의 산악 활강에서 발전한 스키종목이다. 노르딕 스키가 지형이 비교적 평탄한 북유럽 지역에서 이동수단으로 발달한 데 비하여, 알파인스키는 산세가 험준한 알프스 산악지방을 중심으로 가파른 경사면을 활강하는 형태로 발달하였다. 가파른 경사면을 좀더 안전하게 활강할 수 있도록 폭이 넓은 스키가 개발되었고, 가파른 지형에 활강하기에 적합한 기술도 더불어 발전하였다. 1880년대 후반부터 리프트 장비가 개발되어 경사면을 힘들게 걸어 올라가지 않게 되면서 큰 인기를 끌기 시작하여 대중화되었고, 1936년 제4회 동계올림픽에서 활강과 회전 종목의 알파인스키가 정식종목으로 채택되었다.

3) 프리스타일 스키

스키를 타면서 재미 삼아 재주를 부리던 역사는 오래되었으며, 1930년대에 노르웨이의 스키 선수들이 알파인스키와 크로스컨트리 스키 훈련을 하면서 프리스타일 스키의 원조 격인 공중 동작 등을 선보였다고 전한다. 전통적 스키에서는 맛볼 수 없는 박진감과 짜릿함을 추구하는 과정에서 태동하여 점차 스포츠로 발전하였는데, 곡예를 연상케 하는 공중 동작을 통하여 백플립(공중제비)이나 트위스트(공중비틀기), 턴(회전) 기술 등 화려한 개인기를 본질로 하여 예술성을 겨루는 '설원의 곡예'라고 불리는 스키이다.

프리스타일 스키의 종류는 모굴(mogul), 에어리얼(aerial), 스키크로스(ski cross), 하프파이프(halfpipe), 슬로프스타일(slopestyle) 등의 5개 종목이 있으며, 지금은 모두 동계올림픽 정식종목으로 채택되었다.

4) 스노보드

스노보드는 스키와 익스트림을 결합한 형태로서 두 발을 하나의 보드에 묶고 눈이 쌓인 비탈을 미끄러지듯 질주하면서 내려오는 스키이다. 1960년대에 미국에서 서핑보드와 스키를 결합한 놀이 형태로 인기를 끌다가 점차 겨울 스포츠로 발전하였고, 1998년 제18회 동계올림픽에서 정식종목으로 채택되었다. 한국에서는 그동안 보수적 입장과 안전을 이유로 스노보드를 금지하던 스키장들이 1990년대 들어 잇달아 스노보더에게 슬로프를 개방하면서 전통적 스키 대신 스노보드를 즐기는 젊은층이 급속히 증가하였다.

▲ ①알프스 산악지역에서 발전한 알파인스키 ②설원의 곡예라 불리는 프리스타일 스키 ③스노보드

3. 스키리조트의 개념

스포츠나 레저활동으로서 스키나 스키장은 잘 알려져 있지만 스키리조트(ski resort)라는 용어는 다소 새로울 수 있다. 리조트의 사전적 의미에 스키를 붙여 스키장과 같은 의미로 사용되기도 하나, 스키라는 스포츠로서의 의미뿐만 아니라 보건과 휴양이라는 의미도 포함하는 것이다.

스키장이 슬로프(slope : 적당하게 기복이 있는 스키 연습장)에 리프트가 정비되어 있는 기본적인 형태를 말한다면, 스키리조트는 스키장을 핵심시설로 하면서 장기체재가 가능한 숙박시설과 식음료시설 등 다양한 시가지 조성이 갖추어진 종합휴양지 개념이라 할 수 있다. 여러 가지 주변 여건과 스키의 특징을 기준으로 할 때 스키리조트는 앞서 설명한 리조트의 요건, 즉 체재성, 자연성, 휴양성, 다기능성, 광역성 등의 요건을 가장 근접하게 갖추고 있는 전형적인 리조트의 형태라고 할 수 있다.

스키리조트의 특징은 무엇보다도 강설이라는 자연을 무대로 한 경기레크리에이션이라는 것과 어린이에서부터 어른들까지 누구에게나 즐거움을 줄 수 있다는 점이다. 따라서 스키리조트는 자연과 친해지고 건강한 심신을 육성하는 장소로서 숙박과 여행을 수반하는 사회교육장으로서의 역할까지도 겸하고 있다.

4. 스키리조트 사업의 특성

1) 계절성 사업

스키리조트의 가장 큰 특징 중 하나는 계절성이며 눈이 없으면 스키를 즐길 수 없다는 것이다. 스키는 일반적으로 겨울철에 눈 위를 활강하는 겨울스포츠로 성수기가 짧고 비수기가 길어 단일 업종만으로는 수익성이 없는 사업이다. 우리나라의 경우에는 보통 90~120일 정도가 겨울이며 스키를 탈 수 있는 기간에 속한다고 할 수 있다.

이러한 특성 때문에 사계절이 뚜렷한 우리나라에서는 비수기 기간이 너무 길어 경영상의 어려움을 안게 된다. 이러한 비수기 경영의 문제를 극복하기 위해 기업들은 스키장만을 운영하기보다는 골프장, 콘도미니엄 등이 복합적으로 갖추어진 스키리조트를 개발하고 있는 추세이다.

2) 다기능성 레저사업

스키리조트는 스키장 시설을 주 기능으로 하고 숙박, 레저, 스포츠, 위락, 요양, 식음료시설 등을 부기능으로 하나의 대규모 단지를 조성하게 된다.

스키장 사업은 리프트, 곤돌라 등의 시설이용료를 주요 수입원으로 하고 있지만 숙박사업(호텔, 콘도미니엄), 식음료산업(식당, 레스토랑), 용품판매사업(기념품점, 특산품점 등), 각종 스키관련 서비스산업(스키장비 렌털, 스키강습, 스포츠시설, 주차장) 등 많은 업종을 포함하고 있는 다기능성 대형 레저사업이다. 특히 슬로프, 곤돌라, 리프트, 제설장비 등의 시설은 막대한 사업비가 투자되며 스키어들의 니즈(needs)를 충족시키기 위해 최신시설을 지속적으로 도입해야 한다.

3) 천연자원 의존사업

스키장은 눈이라고 하는 천연자원이 가장 핵심적인 상품이다. 이러한 천연자원을 이용하기 때문에 사업전개를 위한 적합한 장소를 확보하는 것이 가장 중요하다. 눈의 경우 적설량, 적설기간, 설질(雪質) 순으로 중요하다. 스키장을 조성하기 위해서는 적어도 50cm 이상의 적설량이 필요하다. 슬로프(활강사면)의 나무나 암석 등의 장애물이 완전 제거되면 30cm 정도도 가능하다.

최근에는 스키웨어가 발달해 외부온도에 둔감해지고 있으나 그래도 눈이 녹지 않고 리프트를 탔을 때 너무 춥지 않은 -10~-5℃ 정도의 기온이 적합하다. 스키는 야외에서 즐기는 스포츠이기 때문에 맑은 날이 스키를 타는 데 적합하며, 너무 많은 눈이 내렸을 경우 교통이 마비되는 상황이 생겨 스키장 방문이 어렵고, 바람이 너무 강하게 불 경우에도 스키어의 체감온도를 낮추기 때문에 스키장 방문을 꺼리는 특징이 있다.

▲ 풍부한 적설량은 스키장 사업의 핵심요소이다(용평리조트 슬로프 전경).

4) 산악형 입지의존적 사업

스키리조트의 가장 큰 특징은 산악지대에 위치하고 있다는 것이다. 스키장은 여타 레저산업과 마찬가지로 지형, 적설조건 등이 중요한 자원입지 산업이다. 스키장을 개발하는 데 있어서도 스키로 활강하기에 적합한 다양한 경사도의 활강사면이 충분히 갖추어져 있어야 하고, 휴식시설·숙박시설 등의 부대시설을 배치할 수 있는 넓은 산악지형이 적당하다.

활강사면의 경사도는 스키어의 실력에 따라 다소 차이는 있으나 5~15도 정도가 적당하다. 스키장의 표고차도 지형, 면적과 관계가 있는데, 소규모 스키장에서는 100~150m, 대규모 스키장이라면 최저 300m 이상이 바람직하다. 또한 스키장 내의 중심부와 가장 낮은 부분에서 최고 표고부분이 보이는 스키장이 좋다.

입지적 측면에서는 우리나라의 대도시가 수도권에 집중되어 있는 점을 감안할 때, 스키장은 수도권 인근이나 눈이 많이 내리는 강원 산악지대에 건설되지 않으면 사업성이 떨어진다고 할 수 있다. 또한 스키장과의 도로 및 교통편의 접근성이 좋지 않으면 스키어들의 목적지로 선택될 확률이 낮아지고, 재방문 고객이 줄어들게 된다.

제2절 스키리조트의 입지조건과 주요시설

1. 스키리조트의 입지조건

1) 기온

설면의 유지와 쾌적한 스키활동을 위해서 동계기간(12~3월)의 월평균 기온은 -10~0℃, 일평균 기온은 -5~5℃가 최적이고 대체로 온화한 곳이 좋다. 그러나 활강사면은 북향을 택하여 설면이 영하를 유지하도록 해야 한다.

〈표 6-1〉 스키리조트에 적합한 연평균 기온

적정여부	가능	적당	가능	불가능
기 온	-20 ~ -10℃	-10 ~ 0℃	0 ~ 5℃	5 ~ 10℃

자료 : 한국스키장사업협회.

2) 바람

스키리조트에서 바람은 활주자에게 큰 장해요소가 되므로 겨울철에 부는 북서풍은 특히 유의해야 한다. 스키장의 정상부 쪽으로 부는 바람은 활강속도를 감소시키고 활강사면과 직각을 이루는 바람은 추위를 동반하므로 바람직하지 못하다. 풍속이 15m/sec 이상이 되면 리프트 운행이 중지되므로 좋지 못하며, 특히 산악지대로서 돌풍이 많은 지역은 부적합하고 약풍, 무풍지가 좋다.

경사면 방향의 바람과 직각 방향의 바람, 그리고 산악지대에서 저기압의 통과로 인한 돌발적인 바람은 추위를 동반하여 바람직하지 못하므로 방풍림으로 바람을 약화시켜야 한다.

3) 적설량

적설량은 보통 1m 이상을 항상 유지해야 하지만 50cm 정도로도 활주는 가능하다. 그 이하인 경우는 지표가 부분적으로 노출되므로 -1℃ 이하의 상태에서는 제설기로 눈을 만들어 보충해야 한다. 적설시기는 12월 말에서 4월 상순까지 지속되는 것이 이상적이고 최저 90일 이상 스키장 영업이 가능한 적설상태를 유지해야 한다.

4) 표고

스키리조트에서 표고차는 설질과 적설기간을 고려하여 500m 이상이 바람직하고 800m 이상이면 더욱 좋다. 다만, 1,700m 이상이면 식생의 회복이 곤란하며 코스의 유지관리와 환경보전의 측면에서도 부적당하다.

수직표고차는 최저 70m 이상이 되어야 하고 800m까지 가능하다. 리프트의 채산효율로 보아 가장 짧은 길이는 400m로 최저의 평균 경사도는 10도로 하는 것이 적당하다. 리프트 1기에 의한 표준 표고차는 70~300m 정도이지만, 기술적으로는 400m 정도까지 가능하며, 공식적인 활강경기(남자)의 최소 표고차는 800m이다.

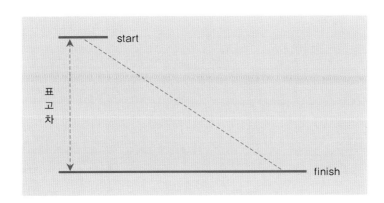

5) 경사도

스키리조트에서는 특히 경사도에 따라 이용형태를 달리하게 되므로 경사도는 매우 중요한 자료가 된다. 따라서 스키리조트에서는 경사도에 의해 시설의 입지가능성을 평가하고 스키코스의 등급별 구분을 하게 되는데, 이에 따른 경사도는 〈표 6-2〉와 같다.

스키리조트개발에 있어 슬로프는 경기종목에 따라 개발형태가 달라지고 개발 대상지역의 산림훼손을 최소화하기 위해서 스키코스의 경사도와 주변의 경사도가 가급적 일치하도록 지형을 고려하여 개발해야 한다.

〈표 6-2〉 스키리조트 슬로프의 경사도 구분

경사도	대상지
0~10%	지형이 매우 평탄하므로 베이스 에어리어 입지에 유리함
10~20%	초보자(beginner)에게 적당함
20~30%	초급자(novice)나 초중급자(low intermediate skier)에게 적당함
30~40%	초중급자나 중급자(intermediate skier)에게 적당함
40~50%	중급자에게 적당함
50~60%	상급자(advanced skier)에게 적당함
60~70%	최상급자(expert skier)에게 적당함
70~80%	최상급자에게 가장 가파른 경사임
80% 이상	스키를 타기에 너무 가파름

▲ 스키장의 가파른 경사도를 이용한 상급자 슬로프 전경(휘닉스평창)

6) 경관조경

경치가 아름다운 스키장은 스키어들에게 더욱 인기가 좋기 때문에 스키장 개발에 있어서 경관은 매우 중요하다. 스키장에서는 스키어들이 리프트에 탑승하고 있는 시간과 리프트 상·하부에서 대기할 때의 전망조건이 스키활동의 매력 요인으로 작용하므로 수려한 산악환경과 조경은 스키장 전체의 매력포인트가 된다. 또한 경관이 수려한 지역은 겨울을 포함한 사계절 내내 이용자들을 유인하는 매력요인으로 작용하고 있다.

▲ ①용평리조트의 리프트탑승을 이용한 자연감상 ②휘닉스평창의 산악환경을 이용한 몽블랑전망대 전경

2. 스키리조트의 주요시설

스키리조트의 시설은 스키장의 규모와 성격에 따라 차이가 있지만 보통 〈표 6-3〉과 같은 시설이 필요하다. 그 외에 본격적인 스키리조트 단지로 조성하는 경우에는 스키 후(after ski)의 활동에 필요한 시설이 추가된다.

스키리조트 설계 시 적지 선정기준에 따라 위치가 결정되면 광역적 입지성과 수요예측을 거친 후 경영규모의 수준과 서비스수준을 고려하여 개발 규모를 결정한다. 이때 스키리조트 개장 이후 5~10년 뒤의 1일 최대수용능력을 예측하여 관광객 수용에 차질이 발생하지 않도록 규모가 결정되어야 한다.

〈표 6-3〉 스키장의 시설

시설종류	기 준
활강사면	각종 활강코스, 연습용 슬로프, 강습용 슬로프, 경기용 슬로프
등행시설	Railway, Chairlift, Snow-Escalator
관리보안시설	관리사무소, 안내소, 매표소, 조명시설, 제설기, Ski-Cart, Ski Patrol, 의료시설
강습, 장비시설	스키학교, 장비대여 및 수리시설
휴게시설	식당, 매점, 휴게소
숙박시설	호텔, 콘도, 유스호스텔
교통시설	도로, 주차장
기 타	점프대, Bub-Sleight Course, Tour Course

1) 슬로프

스키(ski)와 코스(course)라는 두 단어가 결합된 스키코스(ski course)라는 조합어는 '스키어가 달리는 길' 혹은 '스키어의 진행경로'라는 의미이다. 스키코스와 비슷한 의미로 사용되는 단어는 스키트레일(ski trail), 스키런(ski run), 스키슬로프(ski slope) 등이 있다. 일반적으로는 모두 같은 의미로 쓰이나 '슬로프'라는 단어를 가장 많이 사용하고 있다.

슬로프의 사전적 의미는 '사면', '경사로'이며 스키슬로프는 스키장에서 스키어들이 스키를 타고 속력을 내며 내려올 수 있도록 험하고 비탈진 산악지형을 토목공사를 통해 반듯하게 깎아놓은 '스키 활주로'를 의미한다.

슬로프는 스키장에서 가장 중요한 시설 중 하나이며, 슬로프 수의 많고 적음에 따라 스키장의 규모와 경쟁력이 결정되고, 슬로프의 유형도 고객의 욕구에 맞게 다양하게 업그레이드 되고 있다. 슬로프는 일반적으로 스키 실력에 따라 초급자 코스부터, 중급, 상급, 최상급 코스까지 다양하게 조성되어 있다.

최근에는 스키장들이 스노보드 인구가 증가하면서 스노보드 전용 슬로프인 '하프파이프'를 조성하거나, 스노보더들이 짜릿한 재미와 온갖 묘기를 펼칠 수 있도록 슬로프에 기물을 설치한 '익사이팅존' 등을 추가로 조성하고 있다. 이 외에도 인공적으로 울룩불룩한 눈 둔덕을 만들어 놓은 '모굴' 슬로프 등도 조성하고 있다. 이러한 현상은 속도보다는 재미를 즐기려는 스키어들이 증가하고 있기 때문이다.

▲ 용평리조트 스키장 슬로프 전경. 용평리조트는 총 28면의 슬로프를 운영하고 있다.

2) 리프트

리프트(lift)란 스키장에서 사람들을 낮은 곳에서 높은 곳으로 실어나르는 의자식 탈것을 말한다. 리프트를 가동하는 방식은 공중에 와이어로프(강철삭)를 설치하고 그것에 운반기 의자를 매달아 전력기로 와이어로프를 감아올리는 방식이다.

스키장에서 리프트는 슬로프, 제설기와 더불어 매우 중요한 핵심시설로 꼽히며, 탑승 인원에 따라 2인승에서 8인승까지 다양하게 운영되고 있다. 대규모 시설을 갖춘 고급 스키장일수록 4인승 이상의 고속 리프트를 다양하게 갖추고 있으며, 슬로프와 더불어 리프트 설치 규모에 따라 스키장의 수준이 결정되고 있다. 리프트의 높이는 스키어의 안전을 고려하여 땅에서 의자까지 4m 이내로 규정하고 있다.

대형 스키장에서는 리프트의 또 다른 형태인 곤돌라(gondola)도 운영하고 있는데, 곤돌라는 관광지 등에서 흔히 볼 수 있는 케이블카와 동일한 형태로서 스키 장비를 신고 한 번에 4~6명을 빠르게 운반할 수 있어 스키어들에게 인기가 좋다.

▲ ①리프트 ②곤돌라 전경. 스키장의 리프트는 슬로프와 더불어 스키장의 핵심시설이다.

3) 제설기

제설기는 스키장에서 인공눈을 만들어 뿌리는 기계를 말한다. 일명 '눈 쏘는 대포'로 불리는 제설기는 눈을 쏘는 게 아니라 공기 중으로 작은 물방울(5마이크로미터 크기)들을 분사하고, 분사된 작은 물방울 알갱이들이 순간적으로 얼면서 인공눈으로 만들어지는 원리이다. 이때 공기 중의 습도는 60%보다 낮아야 하고, 기온도 −2 ~ −3℃ 이하여야 한다. 스키장에서 쓰는 제설기는 보통 한 시간에 8톤의 물을 인공눈으로 만들 수 있다.

인공눈은 자연설에 비해 스키가 잘 미끄러지고, 쉽게 녹지 않는 장점이 있어 스키장에서는 기온이 영하로 떨어지기만 하면 수시로 인공눈을 만들어 설질을 풍부하게 유지한다. 대형 스키장일수록 많은 제설기를 보유하여 풍부한 설질을 유지하고 있으며, 제설기의 등장으로 눈이 적게 내리는 지역에도 스키장이 들어설 수 있게 되었다.

▲ 스키장에서 제설기는 인공눈을 만들어 설질을 풍부하게 유지하는 주요 시설이다.

4) 지원시설

스키장 지원시설은 주로 '베이스 에어리어(base area)' 내에 모두 배치되어 있다. 즉 베이스 에어리어란 스키어가 쾌적한 스키활동을 즐길 수 있도록 여러 가지 서비스나 영업관리를 지원하는 장소라고 할 수 있다.

각종 서비스 기능이 집적되며 레크리에이션 활동의 중심이 되기 때문에 스키리조트 전체의 수준이나 이미지를 결정할 수 있을 만큼 중심적인 시설이 된다. 스키장의 주요 지원시설로는 스키종합센터가 있는데, 이곳에는 스키나 스키복을 렌탈하는 렌

탈부서가 있고, 종합안내소, 스키강습소, 의무실, 스키수리소, 락커룸, 기념품점 등이 위치하고 있다, 그리고 스키어들을 위한 식음료 시설로서 스낵식당이나 커피숍, 휴게소, 오락실 등이 위치하는 상업시설 등이 있다. 이에 스키장 진입을 위한 진입로나 넓은 주자장 등도 스키장의 중요한 지원시설들이다.

〈표 6-4〉 스키장의 주요 지원시설

구 분		지원시설
진입공간		진입도로, 진입광장, 주차장 등
서비스 지원시설	스키 지원시설	스키센터, 스키학교, 종합안내소, 의무실, 패트롤 등
	상업시설	스낵식당, 커피숍, 휴게소, 오락시설 등
	관리시설	운영관리사무소, 보안 및 관리시설 등

제3절 국내 스키리조트

1. 국내 스키리조트 현황

1) 국내 스키리조트 지역별 현황

스키장 개발의 최근 경향은 리조트 특성을 중시하는 스키장과 일상적 이용을 중시하는 근거리형 스키장의 2가지 유형으로 구분되고 있다. 리조트의 특성을 중시하는 스키장은 적설이 풍부하고 대도시로부터 멀리 떨어져 위치하여 교통조건이 불리하기 때문에 체재환경을 좋게 하는 것으로서 불리한 조건의 만회가 가능하므로 시설을 대형화하고 있으며, 대부분은 강원권 내 리조트가 이에 해당된다.

〈표 6-5〉 국내 지역별 스키리조트개발 유형

위 치	리조트	특 성
강원권 (9개소)	용평리조트 비발디파크 휘닉스평창 웰리힐리파크 엘리시안강촌 한솔오크밸리 하이원리조트 오투리조트 알펜시아	• 대기업의 진출이 두드러지며 입지에서의 열세를 시설규모의 대형화로 만회하고 있음 • 현재 강원권 스키리조트가 국내 시장의 판도를 나누고 있으며, 휘닉스평창과 비발디파크가 입장객 수에서 용평을 앞서고 있음 • 알프스리조트의 경우 긴 역사에도 불구하고 경영난으로 문을 닫았음 • 영동고속도로의 확장개통으로 일일권 스키어들의 방문이 급격히 증가하고 있음 • 강원권 지자체의 리조트사업 참여로 하이원리조트, 오투리조트가 개장하였음 • 2018평창동계올림픽 개최장소로 활용된 알펜시아리조트, 용평리조트, 휘닉스평창리조트는 세계적인 명성을 얻었음
경기권 (5개소)	양지파인 스타힐 베어스타운 지산포레스트 곤지암리조트	• 서울근교의 경우 대부분이 우수한 지리적 위치에 의존하고 있으며, 시설투자 규모는 강원권 리조트에 비해 작은 편임 • 이용객 수, 매출 면에서 강원권에 비해 떨어짐(1/2 정도) • 강원권의 대규모 리조트개발 전 호황을 누렸으나 현재는 2~3개 스키리조트가 심각한 경영압박을 받고 있음 • 강원권 스키장에 대항하여 슬로프 확장과 최신 기종의 리프트 및 제설장비의 교체를 통해 규모를 확장하는 추세임 • 직장인들로부터 주중이나 야간스키의 선호도가 높은 편임
중부권 (2개소)	덕유산리조트 에덴밸리	• 사조리조트의 경우 잦은 경영주 교체와 사업지연으로 문을 닫았음 • 덕유산리조트의 경우 지역 내 수요, 서울·경기권, 영남, 충청권 수요를 흡수하여 시장점유율이 높음

근거리형 스키장은 교통조건이 유리하지만 적설조건은 그다지 유리하지 않거나 혹은 스키장으로서 상응하는 적설조건이 적합하지 않은 곳도 있으므로 인공강설기의 보급에 따라 인공스키장이라는 아이템으로 분리되어 각광받고 있다. 경기권에 위치한 근거리 스키장의 경우 주로 일일 스키이용객들이 즐겨 찾고 있다.

2) 국내 스키리조트 시설현황

국내 최초의 스키장은 1967년 강원도 고성군의 북악스키장이 시초이며, 이후 진부령스키장으로 개칭하였고, 1986년 다시 '알프스리조트'로 개명하여 운영하였으나 현재는 문을 닫은 상태이다. 그 다음은 용평리조트가 1975년에 개장하였고, 가장 최근에 개장한 스키리조트는 알펜시아리조트로 2009년 12월에 개장하였다. 현재 국내에서 운영 중인 스키장은 16개소인데, 스키장의 대부분이 강원도와 경기도에 편중되어 있음을 알 수 있다. 이는 이들 지역의 설질이 풍부하고 수도권의 스키어들을 유치하는 데 유리하기 때문이다. 국내 스키리조트 시설현황을 살펴보면 〈표 6-6〉과 같다.

〈표 6-6〉 국내 스키리조트 시설현황

위 치	스키리조트	개장일	슬로프	리프트	슬로프 면적(m²)
강원도 (9개소)	용평리조트	1975. 12.	29	15	3,436,877
	비발디파크	1993. 12.	12	10	1,322,380
	휘닉스평창	1995. 12.	21	9	1,637,783
	웰리힐리파크	1995. 12.	18	9	1,368,756
	엘리시안강촌	2002. 12.	10	6	609,674
	한솔오크밸리	2006. 12.	9	3	797,695
	하이원리조트	2006. 12.	18	10	4,991751
	오투리조트	2008. 12.	19	6	4,799,000
	알펜시아	2009. 12.	7	3	671,180
경기도 (5개소)	양지파인	1982. 12.	10	6	368,683
	스타힐	1982. 12.	4	3	502,361
	베어스타운	1985. 12.	7	8	698,181
	지산포레스트	1996. 12.	10	5	500,000
	곤지암리조트	2008. 12.	13	5	1,341,179
전북	덕유산리조트	1990. 12.	34	14	4,037,600
경남	에덴밸리	2006. 12.	7	3	1,052,012

자료: 각사 홈페이지, 2020년 기준.

2. 국내 주요 스키리조트

　본 장에서는 국내 주요 스키리조트 4곳을 소개한다. 여기에 소개하는 리조트는 고급 숙박시설과 함께 스키장, 골프장, 워터파크 등을 종합적으로 운영하는 복합리조트이기도 하다. 하지만 동계기간에 스키장을 핵심시설로 운영하는 스키리조트에도 해당되므로 학생들에게 스키리조트의 이해를 더하기 위해 스키리조트로 설정하여 소개한다는 점을 미리 밝혀둔다.

용평리조트 야간 전경

1) 용평리조트

예로부터 눈이 많이 내려 '하늘 아래 첫 동네'로 불리던 강원도 평창군 발왕산 기슭의 해발 700m 고지에 위치한 용평리조트(Yongpyong Resort)는 1975년 국내 최고의 스키장과 관광호텔을 개관했다. 520만 평의 광활한 대지에는 특급호텔과 유럽풍의 콘도미니엄, 연평균 250cm의 적설량을 자랑하는 스키장, 45홀의 골프장, 워터파크(피크아일랜드) 등의 시설을 구축함으로써 온 가족이 함께 즐길 수 있는 사계절 종합리조트로서의 면모를 갖추고 있다. 이 밖에도 볼거리, 먹을거리, 즐길거리를 함께할 수 있는 10만 평 규모의 화훼단지, 스키박물관, 생태박물관, 승마장, 크레이사격장, 사슴목장, 천문대 등의 시설을 갖추고 있다.

이러한 차별화된 시설을 갖춘 용평리조트는 아시아 동계스포츠의 메카로서 한국 스키의 역사는 '용평' 그 자체라고 할 정도로 국내에서 인정받고 있으며, 해외에서도 하드웨어와 소프트웨어를 완벽하게 갖춘 세계적인 스키장으로 평가받고 있다.

2008년 7월에는 30여 년간 축적된 경영노하우를 바탕으로 충남 무창포 해수욕장 인근에 체인콘도인 비체팰리스콘도(236실)를 개장하였고, 같은 해 7월에 용평리조트 단지 내에 워터파크 피크아일랜드(Peak Island)를 개장하였다.

2011년에는 전남 여수시에 위치한 디오션리조트(The Ocean Resort)와 위탁경영을 체결함으로써 128실의 콘도와 워터파크, 디오션CC(18홀)의 전략기획 및 마케팅, 회원관리 등을 통합하여 경영함으로써 글로벌 경영체계를 구축하고 있다.

(1) 스키장

용평스키장은 아시아에서는 두 번째로 국제스키연맹(FIS)으로부터 국제대회 개최 수준을 공인받아 1999년 동계아시안게임을 시작으로 네 차례의 용평 월드컵 알파인 스키대회, 국제 인터스키대회, 스노보드 월드컵대회, 2018년 평창 동계올림픽 등 국제대회를 성공적으로 개최해 유럽뿐만 아니라 일본을 비롯한 아시아권의 스키어와 관광객들에게도 그 명성이 높다. 2018년 평창 동계올림픽에서는 알파인 스키 종목이 용평리조트 레인보우 코스에서 개최되었다.

용평스키장의 최대 장점은 적설량이 풍부하고 설질이 뛰어난데다 곳곳에 리프트가 연결되어 있어 베이스까지 내려오지 않더라도 여러 곳의 슬로프를 넘나들며 스키를 즐길 수 있다는 것이다.

스키장 동시 수용인원은 2만여 명으로 34면의 슬로프를 보유하고 있으며, 이 중 국제대회를 개최할 수 있는 슬로프는 6면에 달하고 있다. 시간당 2만 8,000명을 수송할 수 있는 리프트 14기와 스키하우스에서 발왕산까지 운행되는 3.7km의 8인승 초고속 곤돌라를 운행하고 있다. 리프트의 총 연장길이는 13,690m에 달한다.

또한 스노보더를 위하여 국제규격보다 큰 슈퍼하프파이프와 세계적인 열풍이 불고 있는 국내 최초의 익스트림존 드래곤파크를 설치하여 마니아들로부터 호평을 받고 있다.

▲ ①용평리조트 겨울철 전경 ②용평월드컵 알파인스키대회 시상식 전경

(2) 골프장

용평리조트 골프장은 용평GC, 버치힐GC, 퍼블릭골프장 등 총 45홀의 골프코스를 보유하고 있다. 1989년 5월에 개장한 용평골프클럽(25만 평)은 18홀 규모로서 회원제로 운영되고 있으며, 2004년 개장한 버치힐골프클럽(30만 평)도 회원제로 운영되고 있다. 또한 용평나인골프코스는 9홀이면서 2개의 그린으로 설계되어 정규골프장에서 맛볼 수 있는 묘미를 느낄 수 있다.

(3) 숙박시설

숙박시설로는 특급호텔에서 유스호스텔에 이르기까지 총 1,867실을 갖추고 있다.

○ 드래곤밸리호텔 : 한실, 양실, 스위트룸의 197실
○ 타워콘도 : 위락시설을 갖춘 가족단위 콘도로서 195실

○ 빌라콘도 : 스키장 슬로프를 따라 위치한 411실 규모

○ 그린피아콘도 : 25평, 33평, 38평 등 336실

○ 용평콘도 : 호텔과 별장의 장점을 살린 205실 규모의 회원제 콘도

○ 유스호스텔 : 온돌방 73실, Bunk Bed 236세트 구비

○ 버치힐콘도 : 골프장 내 41개동 450실의 별장형 콘도

(4) 워터파크

용평리조트는 국제적인 명문리조트로서 특급호텔부터 골프장과 스키장을 완벽하게 구비하고 있었지만 단 한 가지 워터파크 시설이 없었기 때문에 그동안 사계절형 리조트라고 하기에는 무언가 부족한 면이 있었다. 이러한 단점을 보완하기 위하여 2008년 7월에 사계절 이용이 가능한 피크아일랜드(Peak Island) 워터파크를 지하 1층, 지상 4층, 연면적 12,806m² 규모(동시 3,500명을 수용)로 개장하였다. 피크아일랜드는 가족, 건강, 테마를 주제로 천혜의 아름다운 자연환경에 둘러싸인 국내 최초의 알파인 산장형 워터파크로서 이국적 분위기와 함께 워터파크와 스파의 감동을 동시에 즐길 수 있다.

소노벨 비발디파크와 휘닉스평창에 이어 용평리조트도 워터파크인 피크아일랜드를 개장함으로써 비로소 전천후 사계절형 종합리조트로서의 위상과 면모를 갖추게 되었다.

▲ 용평리조트 피크아일랜드 실외 워터파크 전경

(5) 기타 시설

연건평 5,000평에 지상 3층, 지하 1층 규모의 스키하우스인 드래곤프라자와 발왕산 정상에 위치한 스위스풍의 2층 건물인 드래곤파크 전망대를 비롯하여 다양한 종류의 레저 · 스포츠시설과 피트니스센터, 엔터테인먼트, 레스토랑, 편의시설 및 쇼핑시설, 키즈파크 등이 구비되어 있다.

〈표 6-7〉 용평리조트 시설현황

구 분		시 설 현 황
숙박시설	호텔 콘도 유스호스텔	• 특2등급 드래곤밸리호텔(197실) • 용평(205실), 타워(195실), 빌라(411실), 버치힐(450실), 그린피아(336실) • 유스호스텔(73실)
스키장	슬로프 리프트 렌털 눈썰매	• 31면(하프파이프 2면 포함), 국제규격 3면 • 총 15기(3.7km의 곤돌라 1기, 컨베이어 벨트 1기 포함) • 2,000세트 • 길이 200m, 폭 45m
골프장	회원제 퍼블릭 기타	• 용평GC(18홀), 버치힐GC(18홀) • 용평퍼블릭(9홀) • 골프연습장(9타석), 클럽하우스 2개소, 그늘집 5개소
워터파크 (피크아일랜드)	물놀이존 찜질방존	• 물놀이시설, 렌털숍, 식당, 푸드코트, 수유실 등 • 찜질방, 한식당, 유아놀이방, 수면실 등
식음료	카페테리아 한 · 양식당 중 · 일식당 전망대	• 아메리카나, 피자, 가제보, 슬로프, 꼬치하우스 등 • 송천, 도라지, 모두랑, 피크레스토랑, 살레 등 • 러발라, 시라가바, 대관령횟집 등 • 피크스낵(한식, 양식)
부대시설	연회장 피트니스 엔터테인먼트 기타	• 320명 회의실을 비롯한 각종 대 · 중 · 소 연회장 • 사우나, 수영장, 볼링장, 헬스장, 피칭 & 퍼팅장 • PC방, 전자오락실, 노래방, 단란주점, 디스코텍 등 • 기념품점, 슈퍼마켓, 디스코텍, 키즈파크, 야영장 등

2) 휘닉스평창

서울에서 1시간 50분이면 도착할 수 있는 국내 최고의 산악 휴양지 휘닉스평창은 전체 면적 120만 평의 광활한 부지에 호텔, 콘도미니엄, 스키장, 골프장, 레저시설 등 최첨단 시설을 갖춘 종합휴양리조트이다.

한류열풍의 시초가 된 미니시리즈 '가을동화'의 메인 촬영지로도 유명한 휘닉스평창은 FIS(국제스키연맹)의 공인을 받은 슬로프 12면을 포함해 총 23면의 슬로프를 보유하고 있다. 그 외 골프황제 잭 니클라우스에 의해 설계되어 그 명성을 더하고 있는 27홀 골프코스와 독특한 격자무늬 설계로 유명한 메인콘도, 가을동화의 촬영지인 유로빌라 콘도, 강원권 최초의 특급호텔인 휘닉스평창 호텔, 단체 이용객들을 위한 유스호스텔, 그리고 야외수영장을 포함한 다양한 레저시설 등이 갖추어져 있다.
또한 2008년 여름 초대형 워터파크인 블루캐니언을 오픈하면서 온 가족이 즐길 수 있는 사계절 리조트로 도약하고 있다.

최근에는 호텔 및 골프장 운영을 넘어 2018년 평창동계올림픽을 성공적으로 개최하여 국제적 리조트로서 손색이 없음을 입증하였다.

(1) 스키장

1995년에 개장한 휘닉스평창 스키장은 태기산(해발 1,050m) 천혜의 지형을 살린 계곡형 슬로프 설계로 뛰어난 설질을 자랑한다. 또한 자연 친화적인 설계로 주변 경관과의 멋진 조화를 즐길 수 있다. 다채로운 재미를 자랑하는 23면의 슬로프와 8개의 리프트, 오스트리아 Doppelmire사의 최신형 곤돌라, 그리고 스키강습과 하프파이프 이용객을 위한 컨베이어 벨트 6기 등이 설치되어 있다.

휘닉스평창 전경

특히 정상에서부터 스키베이스까지 연결되는 2.2km, 평균 폭 46m의 '파노라마' 슬로프는 초보자부터 상급자까지 다양한 재미를 느낄 수 있도록 설계되어 휘닉스평창 스키장을 대표하는 슬로프로 자리매김하고 있다.

2003년부터는 스노보더들을 위해 하프파이프, 테이블탑, 라운드쿼터, 레일 등이 설치된 '익스트림 파크'가 운영되고 있으며, 2005년에는 총연장 2km의 초중급자용 '키위' 슬로프와 중상급자용 '듀크' 슬로프 등을 신설하여 이용객들의 즐거움을 위해 끊임없이 변모하는 모습을 보여주고 있다. 또한 온 가족을 위한 눈 테마파크 '스노빌리지'를 오픈하면서 눈썰매와 튜브봅슬레이 등 가족고객들의 마음을 사로잡고 있다. 특히 2018년 평창 동계올림픽 때는 프리스타일 스키 3종목과 스노보드 부문 3종목 등 총 6경기를 성공적으로 진행하여 국제적인 스키장으로서의 명성과 사랑을 받게 되었다.

▲ 휘닉스평창 파노라마 슬로프 전경

(2) 골프장

1988년에 개장한 휘닉스평창 골프클럽은 국내 최초로 잭 니클라우스가 코스설계를 맡아 관심과 화제를 불러 모았다. 총연장 6,336m(6,932yards), 18홀(par 72)로 구성된 휘닉스평창 골프클럽의 코스는 광대한 자연지형을 최대한 이용하여 설계된 코스로서 힘과 정확도의 균형에 역점을 두고 있으며, 환경 친화적이고 자연스러운 아름다움을 추구하고 있다.

▲ 휘닉스평창 골프클럽 전경

(3) 숙박시설

휘닉스평창은 특급호텔과 콘도미니엄, 유스호스텔 등 총 973실의 객실을 보유하고 있다. 휘닉스평창 '더 호텔(The Hotel)'은 자연 속에서 레저와 비즈니스를 동시에 즐길 수 있는 특급호텔로서 141실의 객실을 보유하고 있다. 또한 본격적인 리조트 호텔로서 국제 세미나와 워크숍이 가능한 최첨단 A/V시스템과 연수시설을 갖추고 있다.

휘닉스평창 콘도는 국내 콘도 중 최고층을 자랑하는 스카이콘도(28층)를 포함하여 콘도 3개동, 빌라 4개동으로 구성되어 있다. 블루, 그린, 오렌지 3개동으로 구성되어 있는 메인 콘도는 동양과 서양의 이미지를 절묘하게 조화시킨 건축물로 유명하다.

특히 KBS미니시리즈 '가을동화'의 메인 촬영지인 유로빌라는 국내는 물론 동남아 관광객의 발길이 끊이지 않는 관광명소이다.

(4) 워터파크

휘닉스평창은 2008년 6월에 '고품격 지중해풍 물놀이 공간'을 테마로 '블루캐니언(Blue Canyon)'을 개장하였다. 블루캐니언은 실내 3,500평, 실외 4,500평 등 총 8,000평 규모의 워터파크로 동시에 1만 명 이상을 수용할 수 있다.

블루캐니언은 무엇보다 물이 좋다는 것이 가장 큰 특징이다. 일반적으로 워터파크 내에서는 수영복과 수영모는 필수사항이다. 그러나 블루캐니언은 패션에 민감한 여성고객들을 위해 수영모를 쓰지 않고도 이용이 가능하게 하였다. 실내는 온가족이 즐길 수 있는 편안한 공간, 실외는 재미있고 흥미진진한 공간으로 구성되어 각기 다른 종류의 물놀이 시설은 물론 고품격 스파시설까지 제공하고 있다.

▲ 휘닉스평창 '블루캐니언' 워터파크 전경

(5) 기타 시설

휘닉스평창의 편의시설로는 골프연습장, 쇼핑가, 아로마 건강관리센터, 수영장, 사우나, 볼링장, PC방 등 총 24개의 편의시설이 갖추어져 있으며, 부대시설로는 한·

중·일식 및 양식을 즐길 수 있는 다양한 식음료시설과 센터프라자 내에 여러 가지 편의시설이 갖추어져 있다.

스키시즌 이외에도 몽블랑 정상까지 관광곤돌라를 운영하고 있으며, 그 외에도 유로번지, AVT체험장(4WD 오토바이 체험장), 전동 골프카트, 극기 훈련장인 챌린지 어드벤처 코스를 이용한 극기프로그램을 운영하고 있다.

〈표 6-8〉 휘닉스평창 시설현황

구 분		시 설 현 황
숙박시설	호텔	· 특2등급(141실)
	콘도	· 756실(스카이콘도 648실, 유로콘도 108실)
	유스호스텔	· 76실
스키장	슬로프	· 23면(FIS 공인슬로프 4면, 모굴코스 1면 포함)
	리프트	· 8기(리프트 7기, 곤돌라 1기)
골프장	홀수	· 회원제 18홀, 퍼블릭 9홀
워터파크	블루캐니언	· 실내존(파도풀 등), 실외존(웨이브리버, 업힐슬라이드 등)
식음료	한·양식당	· 지오프라자, 신라(숯불구이), 태기산, 캐슬파인 등
	카페테리아	· 르블르, 피자, 스타벅스 등
	일·중식당	· 클럽하우스, 자스미나 등
부대시설	실내업장	· 사우나, 볼링장, 수영장, 오락실, 슈퍼마켓 등
	야외시설	· 유로번지점프, 산악오토바이, 전동골프카트 등

3) 소노호텔&리조트

소노호텔&리조트는 1987년 대명레저산업 설립을 시작으로 자연과 인간이 하나 되어 가족이 함께 참여하는 휴머니티를 기반으로 미래형 레저공간 창출과 국민행복 증대, 가족가치 존중이라는 기업모토로 장족의 발전을 거듭하고 있다.

그중 340만 평(여의도 면적의 3.5배)의 부지 위에 건립된 소노벨 비발디파크는 총 2,052실의 객실과 총 13면의 슬로프 및 10기의 리프트(곤돌라 1기 포함)로 구성된 스키장으로 국제적으로도 손색이 없는 규모를 갖추고 있어 비발디파크를 찾는 스키어들을 만족시키고 있다.

양평~홍천 간 44번국도 확장(왕복 4차로)으로 잠실에서 홍천까지 1시간 10분에 도착이 가능한 소노벨 비발디파크 스키장은 당일스키 및 야간스키까지도 이용할 수 있어 스키마니아 및 동호회원들이 즐겨 찾는 스키장 중 한 곳이다. 국내 스키장 중 최대규모의 숙박시설을 갖추고 있으며, 콘도에서 스키장으로 직접 진입할 수 있도록 편리하게 설계되어 이용의 편의성 면에서도 국내 최고 수준을 자랑하고 있다.

2010 / 2011시즌부터는 국내 최초로 스노보드 국제 하프파이프 대회인 '제1회 비발디파크 코리아 오픈'을 개최하고 있으며, 한국능률협회가 선정한 2014년 '브랜드파워 콘도부분 6년 연속 1위'와 한국에서 '존경받는 기업 4년 연속 1위'라는 업적을 달성하고 있다. 2006년에는 숙원사업이었던 오션월드를 리조트 단지 내에 개장함으로써 한국을 대표하는 사계절 종합휴양리조트로서의 면모와 명성을 갖추게 되었다.

(1) 스키장

소노벨 비발디파크 스키장은 언제라도 최상의 설질로 가장 쾌적한 스키를 즐길 수 있도록 완비된 총 13면의 슬로프와 곤돌라 1기를 포함한 4인승 리프트 10기를 갖추고 있다. 각종 선수권대회 및 데몬선발전을 유치할 정도의 슬로프와 설질을 보유하고 있는 소노벨 비발디파크의 슬로프는 초보자에서 마니아까지 모두를 만족시킬 수 있도록 설계하였다.

특히 스노보더들을 위해 레드, 실버, 옐로, 화이트 등 슬로프를 개방하였으며 250여 대의 스노보드 장비를 보유하고 있다. 모굴코스와 웨이브코스를 선호하는 마니아들을 위해 길이 300m, 넓이 40m, 경사도 28도를 갖춘 아주 특별한 코스를 선보여 호기심을 자극하고 있다. 또한 그린 슬로프는 폭이 100m 이상으로 넓어서 최근 모험스포츠를 즐기려는 카빙스키어와 스노보드를 배우려는 초보자들에게 인기가 많다.

리프트와 곤돌라에는 최신 컴퓨터 안전시설을 갖추고 있고 시간당 2만여 명이라는 국내 최대의 리프트 수용능력을 갖추고 있으며, 최신 렌털스키 4,000여 대를 보유하여 렌털 대기시간을 최대한 단축하였다.

또한 스키를 즐기지 않더라도 곤돌라를 타고 올라가 정상휴게소에서 설경을 감상하며 커피 한 잔의 여유를 가질 수 있도록 하였으며, 어린이들을 위한 눈썰매장과 유아스키학교(캠프)를 운영하고 있다. 이 외에도 서비스실명제(발권담당자, 안전담당자 사진게재)를 실시하여 서비스의 질을 한 단계 높였으며, 안내도우미를 승차장에 배치하여 안전사고 예방멘트, 정원제 탑승유도 등을 실시하고 있다.

소노벨 비발디파크 스키슬로프에서 바라본 리조트 전경

(2) 골프장

소노벨 비발디파크 골프장은 340만 평 규모의 대자연 속에 위치하고 있으며, 자연과 인공을 적절히 조화시킨 골프장이다. 단지 내에 위치한 골프장으로는 비발디파크 CC(18홀), 퍼블릭골프장(9홀), Par-3골프장(18홀), 골프연습장이 있다.

소노벨 비발디파크 골프장 전경

(3) 숙박시설

소노벨 비발디파크의 숙박시설은 오크동 / 파인동 1,090실, 메이플동 453실, 노블리안콘도 70실, 체리콘도 279실, 유스호스텔 160실 등 총 2,052실을 갖추고 있다. 2009년에는 프랑스의 세계적인 건축가 다비드 피에르 잘리콩(David Pierre Jalicon)이 디자인 한 소노펠리체(Sono Felice) 160실을 개관하였다. 소노펠리체는 골프, 스키, 승마, 문화생활, 그리고 메디케어 서비스까지 복합적으로 받을 수 있는 특급호텔 수준의 레지던스형 숙박시설이다.

2010년 7월에 기존 유스호스텔을 허물고 신축하여 최신 설비를 갖춘 유스호스텔을 개장하였고, 같은 해 12월에는 279실의 체리동을 개장하였는데, 체리동의 7~9층 124실은 미(未)취사 객실로 특급호텔 수준에 준하는 고급객실을 지향하고 있다.

▲ 소노펠리체 전경

(4) 워터파크

소노벨 비발디파크는 사계절 종합리조트로 거듭나기 위해 스키장, 골프장에 이어 대규모 워터파크 오션월드(Ocean World)를 오픈하였다. 오션월드는 거대한 스핑크스와 피라미드 이미지를 이용해 이집트 특유의 신비성을 테마로 하였으며, 동시수용 인원이 4만 3,000명 규모이다.

오션월드는 2006년에 일부시설을 첫 오픈하였고, 2007년에 파도풀 개장, 2009년에 다이내믹존을 개장함으로써 워터파크의 주요 시설인 실내존, 익스트림존, 다이내믹존, 파도풀존 등을 모두 갖춘 세계적인 워터파크로 거듭 태어났다. 이후에도 오션월드는 지속적인 시설투자와 스타마케팅으로 대한민국 워터파크 1위 자리를 차지하였으며, 2013년에는 세계테마파크협회(TEA)가 선정하는 '세계워터파크 TOP 4'에 3년 연속으로 선정되면서 세계적인 워터파크로 성장하였다.

▲ 오션월드 전경과 슬라이드 시설

(5) 부대시설

스키장은 콘도에서 직접 진입할 수 있도록 편리하게 설계되어 이용이 편리하며, 콘도 지하에는 7,000평 규모에 범퍼카, 티컵, 회전목마 등의 유기시설을 갖추어 무한

한 재미와 즐거움을 제공하고 있다.

또한 16레인의 볼링장을 비롯해 당구장, 수영장, 남녀사우나, 호수공원, 삼림욕장, 테니스장, 배드민턴장, 농구장 등의 각종 레저시설과 슈퍼, 약국, 나이트클럽, 노래방, 커피숍, 각종 식당가 등 40여 종의 다양한 부대시설을 갖추고 있다.

〈표 6-9〉 소노벨 비발디파크 시설현황

구 분		시설현황
숙박	콘도 유스호스텔	· 오크동 715실, 파인동 375실, 메이플동 453실 등 · 160실
스키장	슬로프 리프트	· 13면(초급 2면, 중급 6면, 상급 4면, 최상급 1면) · 10기(리프트 9기, 곤돌라 1기)
골프장	홀수	· 회원제 18홀, 퍼블릭 9홀, Par3골프장 18홀, 골프연습장
워터파크	오션월드	· 실내존, 익스트림존, 다이내믹존, 파도풀존으로 구성
부대시설	실내	· 레스토랑 28곳, 쇼핑 9곳, 편의시설 15곳, 놀이시설 5곳
	실외	· 오로번지, 물보라썰매, 산악자전거, 유희시설, 체육시설, 호수공원 등

4) 알펜시아리조트

강원도 개발공사는 평창동계올림픽 유치를 주목적으로 알펜시아리조트(Alpensia Resort)를 개발하였다. '환상적인 아시아의 알프스'를 의미하는 '알펜시아'는 '2018년 평창동계올림픽'의 메인 무대로서 870실의 고급 숙박시설과 함께 45홀의 골프장, 스키장, 워터파크, 컨벤션센터 등의 시설을 갖추고 있다.

알펜시아리조트는 계획 초기부터 대관령의 아름답고 깨끗한 자연을 만끽할 수 있는 사계절 복합 관광단지로 설계되었다. 다양한 연령대와 다양한 계층의 사람들이 연중 어느 때나 찾아와 자연에서 휴식과 레저스포츠를 즐길 수 있다. 또한 1시간 이내에 설악산국립공원, 오대산국립공원, 동해해수욕장 등이 위치하고 있어 연계관광이 가능하고, 쇼핑과 식도락, 문화, 예술까지 경험할 수 있는 세계적인 명문 리조트이다.

▲ 알펜시아리조트 전경

(1) 스키장

알펜시아 스키장은 스노보더와 가족 스키어에게 특화된 6면의 슬로프를 구성하였으며, 초·중급자를 위한 1.4km 슬로프를 갖춰 숙련된 스키어뿐만 아니라 초급스키어도 다이내믹한 스키를 즐길 수 있다.

스키시즌이 끝난 오프시즌(off season)에는 4월부터 스키장과 슬로프 사이에 위치한 알파인코스터를 즐길 수 있다. 알파인코스터(alpine coaster)는 최고속도 40km의 빠른 스피드로 하강 시에 스키에 버금가는 스피드와 짜릿함을 즐길 수 있다. 또한 슬로프 하단부분의 넓은 에이프런 지역은 야생화 초원으로 가꾸어져 사계절을 다용도로 즐길 수 있다.

164

▲ 알펜시아리조트 스키장 전경

(2) 올림픽 스포츠파크

스포츠파크는 2018년 동계올림픽 때 주요 스포츠경기가 진행된 경기장과 시설물이 갖추어진 스포츠 지구이다. 알펜시아 스포츠파크에는 지상 115m 높이로 세워져 알펜시아의 랜드마크로 소개되고 있는 '스키점핑타워'와 관람석이 있다. 알펜시아 스키점프대는 국제적 수준의 시설을 갖추고 있으며, 이미 평창동계올림픽을 성공적으로 치른 만큼 대외적으로 인정받고 있다. 또한 스키점프대 하단부분의 메인 스타디움은 1만 5,500여 명을 수용할 수 있으며, 동계시즌 이후에는 천연잔디 축구경기장으로 활용되고 있다. 이 밖에도 크로스컨트리 스키(Cross-country Ski)[1]와 바이애슬론(Biathlon)[2] 경기장이 갖추어져 있다.

---

1) 크로스컨트리 스키는 노르딕 종목의 하나로 거리경기 전반을 가리키며 15, 30, 50km 등 정해진 코스를 주파해 타임을 겨룬다. 강인한 체력, 기술이 요구되며 도중에 급식소도 설치된다. 북유럽을 중심으로 겨울철 건강스포츠로 시민에게도 인기가 높아 장거리를 자기 페이스에 맞춰 즐기는 '설상(雪上)조깅' '스키 마라톤'으로 붐을 이루고 있다.

2) 동계(冬季) 근대 2종경기로서, 스키를 신고 라이플총을 등에 메고 일정한 거리를 주행하여 그 사이에 설치되어 있는 사격장에서 사격을 하는 스키와 사격의 복합경기이다. 체력과 사격의 우열을 겨루는 스포츠로 개인경기와 릴레이경기가 있다. 1958년 제1회 세계선수권대회가 개최되었으며 1960년 제8회 스쿼밸리 동계올림픽대회부터 정식종목이 되었다.

▲ 스키점핑타워 전경

▲ 바이애슬론대회 전경

(3) 골프

알펜시아리조트는 27홀의 '트룬CC'와 18홀 '알펜시아700'이라는 2개의 골프장을 보유하고 있다. 골프장의 경영은 미국의 트룬골프 매니지먼트(Troon Golf Management)사가 위탁경영하고 있는데 차별화된 운영서비스와 최고의 잔디유지관리를 책임지고 있다.

트룬골프사는 현재 전 세계에서 190여 개의 명문 골프클럽을 직영 및 위탁경영하고 있으며, 운영 중인 190여 개의 골프장 가운데 26개 골프클럽이 세계 100대 골프장에 선정되어 있는 최고의 골프매니지먼트 기업이다.

(4) 숙박시설

- 인터컨티넨탈리조트호텔(5성급, 238실)
- 홀리데이인리조트호텔(5성급, 214실)
- 홀리데이인스위트콘도(콘도미니엄, 419실)

알펜시아리조트는 2개의 5성급호텔과 1개의 콘도미니엄을 합쳐 총 871실의 객실을 보유하고 있다. 알펜시아리조트는 세계적인 호텔매니지먼트사인 인터컨티넨탈호텔그룹과 20년간 위탁경영계약을 체결하여 경영전반을 위탁하고 있다.

인터컨티넨탈리조트호텔은 고품격 서비스와 유서 깊은 월드클래스호텔에서 느낄 수 있는 우아한 분위기를 경험할 수 있으며, 홀리데이인 & 리조트호텔은 호텔 & 스파의 콘셉트로 운영되는 특급호텔로서 호텔동, 스파동, 컨벤션센터가 별도로 분리되어 있어 비즈니스와 웰니스를 동시에 경험할 수 있다.

홀리데이인스위트콘도미니엄(419실)은 기존의 국내 콘도에서는 볼 수 없었던 해외 유명리조트 스타일을 도입하여 리테일 빌리지가 결합된 형태로 구성함으로써 뛰어난 편의성과 활기찬 분위기를 더한 빌리지 콘도미니엄이다. 또한 세탁서비스를 이용할 수 있으며, 국제 규모의 테니스경기장에서 건강과 활기를 재충전할 수 있다.

▲ 인터컨티넨탈호텔 전경

▲ 홀리데이인스위트콘도미니엄 전경

(5) 워터파크

강원도 평창의 대자연이 주는 신선함과 열대지방의 생명력이 넘치는 명랑함을 콘셉트로 설계된 워터파크 '오션700'은 인체의 생체리듬에 가장 좋은 해발 700m 천혜의 청정고원인 알펜시아리조트빌리지 내에 자리하고 있다. 사계절 내내 편안한 휴식제공을 위한 실내 중심의 설계로 지어졌으며, 실내에는 유수풀과 파도풀 등 다양한 물놀이 시설이 있으며, 야외에는 수영풀과 키즈풀이 있다.

▲ 오션700 워터파크 전경

제4절 외국의 스키리조트

1. 캐나다(레포츠 천국, 휘슬러)

휘슬러(Whistler)는 캐나다 브리티시컬럼비아주에 있는 마을로서 밴쿠버에서 북쪽으로 125km 떨어진 곳에 위치한다. 휘슬러는 스키장 규모 면에서 세계적이다. 우선 용평리조트 10개를 합친 크기의 스키장이 2개나 있는데 하나는 휘슬러이고 또 하나는 블랙콤이다.

휘슬러와 블랙콤은 35개의 리프트를 보유하고 있는 세계 최고의 스키리조트 지역으로 사계절 내내 관광객이 끊이지 않고, 특히 겨울에는 스키와 스노보드, 크로스컨트리, 아이스 스케이트, 패러글라이딩, 스노모빌, 눈썰매를 즐기는 사람들로 가득하다.

휘슬러와 블랙콤에서 스키를 즐긴 후 1분 정도의 가까운 거리에 호텔과 리조트들이 즐비하여 근처의 80개가 넘는 레스토랑에서 제공하는 세계적 수준의 다양한 식도락을 즐길 수 있다. 그리고 200여 개의 상점에서 제공하는 수공예품과 의류 등을 포함한 다양한 아이템을 쇼핑하는 즐거움을 느낄 수 있다.

이곳은 국제적인 골프지역으로도 명성을 얻고 있는데, 휘슬러 빌리지에서는 잭 니클라우스와 아놀드 파머가 디자인한 4곳의 골프코스를 포함한 세계적 명성의 골프코스에서 골프를 즐길 수 있다. 골프와 스키뿐만 아니라 하이킹, 바이킹, 헬리스킹, 테니스, 스쿼시 등의 다양한 즐길거리로 가득한 곳이다.

▲ 휘슬러에는 북미에서 규모가 가장 큰 스키장인 휘슬러 와 블랙콤 스키장이 위치하고 있다(휘슬러리조트 전경).

▲ 휘슬러 스키장 주변의 리조트 전경

1) 휘슬러 마운틴 스키장

휘슬러 마운틴 스키장(Whistler Mountain Ski Resort)은 1966년에 자연적인 지형을 이용해 개발되었으며, 스키를 즐기기에 최상의 곳으로 스키 애호가에게 사랑받는 곳이다. 이곳에는 약 100개에 이르는 다양한 코스가 마련되어 있어서 초보자나 숙련자 모두 자신의 수준에 맞는 적합한 코스를 선택할 수 있다. 초·중급자 코스가 많고 산 정상보다는 산 아래쪽으로 내려오면서 슬로프가 넓어진다. 휘슬러 리프트 티켓은 편의점인 'Save on Food'에서 10% 이상 저렴하게 구입할 수 있다.

산 정상은 해발 2,182m이며, 최장 스키코스는 11km이다. 리프트는 10인승 고속 곤돌라 1개, 캡슐형 4인승 고속 체어리프트 4기, 3인승 체어리프트 3기, 2인승 체어리프트 1기, T바 리프트 1기, 핸들토우 2기, 접시형 리프트 1기가 있다. 휘슬러 산의 정상으로 가려면 곤돌라 빌리지(gondola village)와 휘슬러 빌리지에서 리프트나 곤돌라를 타야 한다.

2) 블랙콤 마운틴 스키장

블랙콤 마운틴 스키장(Blackcomb Mountain Ski Resort)은 휘슬러산 옆의 블랙콤산 사면에 꾸며진 스키장으로 해발 2,284m의 정상에서부터 슬로프가 이어지는데, 정상 부근의 슬로프는 넓게 펼쳐지며 중급자용 코스가 많다.

휘슬러 스키장보다는 험준하므로 초급자들이 타기에 다소 무리가 있으며, 100여 개가 넘는 정규코스와 빙하를 포함하는 비정규 코스는 수없이 많다. 1980년에 개장하였고 오후 3시까지만 리프트를 운행하므로 오후에 늦게 가서는 스키를 즐길 수 없다.

▲ 휘슬러 마운틴 스키장 전경

▲ 정상에서 본 블랙콤 마운틴 스키장 전경

2. 미국(스키장의 대명사, 에스펜리조트)

세계 최고의 스키리조트 지구로 불리는 미국 콜로라도주 덴버시 서쪽에 위치한 에스펜리조트(Aspen Resort)는 본격적인 겨울이 찾아오면 지구촌의 스키광들이 몰려든다. 개장 50년의 역사가 말해주듯이 에스펜은 미국 스키장의 대명사이며, 로키산맥을 따라 조성된 수백 개의 스키장 중 가장 광활한 스키장으로 손꼽힌다.

최초의 스키지구인 에스펜을 비롯해 버터밀크, 스노매스, 에스펜하이랜드 등 4개의 스키지구로 이루어진 에스펜리조트는 총 500만 평의 설원 위에 40개의 리프트와 274개의 슬로프가 펼쳐져 있어 일주일의 스키여행으로도 다 둘러볼 수 없을 만큼 그 규모가 세계적이다.

에스펜마운틴은 가파른 산정에서 가벼운 눈사태를 동반한 익스트림스키(전문가가 즐기는 모험스키)를 즐길 수 있을 뿐만 아니라 수목 한계선을 중심으로 1km가 넘는 모굴스키와 그 위에 자연설이 쌓여 있는 예측불허의 슬로프를 동시에 즐길 수 있다. 마을에서 3,400m의 산정까지 15분 만에 도착할 수 있는 퀵실버 곤돌라리프트가 가동 중이며, 에스펜마운틴의 슬로프는 초·중·상급으로 다양하게 나눠져 있어 가족단위의 스키어들에게 더없이 좋은 장소가 된다.

세계적 스키리조트답게 에스펜 스키스쿨은 스키, 스노보드, 모굴스키, 어린이스키 등 스키어의 수준에 맞는 다양한 강습프로그램을 만들고 있으며 스키장 가이드와 함께하는 파우더 스노투어도 제공하고 있다.

▲ 에스펜리조트 전경

▲ 에스펜리조트 스키장 슬로프 전경

3. 일본(스키장의 총집결, 북해도)

일본에 있는 700여 개의 스키장 중, 북해도 지역에 100여 개의 스키장이 밀집해 있다. 그중에서도 '니세코 국제히라우 스키장'은 21개의 리프트와 1개의 곤돌라를 갖추고 있으며, 북해도에서 가장 오래되고 큰 스키장이다. 또한 '니세코 안느프리 국제 스키장'은 니세코 최고의 슬로프와 개성있는 호텔, 펜션 등의 숙박시설로 최고의 인기를 끌고 있다.

또한 '알파리조트 도마무 스키장'은 1,239m의 도마무 산정으로부터 뻗어진 다이내믹 슬로프가 타의 추종을 불허한다. '후라노 스키장'은 양질의 눈과 바리에이션이 풍부한 코스로 유명해 월드컵스키대회가 개최되기도 하였다. 이 외에도 치세프리, 모이와, 히가시야마, 와이스 등의 스키장이 안느프리 산을 둘러싸고 있다.

북해도에서 또 다른 볼거리는 '삿포로 눈축제'이다. 삿포로 유기마쓰리라고 하는 이 축제는 삿포로의 중심지 오도리공원의 외곽 마코마나이에서 매년 2월 초순에 일주일간 펼쳐진다. 아름다운 눈의 예술이 총동원되는 이 행사는 20여 개 국가의 설상조각가들이 참가하여 자신들의 눈 조각기술을 최대한 발휘하여 만든 설상작품을 볼 수 있어 북해도를 방문하는 관광객들을 환상의 세계로 몰아넣는다.

▲ 북해도 '도마무리조트' 스키장 전경

▲ 북해도 '니세코 국제히라우 스키장' 슬로프 전경

제**7**장

테마파크

제1절 테마파크의 개요

1. 테마파크의 개념

테마파크는 우리나라에서 여러 명칭으로 불리고 있다. 테마파크를 번역하면 '주제공원(主題公園)', '놀이동산', '위락공원' 등의 일반명칭과 '○○랜드'처럼 고유명칭이 사용되기도 한다. 영어표현으로는 'theme park', 'pleasure garden', 'amusement park' 등의 일반명칭과 특정주제와 연관된 'marine park', 'water park' 등으로 불린다.

일반적으로 테마파크는 하나의 중심주제(main theme) 또는 연속성을 갖는 몇 개의 주제하에 설계되며 매력물(attraction)의 도입, 전시(exibition), 놀이(entertainment)[1] 등으로 구성하되 중심 주제를 실현하도록 계획된 공원이다. 즉 테마파크는 특정주제를 설정하고 이러한 주제에 따른 오락시설(amusement)과 각종 이벤트를 개최하고 환경을 조성하여 전체를 운영하는 여가·놀이시설의 한 형식으로서 흥분과 감동을 발생시키는 볼거리와 놀거리를 구비한 공간이다.

그러므로 주제공원은 특정주제를 중심으로 상호 연관적 기능제고가 가능하도록 주제를 연출·운영하여 가족위주의 창조적 놀이공간으로서 각종 볼거리, 놀거리, 먹을거리 등과 이에 필요한 다양한 서비스를 통하여 즐거운 경험을 제공해 주는 문화적 체험의 공간이다.

기존의 유원시설(amusement park)[2]들이 서로 비슷비슷한 유기시설을 설치해 두고 고객들을 유인했다면 새로이 탄생한 테마파크들은 자신만의 독특한 테마를 가지고 이를 표현하기 위해 여러 가지 조작적 장치를 해서 고객들이 일상으로부터 탈피할 수 있는 시간을 제공하는 체험공간이다.

---

[1] 엔터테인먼트란 공원 내의 분위기와 흥미를 유도하기 위하여 여러 시설물을 이용할 때 쇼(show), 마술, 퍼레이드, 길거리 이벤트, 마스코트, 레이저 쇼, 폭죽 등으로 고객을 환대하는 오락프로그램이며, 공원의 분위기를 생동감 있게 만드는 요소이다.
[2] 법률상으로 테마파크는 유원시설에 가깝다고 하겠지만 테마파크는 유원시설보다는 큰 의미로 사용되고 있다. 관광사업의 종류로서 테마파크 사업은 「관광진흥법」상 유원시설업에 해당된다.

우리나라의 대표적인 테마파크는 삼성에버랜드, 롯데월드, 서울랜드, 이월드(옛 우방랜드), 한국민속촌 등이 있으며, 주요 업체 소개는 뒤편에서 별도로 다루기로 한다.

2. 테마파크의 특성

1) 테마성

테마파크는 하나의 중심적 테마 또는 연속성을 가지는 몇 개의 테마들이 연합으로 구성되는 것이므로 테마성은 테마파크에 있어서 생명이라 할 수 있다. 따라서 주된 관람시설, 전시시설, 놀이시설들은 테마를 실현하도록 계획된다.

테마성의 또 한 가지 주안점은 지역 밀착도이다. 테마파크의 성패는 보다 넓은 지역에서 어느 정도 고정고객을 확보할 수 있느냐에 달려 있다. 미국의 경우, 크게는 반경 300km 이내를 상업권의 범위로 간주한다. 고정고객의 확보를 위해서는 테마의 지역밀착도, 즉 지역주민에게 친근감을 주는 테마설정이 중요하다.

▲ 동화 속 마을풍경을 테마로 하는 롯데월드의 매직아일랜드 전경

2) 통일성

테마파크는 주제부각이라는 측면에서 이용객에게 통일적인 이미지를 주기 위한 통일성이 필요하다. 즉 주어진 테마에 의한 건축양식, 조경, 위락의 내용, 등장인물에서 식당의 메뉴, 심지어는 종업원의 제복, 휴지통의 모양이나 색깔에 이르기까지 통일된 이미지를 형성하기 위해 고안된다. 이러한 모든 요소가 균형과 조화를 이루는 또 하나의 독립된 세계를 창출하는 것이다.

통일성으로 테마파크 안에 있는 모든 시설이나 운영은 주제에 어울리게 구성되기 때문에 주제와 어울리지 않는 것은 인위적으로 배제하여 통일성을 이루게 된다. 일단 테마파크가 관람객에게 통일적인 인상을 심어주게 되면 성공적인 것으로 볼 수 있다.

▲ 건축양식과 등장인물, 종업원 제복 등을 이용한 통일된 이미지 전달(롯데월드)

3) 비일상성

테마파크는 하나의 독립된 완전한 공상체계로서 일상성을 완전히 차단한 비일상적인 유희공간이다. 따라서 관람객들은 테마에 의해 연출된 비일상적인 공간에서 관람객이기보다는 참여자로서 그 공간에 맞는 비일상적인 행동을 일으킨다.

일반적으로 유희시설, 이벤트, 쇼 중심의 참여형 테마파크의 경우에는 끊임없이 새로운 시설, 새로운 이벤트의 도입이 필요하다. 한편 거리풍경관광 중심의 관람형 테마파크에 있어서는 획기적인 비일상적 분위기를 창출하기 위해 노력하고 있다. 테마파크가 대단히 각광받고 있기는 하지만 비일상화를 창출하기 위하여 무한의 설비투자를 계속하기에는 한계가 있으므로 프로그램 투자에 역점을 두어야 할 것이다.

▲ 롯데월드의 획기적인 비일상성 연출(혜성특급)

4) 미국자본 위주의 지배구조

테마파크가 갖고 있는 특징 가운데 우선적으로 지적할 수 있는 것은 전 세계 테마파크의 75% 이상을 미국자본이 지배하고 있다는 점이다. 특히 연간 입장객 수 기준으로 세계 1위부터 6위까지의 테마파크가 모두 Walt Disney사에 의해 개발된 것으로 세계 테마파크 시장에서 Walt Disney사의 위치를 분명하게 알 수 있다.

5) 입지의존적 사업

테마파크는 국민소득이 일정 수준에 도달한 이후에야 비로소 꽃을 피울 수 있는 소득탄력적인 성격을 갖는 동시에 상대적으로 입지조건의 유연성을 갖고 있는 지역산업이라는 점에서 그 특징을 찾을 수 있다.

세계 여러 나라의 테마파크 입지를 살펴보면 대도시 중심지나 근교형 또는 지방도시 리조트나 관광지 위치형 등으로 구분할 수 있지만, 테마파크의 건설이 불가능한 장소는 없다고 해도 과언이 아니다.

6) 계절에 민감한 사업

테마파크는 계절산업이다. 테마파크의 운영과 관련하여 특징적으로 지적할 수 있는 것은 판매의 수급조절이 어려운 계절산업이란 점이다. 특히 야외 테마파크의 경우에는 계절변동과 날씨(기온)변동에 민감하다. 세계적으로 유명한 대부분의 야외형 테마파크는 3월에 파크 영업을 시작하여 11월 중에 영업을 종료하는, 계절에 따른 개원과 폐원이 이루어지고 있다.

이용객의 계절적 편중현상은 관광산업이 공통적으로 직면하고 있는 특징 가운데 하나이지만, 테마파크의 경우에는 다른 레저산업보다 시간대별·요일별·계절별로 이용객의 편중현상이 발생한다.

▲ 야외형 테마파크는 계절변동과 날씨에 매우 민감하다(에버랜드의 겨울철 전경).

3. 테마파크의 구성요소

테마파크의 주요 구성요소 8가지를 정리하여 살펴보면 다음과 같다.

1) 건축물의 일관된 디자인

테마파크 내의 건축물이나 사인물, 그리고 각종 유기시설 등의 디자인은 일관성을 가져야 한다. 고객들이 테마파크에 처음 입장했을 때부터 퇴장할 때까지 일관된 디자인의 패턴을 접하면 그들은 파크에 머무는 동안 현실세계와 동떨어진 다른 세계에 있다는 기분을 느끼게 될 것이고, 이는 바로 테마구현의 바람직한 모습이다.

2) 탑승시설

탑승물(riders)은 속도감, 비행감을 느끼거나 주위의 전경관람을 위하여 이동, 회전, 선회하는 유기시설을 총칭하며, 어린이들의 체력향상을 위한 놀이시설의 설치장도 탑승시설로 규정하고 있다.

▲ 테마파크의 탑승시설물(롯데월드 자이로스윙)

3) 관람시설

　관람시설(attractions)은 스크린이나 기타의 장소에 나타나는 영상 및 이에 준하는 시각적 효과를 관람하거나 스스로 참여하여 즐길 수 있는 시설을 총칭한다.

▲ ①싱가포르 주롱 새공원의 관람시설 ②홍콩 디즈니랜드의 공연 관람시설

4) 공연시설

　공연시설(entertainment)은 캐릭터(character), 캐스트(cast) 등이 출연히여 주제에 합당한 연주와 쇼를 통하여 생동감 넘치는 공원으로 만드는 행위 및 공간을 말한다.

▲ 에버랜드의 거리 퍼레이드 공연 모습

5) 식음료시설

식음료시설(food & beverage)은 공원의 유형시설로서 요리나 음료가 제공될 뿐만 아니라, 인간의 서비스가 부가되기 때문에 푸드서비스산업(Food Service Industry)이라고도 한다.

▲ 롯데월드의 식음료시설(저잣거리)

6) 상품 및 게임시설

상품 및 게임시설(merchandise & game)은 해당 테마공원의 심벌이 되는 캐릭터를 이용하여 제작된 상품이며, 방문자들이 게임을 통하여 만족을 느끼게 하는 장소를 말한다.

7) 고객 편의시설

고객 편의시설(guest facilities)은 테마공원에 찾아온 고객이 하루를 유쾌하게 활동하도록 최대한의 편의와 안전을 위한 시설이다.

8) 휴식광장 및 지원관리시설

휴식광장은 테마파크를 방문한 고객들이 여유롭게 쉴 수 있는 공공장소 공간이다. 지원관리시설은 테마파크를 관리하는 사무실로서 고객센터, 영업지원센터, 관리사무소 등이 있다.

제2절 테마파크의 분류

1. 인간사회의 민속을 테마로 하는 파크

1) 민가와 민속, 공예, 예능을 종합적으로 연출한 파크

특정 시대나 지역의 민속적·문화적 특성을 재현해 놓은 장소로서 파크 내에서는 각종 민속 공예품을 전시하거나 판매하며, 민속공연이나 민속적 이벤트를 개최하기도 한다. 한국민속촌, 일본의 하우스텐보스, 스페인촌, 하와이 폴리네시안 빌리지 등이 해당된다.

▲ 네덜란드를 재현한 일본의 하우스텐보스 파크 전경

▲ 조선시대의 민가와 민속을 테마로 한 한국민속촌 전경

183

2) 특정 지역을 보전하여 지역 전체를 파크화

지역에 밀착된 건축양식을 전통적 문화유산으로 보존하고 활용하는 경우로 생생한 생활 자체가 존재하며, 통상 입장료는 없으나, 수익을 확보하기 위한 개별 시설물은 확보할 수 있다. 안동 하회마을과 순천 낙안읍성 등이 이에 해당된다.

▲ 마을 전체를 파크화한 안동 하회마을

3) 지역의 전통 공예예술 등을 테마로 한 파크

지역 특산의 농수산물 또는 산업제품 등을 특성화하여 재현하고 체험하며 정보전시 등을 주로 하는 파크로서 이천의 도자기촌, 담양의 죽세공마을, 금산의 인삼파크 등이 있다.

2. 역사축의 단면을 테마로 하는 파크

1) 건설, 문학, 유적을 테마로 한 파크

고대의 전설이나 유명한 작가나 문학작품, 문화유산 등에서 테마를 설정하고 이에 얽힌 스토리를 전개하는 것으로 영국의 셰익스피어 생가와 국내에서는 평창(『메밀꽃 필 무렵』의 배경지)의 이효석 생가 주변의 테마파크 등이 있다.

영국의 작은 시골마을 스트랫퍼드(Stratford)는 윌리엄 셰익스피어(William Shakes-peare)의 생가를 원형대로 복원하고 테마로 설정하여 한 해 250만 명 정도의 관광객들이 방문하는 대표적인 관광지로 성장하였다.

▲ 문학을 테마로 하는 스트랫퍼드의 셰익스피어 생가 전경

2) 역사를 테마로 한 파크

하나의 역사적 사실과 인물에 중점을 두고 환경과 상황을 재현해 나가며 구성하는 것으로 지역에 밀착된 소재가 대부분이며, 사실과 가설의 조화를 기할 필요가 있다. 국내에서는 청해진의 장보고 테마파크, 충무의 이순신 파크 등이 있다.

3. 지구상의 생물을 테마로 하는 파크

1) 동물, 조류, 곤충관 등을 테마로 한 파크

동물이 본래의 생식하는 환경처럼 재현하여 보여주는 파크이다. 동물에 관한 정보를 전시하며 사파리의 형식도 있다. 플로리다의 디스커버리월드(Discovery World), 싱가포르의 주룽 새공원, 국내에서는 해남의 공룡발자국 보존지역과 공룡박물관 등이 있다.

▲ 조류를 테마로 한 싱가포르의 주룽 새공원

2) 바다생물을 테마로 한 파크

바다생물을 테마로 한 파크는 어류, 펭귄, 물개, 돌고래 등 바다 생물의 전시를 중심으로 정보, 컬렉션, 동물 쇼 등으로 구성하며 진기한 종류의 동물전시 여부에 따라 인기가 좌우된다. 일본의 요코하마 시 파라다이스, 플로리다 시월드(Sea World), 홍콩의 오션파크(Ocean Park), 국내에서는 63빌딩 수족관, 코엑스의 아쿠아리움 등이 있다.

▲ 어류를 테마로 한 코엑스 아쿠아리움 수족관 전경

4. 구조물을 테마로 하는 파크

1) 거대한 건축물을 테마로 한 파크

구조물의 규모, 높이, 거대 조형물의 매력이 화제와 흡인력의 원인이 된다. 외관의 건축적 이미지와 내부 공간으로부터의 조망 및 내부 공간의 이용과 연출이 중요하다. 파리의 에펠탑, 시드니의 오페라하우스, 뉴욕의 자유여신상 등이 있으며, 국내에는 엔서울타워 등이 있다.

2) 건축과 환경을 미니어처화한 테마파크

미니어처 테마파크는 특정한 도시의 환경상황, 유명 건축물, 생활모습 등을 일정 스케일로 축소하여 전시한 파크로서 네덜란드의 마두로담 및 대만의 소인국, 롯데월드의 민속관 등이 있다.

▲ ①건축물을 미니어처화한 테마파크 롯데월드 민속관 ▲ ②네덜란드 마두로담 파크 전경

5. 예술을 테마로 하는 파크

1) 영화를 테마로 한 파크

영화세트를 환경으로 이용하는 경우로 명화의 한 장면을 어트랙션으로 재현한다. 영화정보의 전시, 로케 현장 및 어트랙션 등을 종합적으로 구성한다. 미국의 유니버설스튜디오, 디즈니 할리우드 스튜디오 등이 있으며, 국내에서도 최근에 지방에 위치한 드라마 촬영을 위한 세트장이 관광상품으로 등장하는 예가 많다.

▲ 유니버설스튜디오에서 실제 영화제작 광경을 관람하고 있는 관광객들과 세트장 전경

▲ 미국 LA 유니버설스튜디오에서는 케빈 코스트너가 주연했던 영화 '워터월드'의 세트장에서 스턴트맨들이 영화를 재연하는 쇼를 관광객들에게 보여주고 있다.

2) 미술과 음악을 테마로 한 파크

야외 갤러리 정원, 음악 스튜디오 또는 이벤트 등으로 구성된다. 파리의 라빌렛 공원, 스페인의 가우디 공원 등이 있고, 국내에서는 에버랜드 내에 위치한 조각공원으로 호암미술관 등이 있다.

6. 놀이를 테마로 하는 파크

1) 스포츠를 테마로 한 파크

골프나 스키, 사이클과 같은 스포츠활동과 건강을 아이템으로 한다. 캐나다의 휘슬러 스키리조트나 일본 북해도 지역의 스키리조트, 발리의 골프리조트, 국내에서도 골프리조트나 스키리조트의 건설이 활성화되고 있다.

2) 레저풀을 테마로 한 파크(워터파크)

파도풀, 유수풀, 슬라이더풀 등 물놀이를 할 수 있는 다양한 장치를 갖춘 풀로 구성되며 최근에는 슬라이더, 파도풀의 대형화가 특징이다. 일본의 와일드 블루 요코하마, 미야자키 시가이어, 에버랜드의 캐리비안 베이 등이 있다.

▲ 캐리비안 베이 파도풀 전경

3) 놀이기구를 테마로 한 파크

우리가 생각하는 가장 일반적인 형태의 놀이기구 중심의 테마파크로서 짜릿하고 스릴감 있는 다양한 어트랙션 기종의 놀이기구를 핵심시설로 갖춘 테마파크를 말한다. 테마파크의 특성은 코스터, 드롭, 라이더 등의 기종을 이용해 360도 회전, 곤두박질, 낙하공포 등 짜릿함과 즐거움을 체험할 수 있으며, 기종의 다양성이 테마파크의 규모와 매력성을 결정한다. 디즈니랜드, 에버랜드, 롯데월드 등이 모두 놀이기구를 중심으로 한 테마파크에 속한다.

▲ 테마파크의 다양한 탑승시설물 전경

4) 자동차를 테마로 한 파크

자동차를 테마로 한 파크는 자동차 박물관, 자동차 경주장(서킷, circuit), 드라이빙 센터 등이 있는데, 그중 가장 대표적인 사례는 2000년 독일 북부의 인구 12만 명 도시 볼프스부르크에 개장한 자동차 테마파크 '아우토슈타트(자동차 도시라는 뜻)'가 대표

191

적이다. 아우토슈타트에는 해마다 250만 명 정도의 관광객들이 방문하고 있다.

이곳에는 25만㎡ 부지에 자동차출고센터·박물관 등이 들어서 있고, 벤츠·BMW·폴크스바겐·아우디·포르셰·람보르기니 등 8개 브랜드 전시관이 별도로 마련되어 있다. 특히 벤츠박물관을 찾은 외국인 관광객만 2019년 한 해 동안 30만 명에 달한다. 이처럼 독일 자동차기업들은 자동차와 전시·문화산업을 결합해 전 세계 관광객들을 유치하고 있다.

▲ ①아우토슈타트 자동차 테마파크의 벤츠박물관에서는 그동안 모터스포츠 대회에 출전시켰던 레이싱카를 도로에서 경주하는 모습처럼 전시해 놓고 있다. ②폴크스바겐의 자동차 테마파크 전경

7. 자연자원을 테마로 하는 파크

1) 자연경관을 테마로 한 파크

자연경관을 테마로 한 파크는 주로 천혜의 자연절경이나 산, 바다, 폭포 등을 배경으로 조성한 파크로서 한 나라의 국립공원 등이 이에 속한다. 국립공원은 가장 원시적이고 가장 아름다운 자연 그 자체로서 주변에는 수많은 숙박시설과 식당들이 있으며, 국립공원과 연관된 다양한 활동들을 즐길 수 있다. 설악산국립공원이나 나이아가라 폭포, 그랜드캐니언 등이 이에 속한다.

예를 들어 그랜드캐니언 국립공원은 협곡의 길이만 445㎞에 이르고, 깊이가 1.6㎞, 너비는 29㎞에 이르는 거대한 협곡으로서 한 해에 5백만 명의 관광객이 찾는 세계에서 가장 인기 있는 자연공원 테마파크라고 할 수 있다. 이곳에서는 자연 감상 외에도 자동차를 운전하고 지나가든, 하이킹이나 승마를 하든, 자전거를 타든, 또는 급류 래프팅을 하든 다양한 레저활동을 즐길 수 있다.

▲ 그랜드캐니언은 세계에서 가장 인기 있는 자연공원 테마파크이다. ①그랜드캐니언에서 승마트래킹을 즐기는 관광객 전경 ②그랜드캐니언 야바타이 전망대 전경

2) 온천을 테마로 한 파크

온천리조트 중에서 온천, 쿠어시설, 스포츠시설을 복합시켜 체재형 파크로서 구성한다. 종합적이기 때문에 테마를 특정하기 어렵다. 온천이 발달된 일본의 사례가 많고 도마무리조트, 삿포로리조트, 독일의 바덴바덴, 한국의 설악한화리조트(워터피아) 등이 있다.

제3절 국내 테마파크

1. 국내 테마파크 현황

1) 발전과정

국내 테마파크는 1960년대 동식물을 주제로 한 창경궁이 시초라 할 수 있다. 이후 1970년대 들어 경제발전과 소득수준의 향상으로 여가개념이 도입되면서 당시 동양 최대 규모의 어린이대공원이 1973년에 개장하였고, 이듬해인 1974년에 한국민속촌이 개장하였다. 1976년에는 국내 테마파크의 원조라 할 수 있는 용인자연농원(현 에버랜드)이 놀이시설과 사파리, 식물원 등을 갖추고 개장하였다.

1980년대에는 국민들의 레저수요 급증과 가족형 관광지로 테마파크가 주목받으면서 놀이시설 중심의 테마파크인 드림랜드(1987년)와 서울랜드(1988년)가 개장하였고, 롯데그룹이 참여한 도심형 테마파크인 롯데월드(1989년)가 개장하였다.

1990년대에는 첨단과학을 주제로 한 대전엑스포가 개최된 후 이를 활용한 대전엑스포 과학공원(1993년)이 개장하고, 대구지역에서는 이월드(1995년)가 개장하면서 수도권 외 지역주민들의 여가레저 장소로 자리를 잡았다.

2000년대 들어서는 테마파크의 발전이 주춤한 상태에 머물렀다. 주요 이유는 공급에 따른 수요부족 현상이 큰데, 워터파크 등 새로운 형태의 놀이장소가 등장하고, 스마트폰이나 게임 등이 청소년들의 실내놀이로 대체되면서 야외형 테마파크의 수요가 줄어든 것이다.

이후 2020년 들어 신세계그룹이 '그동안 세상에 없던 테마파크를 만들겠다'라는 비전을 선포하면서 '화성국제테마파크' 개발을 발표하였다. 화성국제테마파크는 롯데월드의 32배 크기인 127만여 평으로 전체를 4개의 콘셉트로 구성(어드벤처월드, 퍼시픽오디세이, 쥬라기월드, 토이킹덤)하고, 이 외에도 호텔 1,000실, 쇼핑몰, 골프장 등을 함께 개발하여 글로벌 복합테마파크로 운영할 계획이다. 화성국제테마파크의 개장 계획은 2026년에 1차 개장을 시작으로 순차적으로 확장하여 2031년에 완전개장을 목표로 하고 있으며, 완전개장 시에는 1만 5,000여 명의 고용유발 효과와 연간 1,900만여 명의 관광객이 방문할 것으로 예상하고 있다.

2) 개발형태

우리나라의 대표적인 테마파크는 수도권에 롯데월드, 에버랜드, 서울랜드가 있으며, 지방에는 경주보문단지의 경주월드(1985), 속초의 프라자랜드(1984), 전남 광주의 패밀리랜드(1991), 대구의 이월드(1995) 등이 있다. 지방에 위치한 테마파크의 경우 규모나 투자가 소규모로 이루어져 지역의 놀이공원 역할로서 만족하는 경우가 대부분이다.

국내 테마파크의 개발형태는 투자규모와 입지 등에 따라 크게 3가지로 분류할 수 있는데 이는 다음과 같다.

첫째, 롯데월드, 에버랜드와 같은 대도시 입지형 주제공원이다. 대도시에 입지해 있기 때문에 대량 수요를 기대할 수 있지만 단점으로는 지가가 높아 토지매입이 어려운 점을 들 수 있다. 따라서 대규모의 부지를 확보하는 것이 어렵기 때문에 고밀도의 실내복합시설이나 탑승시설 위주의 라이드 파크인 경우가 많다. 투자규모도 대규모여서 1천억 원 이상이 투자되는 경우이다.

둘째, 지방도시나 그 근교에 입지한 지방도시 입지형이다. 이러한 지방도시 입지형은 대전 엑스포 과학공원이나 대구 이월드 등을 들 수 있다. 성공의 관건은 지방도시의 특색있는 역사와 문화자원과 연계하는 지역연계형의 테마파크 개발이 중요하고 투자규모는 500억 원 정도이다.

셋째, 관광단지형으로 기존 관광지에 입지하여 다른 목적으로 방문한 관광객을 유치하는 테마파크이다. 대표적으로 경주 보문단지의 경주월드가 있다. 투자규모는 소규모로 이루어지는 경우가 많으며, 투자금액은 100억 원 정도이다. 이러한 특성들을 정리하면 〈표 7-1〉과 같다.

〈표 7-1〉 국내 테마파크의 개발형태

구 분	소규모 개발	중규모 개발	대규모 개발
개 념	소규모 종속·보조적 파크	중규모 독립적 파크	대규모 독립적 파크
입지형태	기존 관광단지형	지방도시 입지형	대도시입지형
투자금 규모	100억 원 이하	500억 원 내외	1,000억 원 이내
주요 타깃	관광지의 방문고객과 지역의 가족단위 고객(숙박시설과 레저시설을 활성화시키기 위한 놀거리 제공과 수익성 제공이 주요 목적)	대도시의 레저수요와 국내외 관광객(대도시를 배경으로 종합리조트 추구)	
국내사례	경주월드, 부곡하와이, 통도환타지아	대전엑스포, 민속촌, 우방랜드	롯데월드, 에버랜드, 서울랜드

3) 국내 테마파크 경영 현황

국내에는 테마파크를 포함한 유원시설업이 전국적으로 250여 곳 정도가 운영 중에 있는데, 본서에서는 그중 3년간 입장객 수 집계가 가능한 31개사를 선정하여 테마파크의 경영현황 자료로 활용하였다.

자료에 의하면 2019년 국내 31개 테마파크의 총입장객 수는 2,742만 4,189명으로 전년보다 2.3% 증가하였다. 업체별 입장객 수 현황을 살펴보면 대도시 근교형 테마파크인 에버랜드의 입장객 수(캐리비안 베이 제외)가 660만 814명으로 가장 많았고, 다음으로는 도심형 실내 테마파크인 롯데월드가 578만 6,118명, 서울대공원 190만 5,749명, 이월드 186만 5,271명, 남이섬유원지 159만 9,339명, 한국민속촌 154만 6,870명, 서울랜드 147만 6,488명, 경주월드 122만 8,621명 순이었다. 남이섬의 경우는 자연과 공원을 테마로 한 파크로서 유원시설업종에 해당되므로 테마파크의 범주에 포함시켰다.

국내 31개 테마파크 기업 중 연간 100만 명 이상의 입장객 수를 기록한 기업은 8개 업체로 이들 중 5개 업체가 서울·경기지역에 위치하고 있으며, 지하철이나 고속도로와 인접한 최적의 접근성을 자랑하고 있다. 또한 이들 업체 중 세계테마엔터테인먼트협회가 선정하는 세계 20대 테마파크에 포함되는 기업으로는 에버랜드와 롯데월드어드벤처가 10년 연속 선정되어 세계적인 테마파크리조트로 인정받고 있다. 지역별 테마파크의 입장객 수 현황을 살펴보면 〈표 7-2〉와 같다.

다음으로는 국내 3대 테마파크라 할 수 있는 롯데월드, 에버랜드, 서울랜드의 월별 입장객 수 추이를 살펴보기로 한다. 먼저 테마파크의 계절별 추이를 살펴보면 날씨가 온화한 봄철과 가을철에는 3개 업체 모두 연중 가장 높은 입장객 수 추이를 보이고 있어 연중 가장 성수기임을 알 수 있다.

그러나 여름과 겨울에는 실내형 테마파크인 롯데월드와 실외형 테마파크인 에버랜드, 서울랜드의 입장객 추이가 전혀 다른 대조를 보이고 있다. 이러한 차이가 발생하는 주요 원인은 계절과 날씨에 기인하고 있다. 롯데월드는 여름철인 7~8월과 겨울철인 12~1월에도 내장객 수가 증가하는 반면, 야외형인 에버랜드는 11월부터 3월까지 내장객 수가 급격히 하락하는 것을 알 수 있다. 그러나 에버랜드는 캐리비안 베이의 입장객 수를 합할 경우 7~8월이 연중 가장 많은 내장객이 방문하는 최성수기이다. 서울랜드의 경우에는 여름철인 7~8월 사이에 내장객 수가 가장 저조한 추이를 보이고 있으며, 겨울철에는 눈썰매장의 개장으로 내장객 수에서 높은 증가세를 보이고 있다.

결과적으로 야외형인 에버랜드와 서울랜드는 봄철의 비중이 가장 높은 것을 알 수 있는데, 이는 꽃축제, 어린이날, 수학여행 시즌 등과 맞물려 관광객들이 실내보다는 야외형 테마파크를 선호하기 때문이다. 반면 도심지에 위치하면서 실내 돔의 장점을 가지고 있는 롯데월드의 경우에는 사계절 모두 평균적인 입장객 추이를 보이고 있어 사계절 테마파크의 장점을 유지하고 있다. 주요 테마파크의 입장객 수 추이를 그래프로 살펴보면 [그림 7-1], [그림 7-2]와 같다.

〈표 7-2〉 국내 주요 테마파크 입장객 수 현황

(단위 : 명)

지역	업체명	2017년	2018년	2019년
서울	롯데월드	6,714,000	5,692,646	5,786,118
경기	에버랜드	6,313,055	6,145,095	6,605,814
	서울랜드	1,923,458	1,225,821	1,476,488
	서울대공원	2,184,469	2,142,108	1,905,749
	한국민속촌	1,003,053	988,821	1,163,693
	허브아일랜드	580,566	615,297	429,574
	카트랜드	32,263	23,602	10,780
	하니랜드	121,009	114,493	107,575
	배다골 테마파크	114,373	120,818	104,392
	용인농촌테마파크	167,727	225,978	234,021
강원	남이섬유원지	1,795,788	1,709,166	1,599,339
	강촌레일파크	406,138	220,734	325,738
충남	아산 피나클랜드	130,783	119,707	81,703
	부여 서동요테마파크	606,519	253,353	378,396
충북	상수 허브랜드	60,637	88,052	52,599
경북	대구 허브힐즈	241,650	170,238	143,699
	경주월드	1,266,637	1,216,101	1,228,621
울산	울산대공원	540,677	614,971	455,849
대구	이월드	1,924,720	1,961,099	1,865,271
	대구숲 에코테마파크	260,583	188,418	193,811
경남	통도환타지아	405,599	344,773	319,853
	합천 영상테마파크	547,168	409,665	417,043
	김해 가야테마파크	371,096	306,287	265,005
	낙동강레일파크	357,869	329,434	360,465
전북	구절초테마공원	139,308	79,150	304,303
	무주 반디랜드	221,331	211,453	192,930
	춘향테마파크	152,623	162,867	145,940
	임실치즈테마파크	240,999	229,076	468,201
전남	편백숲 우드랜드	597,442	454,298	466,201
	자연드림파크	45,215	122,695	126,075
제주	일출랜드	337,345	297,944	208,943
	합계(31개사)	29,804,100	26,784,160	27,424,189

* 상기 31개사는 한국문화관광연구원에서 제공한 자료 중 최근 3년간의 입장객 수 집계가 가능한 업체를 저자가 임의로 선정한 것임.

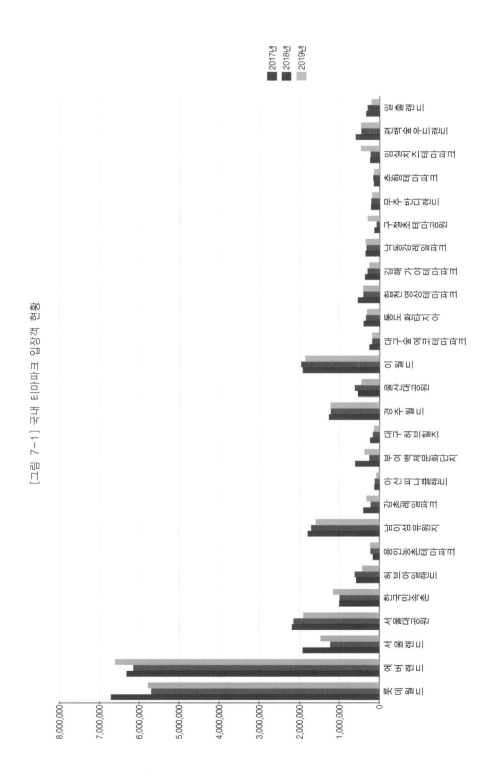

[그림 7-1] 국내 테마파크 입장객 현황

[그림 7-2] 국내 주요 테마파크 월별 입장객 추이

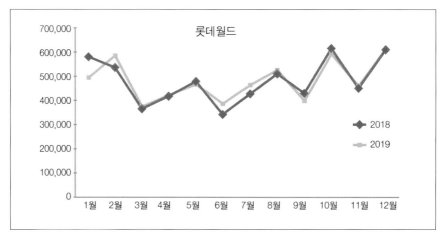

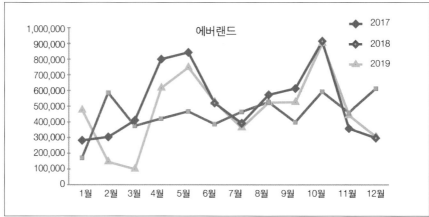

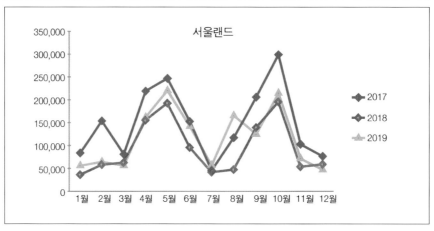

2. 국내 주요 테마파크

1) 에버랜드

 　영원과 활력을 의미하는 'EVER'와 자연과 포근함을 상징하는 'LAND'를 결합한 이름의 에버랜드리조트(Everland Resort)는 다채로운 축제와 어트랙션, 동물원과 식물원으로 구성된 글로벌 테마파크로서 한국의 여가 문화를 선도하고 있다.

에버랜드는 국내에 놀이시설과 휴양시설이 턱없이 부족한 1970년대에 서울어린이대공원(1973년)에 이어 두 번째로 '자연농원(1976년)'으로 개장하였다. 에버랜드는 개장한 이래 1970년대의 '사파리 월드', 1980년대의 '눈썰매장', 1990년대의 '캐리비안 베이'와 더불어 2005년 오픈한 세계 최초의 이솝테마파크 '이솝빌리지'까지 차별화된 엔터테인먼트와 가족, 연인과 함께하는 특별한 축제를 통해 국내 테마파크의 수준을 선도하고 있다. 2006년에는 종합리조트로서의 면모를 갖추고 '에버랜드리조트'로 BI를 변경하였다.

에버랜드는 체재형 테마리조트로서 전 단지를 3개의 주제구역으로 구분하고 있는데, 첫 번째 지역 '페스티벌월드'에서는 5개의 테마존(글로벌 페어, 아메리칸 어드벤처, 매직랜드, 유러피언 어드벤처, 주토피아)과 계절마다 모습을 달리하는 다양한 축제, 최신 어트랙션 등 다채로운 시설과 서비스로 고객들에게 최고의 즐거움을 선사하고 있다. 두 번째 지역은 세계적 수준의 중미 카리브해안을 테마로 한 스페인풍의 물놀이 시설인 '캐리비안 베이'가 있다. 세 번째 지역은 자동차 전용 경주장으로 '스피드 웨이'를 1992년에 개장하였다. 이 밖에 숙박시설로서 67실의 유스호스텔을 보유하고 있으며, 국내 최장의 눈썰매장과 문화시설로는 한옥형태의 호암미술관이 있다.

에버랜드의 차별화된 서비스와 우수성은 각종 연혁을 살펴보면 이해할 수 있는데, 2005년에 세계테마파크협회(IAAPA)로부터 퍼레이드 대상 수상, 2006년 미국 포브스지의 세계 4대 테마파크 선정, 2008년 브랜드 가치평가사인 '브랜드스톡'이 발표한 대한민국 100대 브랜드에서 8위를 차지, 2014년 누적 입장객 2억 명을 돌파하고, 한국능률협회가 선정한 한국에서 가장 일하기 좋은 기업 3위 선정, 2016년 개장 40주년을 기념하여 세계 최초 K-POP 홀로그램 콘서트 전용관 오픈, 2020년 고객만족도(KCSI)

대상 등을 수상하였다. 그리고 세계테마엔터테인먼트협회(TEA)가 발표하는 세계 20대 테마파크에 10년 연속 선정되는 등 한국을 대표하는 세계적인 테마파크로 인정받고 있다.

▲ 에버랜드 전경(①정문 입구 ②거리 퍼레이드 ③사파리투어)

2) 롯데월드

'롯데월드 어드벤처'는 서울 잠실 일대에 '동양의 디즈니랜드'를 추구하면서 오픈한 국내 최초, 최대의 실내 테마파크이다. 대지면적 기준으로 보면 아랍에미리트의 '페라리월드 아부다비'에 이어 세계 2위 규모를 가진 실내 테마파크이자 연간 약 700만 명이 방문하는 국내 대표 테마파크 중 하나이다.

테마파크의 정식 명칭은 '롯데월드 어드벤처'이나, 보통은 '롯데월드'로 통칭하는 경우가 많다. 하지만 롯데월드는 엄밀히 말하자면 테마파크인 롯데월드 어드벤처를 비롯하여 백화점, 아이스링크, 민속박물관, 호텔 등이 들어서 있는 건물 명칭을 뜻하기 때문에 필요시에는 롯데월드 어드벤처와 구분해서 부를 필요가 있다.

롯데월드 어드벤처는 1989년 7월에 실내구역인 '어드벤처'를 개원하였으며, 1990년 3월에는 실외지역인 '매직아일랜드'를 추가로 개원하며 현재에 이른다. 개장 당시만 하더라도 유리 돔이 씌워진 실내 테마파크로는 세계 최대로서 1995년 기네스북에 올랐으며, 한 해 평균 800만 명에 가까운 관광객이 방문하여 개장 이후 2014년 1월에는 총방문객 수가 1억 8,000만 명을 넘어섰다. 이 가운데 약 10%의 입장객이 외국인 관광객으로 이는 롯데월드가 세계적인 관광명소로서 위상을 얻고 있음을 보여주고 있다.

어드벤처와 매직아일랜드 모두 부지가 넓지 않은데 이를 상쇄할 만큼 공간 활용을 잘해놓은 것이 장점이다. 지하로 파내려 가거나 트랙을 이리저리 꼬아 공간 낭비를 최대한 줄이다 보니 자연스레 다크라이드가 많아진 것도 특징이다. 이 외에도 연중 상설공연과 시즌공연 등이 열리는데, 시즌공연 및 축제로는 마스크 페스티벌(3~6월), 삼바카니발(6~8월), 할로윈시즌(9~10월), 크리스마스 미라클(11~12월) 등이 시즌별로 개최된다.

롯데월드 어드벤처의 주요 연혁을 살펴보면 2005년 미국 포브스지가 세계 10대 테마파크로 선정하였으며, 2007년에는 국내 테마파크 최단기간 입장객 누계 1억 명 돌파하였다. 2014년까지 한국능률협회가 선정한 국내 테마파크 부분 브랜드파워 7년 연속 1위를 차지하였으며, 2019년에 개장 30주년을 맞이하였다. 매년 세계테마엔터테인먼트협회(TEA)가 발표하는 세계 20대 테마파크에 10년 연속 선정되면서 세계적인 테마파크로 인정받고 있다.

〈표 7-3〉 롯데월드의 시설개요

시설명	시설종류	내 용
설계 및 건설	바타글리아(미국)+인타민(스위스)+롯데건설	
어드벤처 (실내 테마파크)	놀이기구	27종(환상의 오디세이 등), 공연물 13종(월드 카니발퍼레이드 등)
	영화관	5개관
	레스토랑	한식당 3개소, 중식당 2개소, 일식 및 양식당 1곳, 패스트푸드 4개소
	스포츠	볼링장, 스포츠센터, 쇼핑몰, 화랑
매직아일랜드 (실외 호수공원)	놀이기구	15종(자이로드롭, 혜성특급 등), 마법의 성, 음악분수
	공연물	6여 종
	레스토랑	한식 1개소, 주막 1개소, 양식당 1개소, 패스트푸드 5개소
민속박물관	규모	역사전시관, 모형촌, 매직비전 영상관, 전통예술공연장, 8도 저잣거리 등 3,400여 평
아이스링크	규모	3,435㎡, 628명 수용
	부대시설	식당, 매점, 스낵바, 운동용품, 스케이트 정비코너 등

▲ 롯데월드 전경(①전체 전경 ②어드벤처 ③매직아일랜드)

3) 서울랜드

 서울랜드는 88서울올림픽에 발맞춰 서울시의 주요 추진사업의 일환으로 경기도 과천시 청계산 기슭의 서울대공원에 인접해 1988년 5월에 오픈했으며, 운영은 한일시멘트가 100% 출자한 한덕개발(주)이 위탁경영을 맡고 있다.

국내에서는 에버랜드 다음으로 정식 개장한 두 번째 테마파크로서 테마파크 내에는 세계의 광장, 모험의 나라, 캐릭터타운, 미래의 나라, 삼천리 동산 등 5개의 독특한 테마로 조성되어 있다. 1994년에 지하철 4호선의 개통과 더불어 서울랜드는 서울대공원의 동물원, 국립현대미술관, 국립과천과학관, 청소년수련장 등과 연계하여 다양한 교육, 문화, 공연 및 축제의 장소로 시너지효과를 창출하고 있으며, 가족들의 1일 나들이 코스로 각광받고 있다.

2000년 이후로는 라이더 기종을 비롯하여 다양한 놀이시설을 도입하고 있는데, 2000년 4월에 국내 최초의 비행체험시설인 '스카이엑스'와 차세대 롤러코스터인 '샷드롭' 기종을 도입해서 현재까지 많은 이들의 사랑을 받고 있으며, 2002년 6월에는 ISO 9001(국제표준협회 품질경영시스템), ISO 14001(환경시스템) 인증을 획득하였다. 2009년에 온라인 게임을 실제 체험할 수 있는 '서든어택'과 2010년에 레포츠 체험시설인 '스카이 어드벤처' 등을 오픈하고, 2018년에는 놀이시설인 '니나노카트'와 체험시설인 'AR안전체험관'을 오픈하여 국제적 규모의 테마파크로 거듭나기 위한 노력을 하고 있다.

서울랜드는 세계적인 캐릭터 테마파크로 만들기 위한 중장기 계획에 따라 캐릭터를 활용한 다양한 놀이시설 및 공연전시, 이벤트 등을 도입하여 캐릭터산업 활성화에도 앞장서고 있다. 이러한 일환으로 2013년에 '캐릭터 스테이지'를 오픈하고, 2015년에 캐릭터 테마공간인 '캐릭터 타운' 개장, 2017년에 '캐릭터 캐슬'을 오픈하면서 캐릭터 활성화에도 노력하고 있다. 최근에는 개장 이래 처음으로 야간 조명 쇼를 도입하여 엔터테인먼트 공간으로 변화를 시도하고, 2025년까지 현재의 시설 이외에도 다양한 공원시설을 추가로 도입하여 사계절 테마파크로 발전할 예정이다.

▲ 서울랜드 전경(①스카이엑스 ②삼천리동산거리)

4) 이월드

대구 중심에 위치한 도심형 테마파크인 이월드(옛 우방랜드)는 지난 1995년 3월에 개장했다. 우방랜드는 2000년 8월 母기업인 (주)우방이 부도나면서 법정관리 상태에 있었으나 2010년 3월에 (주)이랜드레저비스가 인수하였고, 2011년에 이월드로 CI를 변경하였다. 이월드는 세계 유일하게 타워와 파크가 어우러진 유럽식 도시공원으로 1995년 개장 이래 한해 평균 200만여 명의 입장객 수를 유지하는 수도권 외 최고의 테마파크로 색다른 레저문화를 선도해가고 있다.

테마파크는 5개의 테마존(판타지월드, 매직월드, 어드벤처월드, 다이나믹월드, 83타워 스카이가든)으로 구분하고 있으며, 30여 개의 어트랙션과 자연을 학습하는 동물농장, 아이스링크 등을 고루 갖추고 있다. 또한 튤립팡파르를 시작으로 계절마다 모습을 달리하는 시즌축제와 페스티벌(어트랙션월드, 별빛벚꽃축제, 아쿠아판타지, 캐릭터월드, 스노우판타지 등)로 다양한 볼거리와 최고의 즐거움을 선사하고 있으며, 마칭밴드, 댄서, 연기자 등 50여 명에 달하는 각 분야 최고의 실력을 가진 국내외 연기자들이 펼치는 화려하고 다양한 공연으로 1일 10회 이상의 수준 높은 공연문화를 선보이고 있다.

이월드 안에는 83타워가 있는데, 해발 312m에 위치한 높이 202m의 탑으로 국내 최대의 전망탑이다. 대구시를 상징하는 83타워는 세계적인 건축물인 신라 다보탑의 형식을 현대기술과 조화시켜 만들어낸 대구의 대표 건축물로서 최상층에는 회전식

레스토랑이 있다. 팔각형 탑신의 형식을 갖춘 안정감과 한국의 전통적인 건축미를 그대로 살린 탑으로서, 대구시내의 아름다운 전경을 한눈에 볼 수 있기에 연인들에게도 사랑받는 데이트 장소이다.

앞으로도 이월드는 도심 한가운데서 느낄 수 있는 최고의 자연, 최고의 화려함 그리고 최고의 즐거움을 선사하고, 21C 초일류 테마파크로의 도약을 위해 고객의 행복과 꿈을 실현시키는 테마파크로 성장해 갈 예정이다.

▲ ①이월드(옛 우방랜드)의 상징인 타워(202m)가 중앙에 위치하고 있는 이월드 전경 ②이월드의 아쿠아 판타지 여름축제 전경

제4절 외국의 테마파크

1. 미국

비록 테마파크의 유래가 유럽에서 시작되었으나 미국은 세계적인 대규모 테마파크의 70%를 점유하고 있어 세계 테마파크의 주 무대로서 역할을 담당하고 있다. 특히 디즈니랜드의 영향력은 미국뿐만 아니라 전 세계 테마파크 시장에서 가장 강력하다.

1) 디즈니랜드

▲ 디즈니랜드 설립자 월트 디즈니

세계 최초의 디즈니랜드(Disney Land)는 캘리포니아 남서부 에너하임에 위치한 디즈니랜드인데, 1955년에 만화영화제작자 월트 디즈니가 세운 대규모 테마파크이다.

월트 디즈니(Walt Disney : 1901. 12~1966. 12)는 애니메이션을 문화적 상품이자 작품으로 만들어낸 인물이며, 미키마우스, 도날드 덕 등 다수의 애니메이션 캐릭터를 개발하면서 20세기 이후, 캐릭터 산업이라는 새로운 사업 영역을 개척한 장본인이기도 하다. 그는 1955년에 그 누구도 상상하지 못한 거대 규모의 테마파크 '디즈니랜드'를 건설하면서 어린이들이 상상하고 꿈꾸던 것이 눈앞에서 현실화되는 경험을 할 수 있도록 했다.

개장 이후 총입장객 수는 4억 명을 넘어섰으며 연간 입장객이 1,000만 명을 넘고 그중 70%가 어른이다. 바깥 둘레를 산타페 철도가 돌고, 유원지 안에는 1890년대의 미국 마을을 재현한 '메인 스트리트 USA'를 중심으로 '모험의 나라', '개척의 나라', '동화의 나라', '미래의 나라' 등 7개 구역이 테마별로 배치되어 있다. '모험의 나라'는 미개척 정글을 여행하는 곳, '개척의 나라'는 개척시대 미국을 재현한 곳, '동화의 나라'

에서는 유럽의 도깨비 이야기들이 재미있게 펼쳐지고 '미래의 나라'에서는 로켓 등 미래를 엿볼 수 있는 세계가 마련돼 있다. 공원을 가로지르다 보면 '미키 툰타운 (Mickey Toon Town)'이 나오는데, 미키 마우스 복장을 한 배우들이 함께 포즈를 취해주기도 하고, 잠자는 숲속의 공주에 나오는 성곽을 본떠 만든 공원들이 한없는 상상의 날개를 펼치도록 도와준다.

▲ 월트 디즈니는 1955년에 최초의 테마파크인 '디즈니랜드'를 로스앤젤레스 인근에 개장하였다(①디즈니랜드 '환상의 나라' 전경 ②디즈니랜드 놀이시설 전경).

미국 내 테마파크 상위 40개 레저랜드의 입장객 중 디즈니랜드와 디즈니월드가 전체 입장객 비율 중 35%의 점유율을 보이고 있다. 또한 캘리포니아 및 플로리다 주에 상위 13개 테마파크가 위치하고 있으며, 13개 테마파크의 입장객 비율이 미국 전역 테마파크 입장객 비율의 61%를 차지하고 있다.

▲ 세상에서 가장 유명한 캐릭터이자 디즈니랜드의 대표 캐릭터인 미키마우스와 미니마우스

2) 월트 디즈니월드

플로리다 올랜도에 위치한 월트 디즈니월드(Walt Disney World)는 세계에서 가장 큰 테마파크로서 4개의 테마파크, 2개의 워터파크, 32개의 테마호텔 및 리조트, 그 외 쇼핑, 식사, 엔터테인먼트 지역으로 이루어져 있다. LA 디즈니랜드의 100배가 넘는 부지에 1966년부터 구상되어 1971년에 매직킹덤(Magic Kingdom)을 개장하였고, 뒤이어 1982년에는 엡콧센터(Epcot Center), 1989년에는 디즈니 할리우드 스튜디오(Disney Hollywood Studio), 4번째로 1998년에 디즈니 애니멀 킹덤(Disney's Animal Kingdom)을 개장하였다.

월트 디즈니월드는 크게 4개의 테마로 구성되어 있는데, 이는 첫째, 환상의 나라와 미래의 나라 등이 재현된 마법의 왕국 매직킹덤(Magic Kingdom), 둘째, 미래사회와 기술을 소개하는 엡콧센터(Epcot Eenter), 셋째, 실제의 동물들과 디즈니의 캐릭터들이 혼합되어 있는 애니멀 킹덤(Disney's Animal Kingdom), 넷째, 디즈니 영화를 테마로 하는 영화촌인 디즈니 할리우드 스튜디오(Disney Hollywood Studio) 등이다.

또한 총 1만 실에 가까운 호텔과 천연호수를 이용한 워터리조트, 대규모 워터파크, 열대성 동·식물원, 골프장, 쇼핑시설, 레스토랑 등 다양하고 편리한 부대시설들도 완벽하게 갖추어져 있다. 월트 디즈니월드의 특징을 정리하여 살펴보면 다음과 같다.

- 대규모 복합형 테마파크이며, 레저시설로서 세계 최대의 수용력 보유
- 레저파크와 동시에 고급수준의 숙박시설 완비
- 종업원을 Cast로 존중하며, 종업원이 디즈니랜드를 자신의 것으로 생각하게 하는 기업정신을 관철
- 항공교통을 중시한 접근성을 지향함으로써 국제적인 집객력 확보
- 해당 연령층의 흥미를 유도할 수 있는 설계(마술의 왕국 = 어린이, Epcot = 청년층, Pleasure Land = 중년층)
- 기업으로 설립되었지만 오늘날 미국인의 삶과 동질화된 미국의 핵심적 상징이 되었음

<표 7-4> 월트 디즈니월드의 구성

테 마		내 용
매직킹덤	모험의 나라	이국적인 열대지방 분위기의 장소로 문명세계와 동떨어진 신비한 곳으로의 여행을 주제로 함
	개척의 나라	미국의 서부개척시대를 주제로 재창조함
	환상의 나라	월트 디즈니의 만화를 주제로 함
	미래의 나라	미래에 대한 기대감을 주제로 미래는 황홀한 시대가 될 것이며 우주과학시대의 도래를 예측하는 주제
엡콧센터		미래에 대한 상상의 세계인 Future World로 세계 각국의 역사촌인 World Show Case를 주제로 하고 있음
디즈니 스튜디오		디즈니에서 제작한 영화를 중심으로 촬영세트관광 및 체험 등을 주제로 구성됨
애니멀 킹덤		일반적인 동물원과는 차별적으로 각종 캐릭터와 뮤지컬, 애니멀 킹덤이라는 주제에 맞도록 설계된 볼거리가 많은 동물의 왕국

(1) 매직킹덤

- ○ 개장 : 1971년
- ○ 위치 : 미국 플로리다 올랜도 키시미(Kissimmee)
- ○ 테마 : '마술의 왕국' 안에 7개의 소테마 구역으로 구성

매직킹덤(Magic Kingdom)은 1955에 오픈한 LA 디즈니랜드와 매우 유사한데, 복사판이라기보다는 크고 더 많은 입장객을 고려해 지어진 2세대의 파크라고 보는 것이 옳을 듯하다.

매직킹덤은 월트 디즈니월드의 다섯 개의 테마파크 중 하나로서 디즈니월드를 대표하는 공원이다. 특히 매직킹덤에서는 미키마우스, 미니마우스, 구피 등의 디즈니를 대표하는 캐릭터를 쉽게 만날 수 있다. 일반적으로 알고 있는 디즈니월드는 '매직킹덤'이라고 해도 과언이 아닐 정도로 디즈니의 모든 것을 접할 수 있는 곳이다.

거대한 호수를 Ferry Boat로 건너 진입광장에 도착하게 하는 연출기획은 현실세계에서 꿈의 세계로 이동하는 듯한 경이로움을 느끼게 하는 구역이다. 여기에서는 신데렐라 성과 미키의 집을 비롯한 디즈니의 상징적인 어트랙션들(정글크루즈, 카리브해의 해적, 유령의 집 등)을 볼 수 있다. 매직킹덤은 세계 50대 테마파크 중 2019년

▲ 월트 디즈니월드를 대표하는 매직킹덤 전경

기준 입장객 수에서 1위를 차지하였다.

(2) 엡콧센터

- 개장 : 1982년
- 위치 : 플로리다 올랜도 월트 디즈니월드 리조트 내
- 테마 : 미래의 세계와 세계의 전시장

엡콧센터(Epcot Center)는 월트 디즈니가 구상한 미래의 도시를 테마로 출발하였으나, 실제로는 일종의 세계 각국의 문화와 산업을 전시하는 형태로 마무리되었다. 모래시계형태의 설계는 파크를 '미래의 세계(Future World)'와 '세계의 전시장(World Showcase)'으로 구분하고 있다.

'미래의 세계'는 교육적 내용과 홍보가 혼합된 거대한 기업스폰서 파빌리온으로 구성되어 있다. 여기에는 거대한 아쿠아리움(유나이티드 테크놀로지社 스폰)과 미래 농

▲ 세계 각국의 문화와 산업을 전시하고 있는 엡콧센터 전경

장의 전형(네슬레社 스폰), 에너지의 세계(엑손社 스폰), 인체의 전쟁을 테마로 한 시뮬레이터 라이드(메트라이프社 스폰), GM 시험트랙(GM社 스폰) 등으로 구성되었으며, 대기업의 홍보에 따른 스폰서십으로 운영되는 게 특징이다.

'세계의 전시장'은 다양한 국가의 대표적인 관광이미지를 형상화한 파빌리온으로 구성되어 있다. 이곳은 월트 디즈니월드 내에서 최고의 쇼핑과 식사장소로 상품점에서는 각국으로부터 온 독특한 상품을 구입할 수 있고, 레스토랑에서는 프렌치 페이스트리, 영국산 장어요리, 로마의 페투치니 요리 등을 맛볼 수 있으며, 다양한 놀이시설들이 있다. 엡콧센터는 2019년 기준 세계 50대 테마파크 중 입장객 수에서 6위를 기록하였다.

(3) 디즈니 할리우드 스튜디오

- ○ 개장 : 1989년
- ○ 위치 : 플로리다주 올랜도 월트 디즈니월드 리조트 내
- ○ 테마 : 디즈니 영화를 토대로 한 다양한 라이브 쇼의 체험

▲ 디즈니 할리우드 스튜디오에서 세트장을 이용한 실제 영화촬영 장면

'디즈니 MGM 스튜디오'는 '디즈니 할리우드 스튜디오(Disney Hollywood Studio)'로 새롭게 개명하였다. 스튜디오는 영화관이 테마파크로 변모해 가는 과정을 보여주는 파크라 할 수 있다. 영화를 테마로 다양한 어트랙션을 구성하였으며, 유니버설 스튜디오의 강력한 라이벌로 등장하였다.

다른 파크에 비해 규모가 작지만 충분한 흥밋거리를 가지고 있다. 디즈니 할리우드 스튜디오의 하이라이트는 촬영 중인 스튜디오의 투어, 애니메이션 스튜디오, 스타 투어즈 시뮬레이터 등을 꼽을 수 있다. 이 외에 디즈니 영화를 토대로 한 다양한 라이브 쇼를 즐길 수도 있다. 디즈니 할리우드 스튜디오는 세계 50대 테마파크 중 2019년 기준 입장객 수에서 8위를 기록하였다.

(4) 디즈니 애니멀 킹덤

- 개장 : 1998년
- 위치 : 플로리다 올랜도 월트 디즈니월드 리조트 내
- 테마 : 실제의 동물들과 디즈니의 캐릭터를 혼합

디즈니 애니멀 킹덤(Disney's Animal Kingdom)은 가장 최근에 오픈한 테마파크로 실제의 동물들과 디즈니 테마구현이 독특하게 혼합되어 있다. 이곳의 주요 놀이시설로는 카운트 다운 투 익스팅선과 칼리리버 래피드, 킬리만자로 사파리, 잇츠 터프 투 비어버그 등이 있다. 디즈니 애니멀 킹덤은 세계 50대 테마파크 중 2019년 기준 입장객 수에서 7위를 기록하였다.

▲ 디즈니 애니멀 킹덤의 어트랙션 전경

2. 일본

일본에서는 1983년을 테마파크의 원년으로 본다. 1983년 4월 도쿄 디즈니랜드와 같은 해 7월에 나가사키 오란다촌이 개장되면서 테마파크의 개념이 정착되기 시작하였다.

이후 테마파크에 대해 대기업들이 사업의 다각화와 재테크의 일환으로 신규 참가가 줄을 이었으며, 2013년도에 일본에 등록된 테마파크 수는 학습형 테마파크가 68개소(27.7%), 산업형 테마파크 111개소(48.8%), 어뮤즈먼트형 63개소(26.5%) 정도이다. 일본 내 테마파크를 소개하면 다음과 같다.

1) 도쿄 디즈니랜드

도쿄 디즈니랜드(Tokyo Disneyland)는 일본 최대의 테마파크로 25만 평(공원 14만 평, 주차장 8만 평, 기타 3만 평)의 면적에 5가지 테마로 구성되어 있으며, 어트랙션 39기종과 식음시설 37개소, 상품시설 55개소, 인근지역 5개 호텔(3,160실) 등의 시설을 갖춘 복합 테마파크이다.

미국의 디즈니사는 세 번째의 디즈니랜드를 미국이 아닌 일본의 도쿄 중앙에서 10km 떨어진 치바현 우라야스에 개장하였다. 아시아의 첫 번째 사업으로 설립 당시에는 성공가능성에 상당한 회의를 가졌던 도쿄 디즈니랜드는 현재는 세계에서 가장 유명한 놀이공원 중 하나이고, 놀라운 사업성공의 표본이 되었다.

▲ 도쿄 디즈니랜드 전경

도쿄 디즈니랜드는 미국 올랜도 디즈니랜드의 복사판이지만 규모 면에서는 뒤지지 않는다. 총면적은 82.6ha이고(약 25만 평), 그중 공원 46.2ha, 주차장 25ha(8,000대), 그 외 10.8ha라고 하는 장대한 규모를 가지고 있다. 테마파크만의 넓이로는 미국의 월드 디즈니월드(43ha)의 면직보다 넓다. 도쿄 디즈니랜드는 세계 50대 데미피그 중 2019년 기준 입장객 수에서 2위를 기록하였다.

2) 시파라다이스

일본 요코하마의 핫케이지에 위치한 시파라다이스(Sea Paradise)는 약 240㎢의 부지에 프레저랜드, 시파라다이스 마리나 등의 구역으로 구분되어 있다. 일본 최대의 수족관인 아쿠아 박물관을 비롯하여 여러 가지 놀이시설과 레스토랑·호텔 등의 시설이 들어서 있다. 최근에는 요코하마의 명소를 둘러보는 크루징 여행이 인기 있는 관광 코스로 꼽힌다.

대표적인 볼거리로는 '바다와 사람의 커뮤니케이션'을 테마로 한 체험형 수족관 아쿠아 박물관

▲ 시파라다이스 아쿠아 박물관

217

이다. 여기에는 500여 종의 물고기와 10만 종 이상의 바다생물이 107m 높이의 3층으로 된 거대한 수조 속에서 살고 있다. 수조 중간으로 통로가 있어 관람객들은 마치 바닷속에서 물고기 곁을 지나가는 듯한 착각을 일으킨다.

그 밖에 프레저랜드에는 107m 높이에서 수직 낙하하는 블루풀, 카니발 하우스, 일본 최초의 해상 주행 코스터, 급류타기, 바이킹 배, 90m 높이의 회전 전망대인 시파라다이스 타워 등의 놀이시설이 있고, 시파라다이스 마리나에서는 요트와 크루저를 비롯한 다양한 수상 스포츠를 즐길 수 있다. 시파라다이스는 세계 50대 테마파크 중 2019년 기준 입장객 수에서 25위를 기록하였다.

3) 하우스텐보스

하우스텐보스(Huis Ten Bosch)는 네덜란드와 나가사키의 역사적인 교류를 배경으로 네덜란드 정부와 일본 기업의 협력을 얻어 1992년 3월 25일에 나가사키현 사세보시에서 개장하였다.

하우스텐보스의 특징은 네덜란드를 테마로 쾌적한 환경에서 '자연과 인간이 공존하는 파크' 지향의 콘셉트로 일본인의 발상으로 일본인에 의해 건설된 본격적인 테마파크이다.

네덜란드의 국토건설 사업노하우를 바탕으로 하우스텐보스는 공업단지로 조성된 후 분양이 되지 않아 장기간 방치된 불모의 토지를 개량하고, 40만 그루의 나무를 심어 개발하였다. 길이 6km에 달하는 운하(너비

▲ 네덜란드를 테마로 한 하우스텐보스 전경

20m, 깊이 5m)를 파고 자연석으로 연안을 쌓아올려 오무라만의 해수를 끌어들이고 거리에는 동·식물의 생명과 윤택함을 부여하여 연간 400만 명이 방문하는 관광도시

로 변모하였다.

중요시설 및 부대시설로는 쇼핑시설 68개소, 식당 58개소, 놀이시설 13개, 박물관형 시설 12개, 워터파크(보유선박 42척)와 스포츠시설로 골프장 18홀, 테니스장 18면, 숙박시설로 호텔 및 빌라 6개동(1,454실), 맨션(250동), 컨벤션시설(600평)을 갖추고 있다.

3. 유럽

유럽은 기후적으로 동절기가 하절기에 비해 상대적으로 길고 일조시간이 짧은 관계로 사계절 내내 운영하는 테마파크가 미국에 비해 적은 편이다.

그러나 EU통합 추진을 계기로 본격적인 테마파크가 등장하였다. 전 유럽인을 모을 수 있는 수단뿐만 아니라 관광사업으로도 대단한 경제효과를 수반한다는 점에 착안하여 테마파크가 개발되기 시작하였다. 1992년 EU통합, 스페인 바르셀로나 올림픽, 만국박람회를 계기로 유로디즈니를 등장시키기도 하였다. 유럽의 주요 테마파크를 소개하면 다음과 같다.

1) 디즈니랜드 파리

디즈니랜드 파리(Disneyland Paris)는 1992년 4월에 파리에서 동쪽으로 32km 떨어진 마린 라 발레(Marine La Vallee)에 583만 평의 규모로 세워졌는데, 이는 파리시의 1/5에 해당하는 거대한 규모이다. 이 중 테마파크의 규모는 18만 9,000평이며, 파크는 크게 5개의 테마로 구성되어 있다. Attraction은 29기종이며, 시설과 부대시설로는 식음료 및 상가시설 32개, 그리고 호텔 6개소(5,200실), 방갈로 414개 외 캠핑그라운드, 골프장 18홀 등을 갖추었다.

1987년 유럽의 중심지이자 관광도시인 파리의 매력에 더해 프랑스 정부의 파격적 지원[3]에 힘입어 건설되었다. 유로디즈니와 디즈니랜드 호텔을 합한 건설 총투자액

---

[3] 프랑스 정부의 파격적인 세금감면 혜택(18.9%→9%)과 파리고속 지하철의 노선을 연장하고, TGV역 신설과 고속도로 I.C 신설 등을 통하여 교통망을 정비하였다.

▲ 디즈니랜드 파리는 유럽지역에 첫 번째로 개장한 디즈니파크로서 파리시의 1/5에 해당하는 거대한 규모
이다(디즈니랜드 파리 전경).

은 223억 프랑이었으며, 1988년 8월 토지조정공사, 1990년 8월 대형 Attraction 건설공
사 등을 통해 1992년 4월 12일 처음으로 개장하였다.

그러나 개장 첫날 입장객 수는 예상인원 30~40만 명을 크게 밑도는 5만 명이었으
며 매스컴의 반응도 상당히 냉담했다. 디즈니랜드 파리의 문제점은 크게 4가지로 정
리되는데, 우선 기후가 걸림돌이다. 현존하는 4개의 디즈니랜드 중 겨울의 파리는 습
도가 높고 추위가 상당히 심하다. 둘째, 프랑스인들은 미국 디즈니가 대체적으로 경
박하고 단순하다고 생각하며 바캉스에 대한 사고방식도 미국과 매우 차이가 난다.
세 번째 문제점은 가격이다. 자유이용권의 가격이 지나치게 높게 책정되어 있고, 음
식이나 주변 호텔요금이 크게 비싸다는 불만이 있다. 마지막으로 가족을 위한 공원
이라는 개념을 고수하고 있는 디즈니랜드 사업부는 파리에서도 음주를 인정하지 않
고 있는데, 프랑스인들에게 와인은 물과 같은 필수적인 존재로 인식되고 있어 반발이
크다.

이러한 주요 이유로 인해 디즈니랜드 파리는 프랑스인들의 외면을 받고 있는데, 유로디즈니의 입장객 수에서 프랑스인 입장객은 35% 미만이다. 디즈니랜드 파리는 미국 월트디즈니사의 지분(49.9%)과 프랑스 정부, 기업, 개인 등의 지분(51%)으로 구성되어 있으며, 로열티는 입장료의 10%, 기타 매출의 5%를 미국 월트디즈니사에 지급하고 있다.

2) 파크 아스테릭스

유럽 최초의 테마파크인 '파크 아스테릭스(Park Asteriks)'는 프랑스의 만화 아스테릭스의 성공을 배경으로 1989년 4월에 개장하였다. 아스테릭스는 미국의 미키마우스, 일본의 아톰, 한국의 뽀로로와 같이 프랑스 문화를 상징하는 대표적 만화 캐릭터이다. 아스테릭스의 배경은 로마 제국의 지배를 받는 현대 프랑스인들의 조상 골족의 갈리아 마을로서, 아스테릭스는 갈리아 마을에 살고 있는 덩치 작은 영웅이다.

파리 북쪽의 샤를르 드 골 공항 근처에 위치하고 있으며, 전 세계 70대 주요 대형 테마파크 중 하나로 꼽히는 이곳은, 유럽에서는 10대 테마파크, 프랑스에서는 3대 테마파크 안에 속하는 규모이다.

파리 인근에 위치한 또 다른 테마파크 '디즈니랜드 파리'에 비하면 시설 면에서나 접근성, 규모 면에서 비교가 되지 않지만 입장객 수에서는 대등한 수치를 보이고 있다. 1990년 중반에는 디즈니랜드를 압도하는 성적을 내 디즈니랜드가 상징하는 미국 문화에 대응하려는 프랑스인들의 자존심으로 읽히기도 했다.

기원전 50년경 골족의 생활상을 보여주는 건축물에서 시작하여, 1세기 로마군의 생활상, 그리고 오늘날까지 과거와 현재를 넘나들며 시간을 초월하는 재미있는 세계를 경험하는 색다른 테마를 제공한다. 만화에서 보여주는 코믹하고 기발한 장면이 축제행사 퍼레이드로 벌어지기도 한다.

갈리아 마을을 지나는 특급기차, 영리한 세자르의 첩보활동을 보여주는 세자르의 집, 달타냥의 펜싱싸움과 로마황제, 군대의 행렬, 그리고 그리스 신들의 행진과 20세기 도둑이 모나리자 그림을 훔쳐서 달아나는 것을 추적하는 경찰의 스릴 있는 장면 등을 스펙터클하게 느낄 수 있다.

호텔 등의 편의시설 역시 숲속의 갈리아 마을 분위기를 내는 12개의 대형 방갈로를 이용했으며, 나무로 된 실내 장식을 통해 기원전의 느낌을 받을 수 있다.

▲ ①파크 아스테릭스 월드'의 테마가 된 만화주인공 아스테릭스와 그의 친구 오벨릭스의 캐릭터 ②파크 아스테릭스'는 프랑스의 만화 주인공 아스테릭스와 프랑스인들의 조상 골족의 갈리아 마을을 테마로 하고 있다.

3) 티볼리 가든

티볼리 가든(Tivoli Garden)은 세계에서 가장 오래된 테마파크 중 하나이다. 2007년에는 포브스(Forbes)지가 선정한 세계 10대 테마파크에 선정되었다. 덴마크의 코펜하겐에 있는 남유럽풍의 정원으로 1843년에 탄생하여 1944년에 대부분의 건축물과 시설이 공원의 특성과 규모를 유지하게끔 재건되었다. 1956년 새로운 공연장이 개장되었고 어린이 놀이터가 1958년에 완공되었다. 150년간 운영된 세계에서 가장 오래된 테마파크 중 하나이다.

파크의 면적은 2만 4,000평이며, 소규모 매력물이 25개, 레스토랑이 29개가 있고, 미니카지노와 슬롯머신 등이 있다. 티볼리 가드(guard)의 퍼레이드와 11만 개 전구로 이루어진 환상적인 조명에 수목 800그루 등이 인상 깊다. 4월 하순에서 반년간만 개장하지만 450만 명 전후의 집객을 자랑한다.

로마의 동쪽 32km에 있는 티볼리시에 440년 전 에스테가의 별장으로 조성된 티볼리 공원을 모델로 한 것이며, 공원의 운영주체가 시민을 주주로 하는 주식회사이다.

아침부터 낮 동안은 중년 이상의 사람, 낮부터는 학교에서 돌아온 아이들로 붐비고, 밤에는 젊은 연인들이 주역이 되는 3세대 교대가 자연스럽게 이루어지는 이상적인 배열이다. 모든 시설은 프로그램과 함께 각각의 테마를 표현하고 환상의 조형, 즐거움의 조형을 창출하고 있다.

▲ 티볼리 가든은 1843년 남유럽풍의 정원으로 시작한 세계에서 가장 오래된 테마파크이다.

4) 마두로담

마두로담(Madurodam)은 유럽의 대표적인 테마파크로서 1952년 네덜란드 헤이그에 개장하였다. 네덜란드 각지의 명소와 대표적 시설 122개를 정확하게 1/25로 축소하여 만든 미니어처랜드이다.

마두로담은 네덜란드의 대부호 마두로의 아들 공군장교 조지 마두로가 제2차 세계대전 당시 레지스탕스 운동에 참가하여 나치의 손에 의해 강제수용소에서 사망한 아픔을 겪은 뒤, 자식이 사랑했던 인형과 완구를 전시하였고, 그것을 확대하여 운영할 기금을 정부가 제공하여 원형이 완성되었다. 그 후 네덜란드에서 복지사가 계속 미니어처를 기부하여 현재는 122개의 시설이 완성되었다.

교회, 고성, 운하, 광장, 항구, 공장, 은행, 박물관, 골프장, 주택, 국철열차, 비행선, 축구장, 고속도로, 해수욕장 등 122개의 미니어처 중 어느 하나 똑같은 유형은 없다. 마두로담 그 자체가 나라로서 역사를 만들고 있다. 10세기경 네덜란드 마을에서부터 최신의 비행장까지 만들어져 있으며, 한눈에 네덜란드의 역사와 도시의 발전을 그야 말로 손으로 잡을 수 있을 듯이 실감나게 재현하였다.

마두로담의 테마는 존엄한 명을 받들어 평화를 지키고자 한 청년과 어버이의 애정을 기본 틀로 평화와 번영, 그리고 네덜란드의 아이들에게 역사와 사회를 가르치고자 하는 것에 있으므로 교육적인 파크로 분류할 수 있다. 영업기간은 5월부터 9월 말까지이며, 야간개장 시 5만 개의 조명이 켜진다.

▲ 마두로담은 네덜란드 각지의 대표적 시설물 122개를 축소하여 재현한 미니어처랜드이다.

4. 중국(홍콩)

홍콩 디즈니랜드(Hong Kong Disneyland)는 2005년 9월에 개장하였는데, 월트디즈니사의 11번째 테마파크이다. 홍콩 정부와 월트디즈니사가 합작 투자해 건설한 홍콩 디즈니랜드는 홍콩 첵랍콕(Chek Lap Kok) 국제공항이 위치한 홍콩 최대 섬인 란타우(Lantau)섬 북부에 자리 잡고 있으며, 126ha의 부지에 디즈니파크와 2개의 리조트호텔 및 다양한 부대시설을 갖추고 있다.

또한 홍콩 디즈니랜드 파크에는 홍콩만의 어트랙션과 독특한 기념품을 구입할 수 있는 기프트숍, 홍콩식 메뉴가 준비된 레스토랑 등 동양적인 분위기가 감도는 테마파크이다. 그래서 홍콩 디즈니랜드는 동서양의 조화를 주제로 전통적인 디즈니 캐릭터 주인공들과 함께 중국, 아시아 문화를 체험할 수 있게 하는 것을 특징으로 하고 있다.

주요 구성은 20세기 초 미국의 거리 풍경을 재현한 메인 스트리트 USA, 공상과학이나 우주 체험을 할 수 있는 투모로랜드, 잠자는 숲속의 공주 성(castle) 등 독특한 테마 경관을 갖춘 판타지 랜드, 밀림 등을 체험할 수 있는 어드벤처 랜드가 주축을 이루고 있다.

▲ 홍콩 디즈니랜드 거리 퍼레이드 전경

디즈니랜드에서 가장 인기 있는 롤러코스터인 '스페이스 마운튼', 20m 높이의 '우주궤도차' 등 최신 놀이기구와 함께 인어공주, 라이온 킹, 미녀와 야수 등 디즈니랜드 고전을 입체 스크린으로 볼 수 있는 영화관 '미키 필하매직'도 들어섰다.

이들 놀이시설 외에 400실 규모의 디즈니 캐릭터를 형상화한 홍콩 디즈니랜드호텔, 1930년대 할리우드의 황금기를 묘사한 600실 규모의 디즈니 할리우드호텔이 들어섰다. 또한 디즈니랜드 주고객을 대륙 중국인들로 예상하고 광둥(廣東)요리, 상하이(上海)요리를 비롯한 중식, 동남아식, 일식 등 아시아 음식점 8곳을 갖춰 놓았다. 홍콩 디즈니랜드는 세계 50대 테마파크 중 2019년 기준 입장객 수에서 16위를 기록하였다.

<표 7-5> 세계 25대 테마파크 현황

Division	Park and Location	Change	2018	2019
1	Magic Kingdom Theme Park at Walt Disney World Resort, Lake Buena Vista, FL, US	2.0%	20,589,000	20,450,000
2	Disneyland Park ay Disneyland Resort, Anaheim, CA, US	2.0%	18,666,000	18,300,000
3	Tokyo Disneyland at Tokyo Disney Resort, Tokyo, Japan	7.9%	17,907,000	16,600,000
4	Tokyo Disney Sea at Tokyo Disney Resort, Tokyo, Japan	8.5%	14,651,000	13,500,000
5	Universal Studios Japan, Osaka, Japan	-4.3%	14,300,000	14,935,000
6	Disneyland's Animal Kingdom Theme Park at Walt Disney World resort, Lake Buena Vista, FL, US	10.0%	13,750,000	12,500,000
7	EPCOT Theme Park at Walt Disney World Resort, Lake Buena Vista, FL, US	2.0%	12,444,000	12,200,000
8	Shanghai Disneyland, Shanghai, China	7.3%	11,800,000	11,000,000
9	Disney's Hollywood Studios at Walt Disney World Resort, Lake Buena Vista, FL, US	5.0%	11,258,000	10,722,000
10	Chimelong Ocean Kingdom, Hengqin, China	10.6%	10,830,000	9,788,000
11	Universal Studios Florida Theme Park at Universal Orlando Resort, FL, US	5.0%	10,708,000	10,198,000
12	Disney California Adventure Park at Disneyland Resort, Anaheim, CA, US	3.0%	9,861,000	9,574,000
13	Disneyland Park at Disneyland Paris, Mame-La-Vallee, France	1.9%	9,843,000	9,660,000
14	Universal's Islands of Adventure Theme Park at Universal Orlando Resort, EL, US	2.5%	9,788,000	9,549,000
15	Universal Studios Hollywood, Universal City, CA, US	1.0%	9,147,000	9,056,000
16	Hong Kong Disneyland, Hong Kong SAR	8.1%	6,700,000	6,200,000
17	Lotte World, Seoul, South Korea	-11.2%	5,960,000	6,714,000
18	Nagashima Spaland, Kuwana, Japan	-0.2%	5,920,000	5,930,000
19	Everland, Gyeonggi-do, South Korea	-7.3%	5,850,000	6,310,000
20	Ocean Park, Hong Kong SAR	0.0%	5,800,000	5,800,000
21	Europa Park, Rust, Germany	0.4%	5,720,000	5,700,000
22	De Efteling, Kaatsheuvel, Netherlands	4.2%	5,400,000	5,180,000
23	Walt Disney Studios Park at Disneyland Paris, Mame-La-Vallee, France	1.9%	5,298,000	5,200,000
24	Tivoli Gardens, Copenhagen, Denmark	4.5%	4,850,000	4,640,000
25	Chimelong Paradise, Guangzhou, China	11.9%	4,680,000	4,181,000
Total		3.3%	251,990,000	243,926,000

자료 : Themed Entertainment Association, 2020.

제**8**장

워터파크

제1절 워터파크의 이해

1. 워터파크의 정의

워터파크(water park)란 단순히 물속에서 수영과 물놀이만을 즐기는 것이 아니라 물을 매개체로 한 각종 놀이시설과 건강시설, 그리고 휴식공간이 함께 갖추어진 물놀이 공간을 말한다. 즉 워터파크는 물을 이용해 즐기고 휴식하는 동시에 스릴이 추가된 복합적이고 동태적인 물놀이 기능을 가진 물 중심공원 테마파크이다.

미국의 워터파크협회(World Water Park Association)에서 발행하는 협회지 스플래시(Splash)에 의하면 워터파크란 '프리폴(free fall), 워터슬라이드(water slide), 인공 파도풀(wave pool) 등을 아이템으로 하는 레저풀(leisure pool)이 있는 것을 말하며 대부분이 옥외형 레저시설'이라고 정의하고 있다.

독일에서는 전통적인 쿠어(kur)시설에 레저기능을 병설하여 워터파크화한 경우가 많다. 예를 들어 프랑크푸르트의 '레이프 슈독바드'노 인공 파도풀, 워터슬라이드를 설치하여 워터파크의 모습을 갖춘 경우이다.

일본에서는 미국 스타일의 옥외형 레저풀과 유럽스타일의 옥내형 스파시설이 같이 병설된 워터파크의 조성이 이루어지고 있다. 레저풀을 같이 설치한 복합적인 건강센터나 스포츠센터까지도 워터파크로 정의하고 있다.

워터파크의 개념이 본격 도입된 곳은 미국이라고 할 수 있다. 미국 올랜도에 위치한 웨튼 와일드(Wet'n Wild)가 물 중심의 동태적인 놀이기능을 가진 워터파크의 원형으로 알려져 있다. 동양에서는 1926년에 일본 도쿄 도시마엔 풀이 최초로 개장되었고 본격적인 워터파크로 발전한 것은 1986년부터이다. 그 당시 나카시마 스파랜드(spa land)는 대규모의 바닷물을 끌어들여 해수풀을 만들고 워터 슬라이드를 도입하였다.

국내에서도 1996년 '캐리비안 베이'가 워터파크 시장에 첫발을 내디딘 이후 2006년 개장한 오션월드가 워터파크의 대중화 시대를 열었다고 볼 수 있다. 현재는 전국적으로 워터파크의 열풍이 불었다고 할 만큼 그 수가 증가하고 있으며, 하계시즌을 대표하는 레저시설로 인기가 높아지고 있다. 그러나 이러한 추세에도 불구하고 어떠한 시설기준을 갖추어야만 워터파크라고 인정할 수 있는지에 대한 명확한 기준은 제시되지 않고 있어 본서에서는 워터파크를 다음과 같이 정의한다.

워터파크란 '물을 이용해 즐기고 휴식할 수 있는 기본시설을 갖추는 동시에 스릴감을 즐길 수 있도록 인공파도풀, 유수풀, 슬라이드와 같은 주요 시설을 3종 이상 갖추고, 고유의 테마를 설정한 후 설정된 테마에 걸맞은 분위기를 연출하는 물놀이 공원'으로 정의한다.

2. 워터파크의 형태별 분류

1) 입지에 따른 구분

시설입지에 따라 도시형, 교외형으로 나눌 수 있다. 도시형의 경우 집객력은 강하나 경관이나 좁은 면적이 불리한 요소가 될 수 있다. 이에 반해 교외형은 면적과 경관에서 유리하지만 집객력이 약하다는 단점이 있다.

리조트형의 경우 리조트가 입지한 장소(해안 또는 산악)에 따라 시설에 큰 차이가 난다. 이용적 측면은 기후와 건축적 조건에 의해 영향을 받게 되는데, 열대지방의 경우 실외형이라도 사계절 이용이 가능한 데 반해 사계절이 뚜렷한 지방에서는 실내형이라도 여름철 2개월 동안에 이용객이 집중되는 추이를 보인다.

2) 지향형태에 따른 구분

워터파크는 지향형태에 따라 레저풀에서 발달한 오락지향형 워터파크와 온천과 스파에서 발달한 휴식지향형 워터파크로 구분된다. 오락지향형은 주로 도시 근교의 대규모 옥외형으로 보통 하계시즌 중심이며, 휴식지향형은 사계절 이용가능한 실내형이 많다. 근래의 대규모 워터파크는 이 두 가지를 모두 결합시킨 복합형으로 발전하고 있다.

3) 사업형태에 따른 구분

사업주체가 공공인 경우와 민간인 경우로 나누어진다. 공공인 경우는 지역주민에 대한 서비스 제공을 전제로 하는 반면, 민간인 경우는 어떠한 형태로든 수익성을 추구하게 된다. 이 경우도 워터파크를 단일아이템으로 하여 단독 채산성으로 운영하는 경우와 호텔이나 리조트, 건강시설의 부대형으로 운영하는 종합사업으로 구분된다.

3. 워터파크의 특성

워터파크는 대형 위락단지 내의 어메니티 지향의 테마단지이며, 자체적으로는 독립적인 엔터테인먼트의 성격을 가진다. 워터파크는 단독적으로 형성되었을 경우에도 다른 위락단지와 마찬가지로 사회 · 경제적인 측면으로 지방문화와 상업시설 등이 발전하는 계기를 불러오고, 서로 다른 지방의 관광객이 모일 수 있는 집객시설로 지역 토산품 등 지방산업의 홍보도 겸할 수 있다. 워터파크의 특성은 다음과 같다.

1) 테마성

워터파크는 주 이용매체가 물이라는 기준이 있으며, 레저시설 내의 일부 또는 자체로서 독립적으로 조성되기도 한다. 따라서 다른 테마파크와 마찬가지로 하나의 중심적인 테마 또는 연속성을 가지는 몇 개의 테마들이 공간을 구성하고, 각각의 주된 어트랙션(attraction), 전시, 놀이 시설들이 주테마에 의해 결정되며 이를 실현할 수 있도록 계획된다.

2) 독립성

워터파크의 조성은 규모가 큰 리조트의 일부시설이나 그 자체로도 충분한 독립적인 시설로 조성되고 있다. 그리고 워터파크를 구성하는 각 시설들도 워터파크 이외의 호텔, 리조트, 어뮤즈먼트 파크, 쇼핑몰 등 다른 레저시설에 적용되는 독자적인 경우도 있다.

3) 복합성

워터파크는 풀장뿐만 아니라 라이드시설, 테마구성, 편의시설, 식음료시설 등 각각의 기능을 가진 시설들이 복합적으로 배치되어 운영되는 복합성의 특징을 가지고 있다.

4) 레저성

워터파크는 단체 레크리에이션 및 이벤트 행사가 가능한 공간으로 계획되며, 이는 다른 연계성이 있는 시설들과 복합구성을 통해 레저의 성격을 가진다.

5) 문화성

워터파크 계획 시 기본적으로 고려해야 할 사항인 테마의 주제 및 스타일은 워터파크가 설치된 지역의 성격을 반영할 수 있다. 레저의 장소로서 개인적으로나 사회적으로 놀이와 문화를 창조하는 공간을 제공해 주며, 서로 다른 지역과 나라에서 모인 사람들로 인해 자연스러운 교류가 이루어진다.

제2절 워터파크의 공간구성과 시설구성

1. 워터파크의 공간구성

워터파크는 필수 구성시설로 인공 파도풀, 유수풀, 워터 슬라이드를 들고 있으며, 워터파크 계획의 공간구성(zoing)은 전체 면적을 몇 개의 공간으로 나누어 각 공간의 특성을 강조하여 보다 효과적인 레저의 장으로 만드는 데 그 목적이 있다.

일반적으로 기본적 시설은 각각의 이용특성 기능을 갖는 풀에 의해 구성되는 '아쿠아 존'과 온수풀, 자쿠지(jacuzzi), 사우나시설 등이 있는 '스파 존(spa zone)' 이외에 음식이나 물품을 파는 시설 등의 '부대시설'로 구성되어 있다.

수영이라는 형태가 워터파크로 발전하게 된 계기는 모험, 오락, 자연적인 사실감의 추구에서 비롯되었다. 어뮤즈먼트 파크(amusement park)에서의 모험과 오락성은 워

[그림 8-1] 워터파크의 공간구성

기　　능 : 어드벤처, 스포츠, 놀이, 이벤트
주요시설 : 워터슬라이드, 인공파도풀, 유수풀

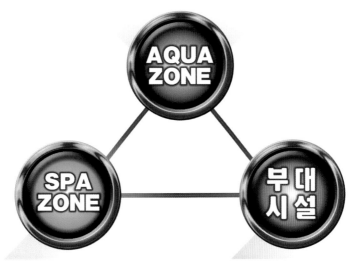

기　　능 : 휴식, 휴양, 감상
주요시설 : 온수풀, 자쿠지, 사우나, 스팀욕실

기　　능 : 기타 서비스
주요시설 : 식음료시설, 쇼핑시설

235

터 슬라이드를 창출해 냈고, 점차 사라져가는 해수욕장과 하천에서의 물놀이에 대한
욕구는 인공 파도풀과 유수풀 형태로 재현되었다. 이와 같은 3가지 시설은 워터파크
의 가장 기본적인 시설들로 자리 잡게 되었고, 이 외에 다양한 기능을 가진 풀과 함
께 워터파크의 핵심인 아쿠아 존을 이룬다.

최근에는 건강에 대한 관심이 높아지면서 기존 워터파크에 스파시설이 접목되면서
온수풀(온천풀), 자쿠지, 사우나 등도 워터파크의 중요한 시설로 취급되고 있다.

2. 워터파크의 시설구성

1) 인공 파도풀

인공 파도풀(wave pool)은 1960년대 유럽에서 개발되었는데 워터파크의 주요 시설
로 도입된 배경은 해안 오염과 호안공사 등으로 인한 천연 해수욕장이 감소됨에 따
라 사실감 있는 인공파도를 연출하려는 기술에 의해 만들어졌다. 인공 파도풀은 여
러 가지 프로그램에 의해 다양한 파도모양을 연출하며, 서핑과 바디보드(body board)
까지도 즐길 수 있는 큰 파도까지 만들어내고 있다.

▲ 캐리비안 베이의 인공 파도풀

인공 파도풀을 형성하는 주요 장비

인공 파도풀의 원리를 이해하기 위해 기술적인 측면을 살펴보면 인공 파도를 형성하는 중요한 장비는 3가지로 나누어져 있으며 각 내용은 다음과 같다.

블로어 / 팬히터

에어제너레이터(air generator)는 바람이 파도를 만드는 듯한 연출을 하게 되는 원리의 역할을 한다. 공기는 공기작용밸브를 통하여 파도 끝부분에 압축된다. 이것이 밸브에서 배기될 때 물이 치솟게 되고, 풀장벽을 마찰하며 열림으로써 아래쪽과 풀장 바깥쪽의 물은 빠른 힘을 갖게 된다. 적절한 시간주기로 파도를 일치시켜 진동하도록 하며 이것은 여러 가지 파도를 연출할 수 있는 기술이다.

이 방식은 공기의 흐름을 유도할 수 있는 풀 바닥의 구배 및 기울기에도 영향을 주고 있다. 압축공기의 물속 개폐에 따른 연출방식이므로 큰 압력을 견딜 수 있는 바닥재로 설치하여야 한다.

펌프

이 스타일은 'tsunama'라 지칭하기도 하고, 일본에서 개발된 파도형식이기 때문에 일몬식 스타일이라고도 한다. 이것은 펌프의 순간 기압에 의해 큰 파도를 만들어내므로 강한 인상을 심어주기에는 적절한 형식이지만 블로어같이 연속적이고 다양한 파도형식을 만들기에는 적합하지 않다.

ball

공의 수직운동으로 인한 부력 현상으로 중앙에서 바깥쪽으로 동심원을 그리며 파도를 만들어내는 방식이다. 어린이 풀 등의 수심이 낮은 풀에서 주로 쓰이며, 안전하고 재미있는 방식이다.

2) 워터 슬라이드

워터 슬라이드(water slide)는 미끄러진다는 단순한 기능에서부터 출발하여 지금은 워터파크의 중요한 어트랙션이 되었으며 미국에서 유래되었다. 현재 직선 슬라이드, 곡선 슬라이드, 스릴 슬라이드, 매트 혹은 튜브를 이용한 슬라이드, 마스터 블라스터까지 순차적으로 발전되어 왔다.

슬라이드는 라이드 타워 및 지지대(support), 기타 구조물들이 높은 곳에 설치되므로 워터파크뿐만 아니라 일반레저 시설의 풀계획에 있어서도 까다로운 조건을 가지고 있다. 특히 경사지가 많은 우리나라의 경우 시설물의 지나친 노출이 시야를 산만하게 하기 때문에 특별한 기술이 요구된다.

이러한 이유로 최근에는 슬라이드를 어떤 장애물에 의해 보이지 않게 계획되기도 하지만, 슬라이드에 미끄러져 내려가는 이용자의 모습이 흥미를 유발할 수 있기 때문에 이를 적극적으로 디자인에 반영하는 경우가 많다. 새로운 디자인의 개발 및 부대시설과의 조화로운 디자인을 계획한다면 결코 시각적으로 장애가 되지만은 않을 것이다.

▲ 미국 Schlitterbahn Water Park Resort 워터 슬라이드 전경

▲ 다양한 슬라이드 유형(①바디슬라이드 ②매트슬라이드 ③튜브슬라이드)

3) 유수풀

'게으른 강'이라는 뜻의 유수풀은 느릿느릿 좀 게으르다 싶을 만큼 쉬엄쉬엄 가라는 뜻이다. 유수풀은 인공 파도풀과 마찬가지로 도시의 수변공간이나 하천이 오염되어 물놀이를 할 수 없게 된 것에서 비롯되었다. 유수풀은 1인당 필요면적이 가장 작은 아이템으로 이용자의 의도와는 상관없이 흐르는 물에서 자연스럽게 즐기면서 휴식효과도 가져온다. 단순한 아이템이기도 해서 유수풀에서는 다른 풀 시설들이 많이 접목된다.

최근에는 유수풀에도 변화가 생겨 순간적으로 속도를 즐기거나, 강렬한 스릴감을 느낄 수 있는 계곡형 유수풀이 접목되거나 유수로(流水路)의 폭에 변화를 주거나 인공바위와 나무 등의 재료를 사용하여 보다 자연스러운 분위기를 연출하고 있다.

▲ 한화워터피아 유수풀 '토렌토리버'는 계곡물이 쏟아지듯 강력한 스릴감을 더하고 있다.

4) 플로라이드

플로라이드란 경사진 물 위에서 서핑보드나 튜브를 이용해서 즐기는 아이템으로 파도타기의 순간적인 한계를 벗어나기 위해 개발되었다. 이것은 스키, 썰매타기, 스케이트, 워터 슬라이드와 같은 하강 시스템과는 달리 요동치며 움직이는 파도 및 물보라 위에서 즐기는 스포츠형 레저시설로, 이를 통해 'wave-mountain'과 빠른 수로를 이루기도 한다.

▲ 캐리비안 베이 플로라이드 전경

5) 마스터 블라스터

마스터 블라스터(Master Blaster)는 거꾸로 올라가는 슬라이드로서 최근 미국 내에서 선풍적인 인기를 모으고 있는 어트랙션이다. 초당 4~5m 정도의 평균속도를 가지며, 최고 72m까지 올릴 수 있다.

이것은 단순한 슬라이드의 변형된 형태로 단순한 슬라이드 개념에서 벗어나고자 하는 의도로 개발되었다. 이 시스템은 반드시 튜브를 사용해야 하며 종류는 1인용부터 가족형까지 다양하다.

▲ Schlitterbahn Water Park Resort의 거꾸로 올라가는 마스터 블라스터 전경

6) 어드벤처 풀

아쿠아 플레이라고도 불리며 일반 놀이터의 계단과 미끄럼틀 같은 시설물로 꾸며져 있다. 곳곳에서 물이 흘러내리고, 어떤 곳에서는 일정한 시간이 되면 상단에 설치된 거대한 물통 바스켓에서 물벼락이 쏟아진다. 캐리비안 베이의 어드벤처 풀에서는 거대한 해골 물통이 쏟아내는 2.4톤의 짜릿한 물벼락을 경험할 수 있으며, 비발디파크의 자이언트 워터플렉스에서는 총 2개의 거대한 바스켓에서 6톤의 물이 수시로 물벼락을 쏟아내고 있다.

▲ 캐리비안 베이의 어드벤처 풀에서는 거대한 해골 물통이 쏟아내는 2.4톤의 짜릿한 물벼락을 경험할 수 있다.

7) 부메랑고

　주로 대형 워터파크에서 볼 수 있는 시설로서, 튜브를 타고 양쪽의 가파른 각도를 오르내리는 스릴을 맛볼 수 있는 시설이다. 국내에는 캐리비안 베이와 오션월드 등에서 운영하고 있다. 캐리비안 베이의 타워 부메랑고는 경사각도 90도에서 19m 높이의 언덕 슬라이드를 단숨에 솟구치며 오르내리는 물의 파워와 스피드를 느낄 수 있다. 오션월드의 슈퍼 부메랑고는 길이 137m, 높이 18m, 폭 4~11m의 6인승 튜브형 슬라이드이다.

▲ 캐리비안 베이 부메랑고 전경

8) 어린이 복합 놀이시설

워터파크 내 어린이를 위한 놀이시설은 필수적이다. 이러한 물놀이 시스템은 워터파크뿐만 아니라 스포츠센터, 가족형 온천시설까지도 활발하게 도입되고 있다.

어린이 및 유아들을 위한 놀이시설은 가족을 위한 워터파크 및 기타 레저풀 시설에서 반드시 설계에 반영되어야 한다. 선진국에서는 이렇게 어린이와 더불어 가족 전체가 즐길 수 있는 복합놀이시설이 끊임없이 개발되고 있다. 이것은 주로 테마파크를 형성하여 구성되고 그 주제는 나라별, 지역별, 위락단지의 콘셉트에 따라 달리 적용된다. 이 시설은 워터 슬라이드, 마스터 블라스터 및 레저풀과 서로 어울려 좋은 경관을 구성하도록 계획되어야 한다.

제3절 국내 워터파크

1. 국내 워터파크 현황

1) 국내 워터파크의 개요

국내 워터파크 시장은 1996년 개장한 에버랜드의 '캐리비안 베이'와 2006년 개장한 비발디파크의 '오션월드'가 강력한 양강체제를 유지하고 있으며, 그 뒤를 이어 '웅진플레이도시', '블루원워터파크', '설악워터피아', '롯데워터피아' 등이 후발주자로 경쟁하고 있다. 현재 국내 워터파크 시장의 두드러진 특징은 크게 두 가지로 요약할 수 있다.

첫째는 워터파크 시장은 에버랜드나 웅진플레이도시와 같이 수도권에서만 성공할 것이라는 편견을 불식시키고, 산간지역이나 지방도시에 위치한 리조트에서도 워터파크를 개장하고 있다는 것이다. 좋은 예로 강원권에 위치한 비발디파크의 오션월드는 지리적 불리함에도 예상 밖으로 대성공을 거둠으로써 같은 강원권에 위치한 다른 경쟁업체들에게도 위기의식과 함께 성공의 확신을 갖게 하여 리조트 단지 내에 워터파크를 서둘러 개장하게 하였다는 것이다. 이에 따라 휘닉스평창에서는 '블루캐니언'을 개장하였고, 용평리조트에서는 '피크아일랜드'를, 알펜시아리조트에서는 '오션700'을 개장하였고, 2018년에는 후발주자로서 하이원리조트가 '하이원 워터월드'를 개장하였다.

둘째는 전통적인 보양온천들이 온천시설에 대규모 물놀이 시설을 추가하여 워터파크로 새롭게 태어나는 것이다. 이러한 현상은 국내 온천문화가 온천탕 위주에서 물놀이가 병행되는 워터파크 문화로 선호도가 바뀌면서 기업생존을 위해 변화한 경우이다. 좋은 예로 '부곡하와이', '설악워터피아', '아산스파비스', '리솜스파캐슬' 등은 전통적인 보양온천이지만 단지 내에 인공파도풀, 유수풀, 슬라이드 등 여러 기종의 물놀이 시설을 갖추고 워터파크를 보유한 온천리조트로 새롭게 태어난 좋은 사례이다.

이와 같이 워터파크는 복합리조트의 주요 시설 중 하나로 운영되거나 온천리조트 등에서 온천물을 이용한 놀이형 워터파크 형태로 다양하게 발전하고 있으며, 앞으로도 가족형 복합리조트의 필수 시설로 지속적인 발전이 예상되고 있다.

[그림 8-2] 국내 주요 워터파크 브랜드

2) 국내 워터파크 운영 현황

세계 테마파크 엔터테인먼트협회의 2019년 기준에 따르면 국내 워터파크의 왕좌를 차지한 곳은 비발디파크의 '오션월드'로 세계 15위와 국내 1위를 기록하였다. 오션월드는 2006년 개장하여 '캐리비안 베이'(1996년 오픈)보다 10년 늦게 출발했지만 입장객 수 경쟁에서는 캐리비안 베이와 국내 1, 2위를 다투고 있다.

2위는 에버랜드의 캐리비안 베이가 차지했다. 직전 연도 대비 13% 감소하였지만 120만 명으로 세계 17위, 국내 2위를 차지하였다. 이어 휘닉스평창의 블루캐니언과 상록리조트의 아쿠아피아가 3위와 4위를 차지하였고, 웅진플레이도시와 롯데워터파크가 각각 5위와 6위를 기록하였다.

웅진플레이도시는 다른 지역과 달리 경기도 부천에 위치한 도심형 워터파크로 인공 파도풀과 7가지의 워터슬라이드는 물론 이색적인 노천 힐링스파까지 갖춘 가족형 워터파크로 인기가 높다. 롯데워터파크는 롯데월드 25년 운영 경험을 바탕으로 롯데에서 야심 차게 준비한 워터파크로 남태평양의 폴리네시아를 콘셉트로 하였으며, 135m의 실외 파도풀과 200m의 더블스윙 슬라이드는 국내 최대 규모를 자랑한다. 이외에 국내 워터파크의 업체 현황과 입장객 수치는 〈표 8-1〉을 참고하기 바란다.

〈표 8-1〉 국내 주요 워터파크 현황

지역	업체명	입장객 통계		
		2017	2018	2019
경기	원마운트	761,871	690,658	610,199
	스파플러스	410,330	347,935	331,451
	안양워터랜드	-	-	-
	웅진플레이도시	702,194	711,328	745,085
	에버랜드 캐리비안 베이	1,358,251	1,321,148	1,310,020
인천	강화로얄 워터파크	-	-	-
울산	울산대공원 아쿠아시스	540,677	614,971	455,849
강원	설악한화 워터피아	506,505	459,981	425,031
	알펜시아리조트 오션700	192,612	121,878	208,949
	비발디파크 오션월드	1,330,000	1,264,000	-
	용평리조트 피크아일랜드	142,715	136,925	310,652
	휘닉스평창 블루캐니언	331,417	358,668	914,459
충남	레그랜드 펀비치	-	-	-
	상록리조트 아쿠아피아	-	835,082	805,809
	아산스파비스	454,982	394,320	273,464
	테딘 워터파크	-	-	-
	리솜스파캐슬	573,609	453,537	375,340
전남	파라오션 워터파크	-	-	-
경남	소노캄 거제 오션베이	225,136	248,904	257,831
	부곡하와이	72,344	-	-
	롯데워터파크	756,684	708,465	686,000
	통도아쿠아 환타지아	405,599	344,773	319,853
경북	경산 워터파크 펀펀비치	-	-	-
	블루원 워터파크	-	-	-
	캘리포니아비치	-	-	-
	판타시온 워터파크	-	-	-
제주	제주워터월드	-	-	-

자료 : 한국문화관광연구원. 워터파크의 선정기준은 워터파크의 주요 시설이라 할 수 있는 물놀이 시설을 기본적으로 3종(파도풀, 유스풀, 슬라이드) 이상 갖춘 업체를 선정기준으로 정리하였다.

국내 워터파크의 월별/계절별 운영현황을 살펴보면 [그림 8-3]과 같다. 국내의 대표적 워터파크 3곳(캐리비안 베이, 웅진플레이도시, 롯데워터파크) 모두에서 6월부터 입장객 수가 서서히 증가하기 시작하여 7~8월에 입장객 수가 가장 많은 극성수기를 기록하고, 8월 중순부터는 다시 입장객 수가 감소하기 시작하여 5월 말까지 비수기를 유지하고 있다. 이러한 결과는 반대로 여름철 비수기를 극복해야 하는 리조트로서는 워터파크가 비수기를 성수기로 전환시킬 수 있는 가장 좋은 대안이자, 많은 리조트에서 워터파크를 필수 시설로 개장하고 있는 이유이다.

[그림 8-3] 국내 워터파크 입장객 현황

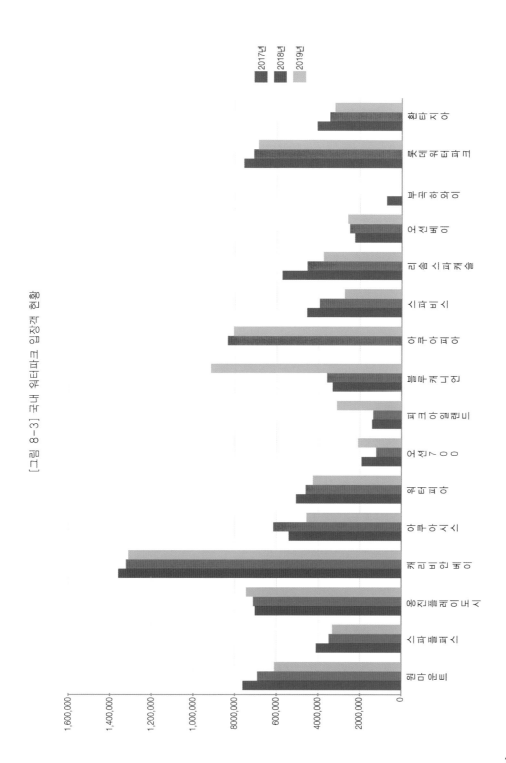

[그림 8-4] 국내 주요 워터파크 월별/계절별 입장객 추이

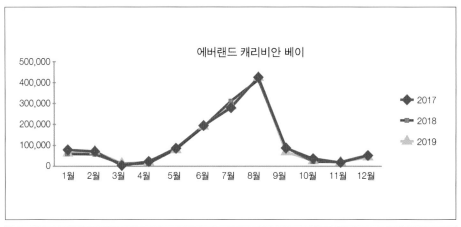

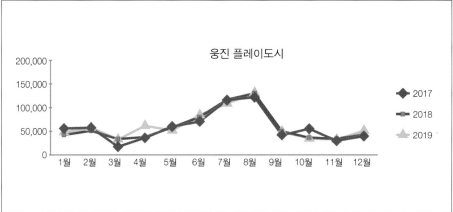

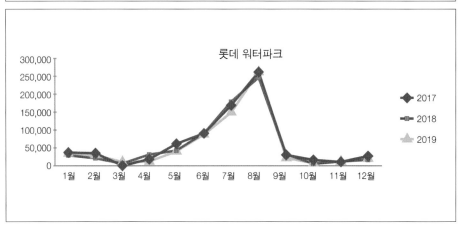

2. 국내 주요 워터파크

1) 캐리비안 베이

- ○ 위치 : 경기도 용인시 처인구 포곡읍 유운리 에버랜드 북쪽 계곡부
- ○ 면적 : 부지 35,000평(실외 30,910평, 실내 연면적 4,090평)
- ○ 테마 : 17세기 스페인풍의 카리브 해안을 테마로 구성

캐리비안 베이(Caribbean Bay)는 에버랜드의 사계절 영업 활성화 대안이자, 세계적 종합리조트로 거듭나기 위한 일환으로 1996년 7월에 국내에서는 처음으로 테마형 워터파크로 개장하였다.

캐리비안 베이는 멕시코, 콜롬비아에 걸쳐 있는 17세기 중남미 카리브해를 테마로 삼았다. 산마르코스 요새를 기본으로 구성한 캐리비안 베이는 바위벽과 발사포를 갖춘 성벽들, 중세 스페인풍의 낡은 건물로 이국적이면서도 고풍스러운 분위기를 자아낸다. 또한 주테마인 카리브해의 신비감을 그대로 전달하기 위해 해적들로부터 보물을 빼앗은 17세기 스페인의 난파선을 중앙의 가장 높은 곳에 우뚝 세우고, 주변에는 야자수와 아열대 식물들을 식재하였다.

캐리비안 베이는 국내 최초로 우리나라에 불리한 기후조건을 극복하기 위해 실내·외 복합형으로 조성하였으며, 유수풀로 실내·외를 연결하고 있다. 따라서 날씨 변화에 상관없이 사계절 이용이 가능하며, 6월부터 9월까지는 실외 테마파크를 개방해 물놀이객들을 흡수하고 있다. 총투자비는 1,000억 원이 들었고, 총면적은 3만 5,000평으로 동시에 1만 5,000명을 수용할 수 있으며, 미국 올랜도의 '타이푼 라군(Typoon Lagoon)'에 버금가는 세계적 규모의 워터파크이다.

국내 워터파크 시장에서는 1996년 개장 때부터 독보적인 1위 자리를 지켜오다가 오션월드가 오픈한 2006년부터는 오션월드와 함께 국내 워터파크 시장에서 강력한 양강 경쟁구도를 형성하고 있다. 2008년부터 대규모 투자를 통해 워터파크 내 '와일드 리버'를 선보이며 국내 워터파크의 수준을 한 단계 끌어올렸다는 평가를 받고 있으며, 세계테마파크협회(IAAPA)에서 전 세계 최고의 워터파크에게 수상하는 'Most-see 워터파크'에 선정됨으로써 세계적인 워터파크로 두각을 나타내고 있다.

▲ ①캐리비안 베이 파도풀은 폭 120m, 길이 130m로서 세계 최대 수준을 자랑하고 있다. ②캐리비안 베이 아쿠아루프에서는 18m 높이에서 자유낙하를 시작으로 360도 공중회전의 짜릿함을 맛볼 수 있다.

2) 오션월드

- 위치 : 강원도 홍천군 서면 필봉리
- 면적 : 총 117,604㎡, 축구장 14배 넓이, 동시수용인원 2만 3,000명
- 테마 : 이집트 룩소르 신전

강원도 홍천군 서면에 위치한 오션월드(Ocean World)는 소노벨 비발디파크 단지 내에 위치한 워터파크로서 이집트의 룩소르 신전을 테마로 하여 2006년에 최초로 개장하였으며, 2007년에는 파도풀을 개장하였고, 2009년에 다이내믹 존(워터슬라이드 단지)을 3차로 개장하였다. 오션월드는 자연환경의 훼손을 최대한 억제한 친환경 워터파크이며, 전체 규모는 117,604㎡로서 축구장 14배 넓이로 동시 수용인원만 2만 3,000여 명이다.

오션월드는 이집트의 룩소르 신전을 테마로 한 만큼 워터파크 내에도 피라미드, 스핑크스, 파라오 등 이집트의 숨결을 느낄 수 있는 신비로운 조형물들로 가득하다. 오션월드 입구에서부터 오벨리스크와 스핑크스 그리고 상형문자와 신들로 조각된 기둥으로 시작하여, 람세스 2세의 아부심벨, 태양신 스핑크스, 이집트의 대표동물 코브라, 어린 나이에 숨진 소년왕 투탕카멘, 미라의 내장기관을 보관하던 카노픽 항아리(canopic jar), 태양신의 상징인 오벨리스크 등이 워터파크 곳곳에 설치되어 이집트의 신비로운 분위기를 연출하고 있다.

또한 오션월드는 국내 최초로 이효리 같은 당대 최고의 빅 스타를 활용한 스타마케팅을 도입해 워터파크 시장의 마케팅 트렌드를 주도해 왔다. 2008년, 2009년이후부터는 섹시한 콘셉트와 물놀이 시설의 다이내믹한 면을 '비키니여 긴장하라', '하드코어가 되어 돌아왔다' 등의 카피로 표현해 젊은 층의 관심을 사로잡았으며, 스타마케팅 사례의 선두로 국내 워터파크 광고시장에는 소녀시대, 2PM, 티아라, 손연재 등의 빅 모델 활동이 두드러지는 현상이 나타났다.

2006년 개장 당시만 하더라도 많은 사람들은 오션월드가 몇 년 안에 국내 워터파크를 대표하던 '캐리비안 베이'를 입장객 수에서 능가하거나, 물놀이를 즐기기 위해 그 많은 관광객들이 강원권에 위치한 오션월드까지 방문할 것으로는 예상하지 못하였다. 그러나 오션월드는 많은 사람들의 예측을 깨고 규모나 내장객 수에서 세계 10대 워터파크에 선정되었다. 세계엔터테인먼트협회(TEA) 자료에 따르면 2007년 세계 9위(90만 명), 2008년 세계 6위(126만 명), 2013년 세계 4위(170만 명), 2018년 세계 4위(170만 명), 2018년 세계 15위(126만 명) 워터파크로 비약적인 성장을 기록하였다.

오션월드의 시설은 크게 실내 존, 익스트림 존, 다이내믹 존, 메가슬라이드 존으로 구분되어 있다.

▲ ①하늘에서 바라본 오션월드 전체 전경 ②오션월드는 이집트 룩소르 신전을 테마로 한 만큼 워터파크 곳곳에 이집트풍의 신비로운 조형물들로 가득하다.

3) 블루원 워터파크

○ 위치 : 경북 경주시 천군동 보문로
○ 면적 : 12,000평(실내 2,000평, 실외 8,500평, 광장 및 주차장 1,500평)

○ 테마 : 남태평양의 폴리네시아[1]

블루원(BlueOne)은 용인, 경주, 상주 등 3개 지역에서 3개의 골프장과 콘도미니엄, 워터파크를 운영하는 종합레저기업이다. 그중 블루원 리조트(BlueOne Resort)는 경주 보문관광단지 안에 위치하고 있으며, 리조트 단지 내에는 블루원CC, 블루원 콘도미니엄, 블루원 워터파크가 운영되고 있다.

블루원 워터파크(BlueOne Water Park)는 영남권 최대 규모의 워터파크로서 남태평양의 폴리네시안을 테마로 하고 있으며, 총 12,000평 부지에 실내 존 2,000평, 실외 존 8,500평, 광장 및 주차장 1,500평으로 이루어져 일일 최대 1만 명을 수용할 수 있는 규모를 자랑하고 있다. 워터파크는 크게 실내형 '포시즌(four season) 존'과 실외형 '토렌트(Torrent) 존', '웨이브(Wave) 존'의 3개 존으로 나누어져 있다.

블루원 워터파크의 대표적 물놀이 시설인 '스톰 웨이브'는 파도 높이 2.6m, 총길이 90m, 폭 26.6m의 규모로서 동시에 1,450명을 수용할 수 있으며, 이 밖에도 길이 266m, 폭 5m의 '토렌토 리버', 18m 높이에서 128m 구간을 순식간에 주파하여 스피드를 극대화한 4인승 튜브슬라이드인 '토네이도 슬라이드' 등의 매력적인 놀이 시설을 운영하고 있다. 그 밖에도 실외 가족형 복합놀이 공간인 어드벤처 플레이와 패밀리 슬라이드, 웨이브 슬라이드 등의 19가지 물놀이 시설을 갖추고 있다.

▲ 블루원 워터파크는 남태평양의 폴리네시안을 테마로 하고 있다(①블루원 리조트 전경 ②블루원 워터파크 전경).

---

1) '폴리네시안'이란 '많다'는 뜻의 '폴리(Poly)'와 '섬'이라는 뜻의 '네시아(Nesia)'가 합쳐진 말로 섬이 많은 지역이라는 의미이다. 뉴질랜드와 이스트 제도 그리고 하와이를 연결하는 삼각형 권내 광대한 남태평양 지역을 말한다.

4) 롯데 워터파크

- 위치 : 경상남도 김해시 장유로 555
- 면적 : 12만 2,777㎡(3만 7천여 평, 축구장 17배 크기)
- 테마 : 38m 높이의 거대한 화산을 배경으로 펼쳐지는 폴리네시안 스타일

롯데 워터파크는 롯데월드가 처음으로 신규 오픈하는 워터파크로서, 롯데월드가 그동안의 성공 DNA를 바탕으로 직접 운영한다. 롯데 워터파크는 2014년 5월에 경상남도 김해시 김해관광유통단지 내에 1만 8천여 명을 동시에 수용할 수 있는 규모로 개장하였으며, 2015년 6월에는 두 개의 존을 추가로 오픈하면서 남녀노소가 함께 즐길 수 있는 43개의 어트랙션을 갖추고 전체 개장하였다.

롯데 워터파크는 크게 네 개의 존(Zone)으로 구성되어 있다. 사계절 내내 물놀이를 즐길 수 있는 '실내 워터파크 존'과 화산에서 밀려오는 거대한 파도를 즐길 수 있는 '실외 파도풀 존'이다. 이와 함께 '래피드 리버 존'과 '토렌트 리버 존'까지 총 4개의 존이다.

실내 워터파크 손은 약 6,600㎡(2천 평) 규모로 국내에서 가장 큰 실내 워터파크로 조성됐다. 거대한 화산이 자리 잡고 있는 실외 파도풀 존에는 국내 최대 규모의 파도풀을 비롯해 더블 스윙 슬라이드, 토네이도 슬라이드 등 보다 스릴 넘치는 어트랙션들이 들어서 있다. '래피드 리버 존'과 '토렌트 리버 존'에는 워터파크의 꽃인 총 9가지의 스릴 라이드가 운영되고 있다.

이 외에도 롯데 워터파크에는 기존 워터파크에서 보기 어려웠던 다양한 엔터테인먼트 쇼를 선보인다. 롯데 워터파크의 심벌이자 거대한 파도를 만들어내는 높이 38m의 '자이언트 볼케이노(Giant Volcano)'는 20m 높이의 불기둥이 솟아오르고, 1.8톤의 물이 40m 높이에서 용암처럼 쏟아져 내리며 장관을 연출한다. 화산이 터지면서 시작되는 2.4m 높이의 파도가 30분간 짜릿한 스릴을 선사한다. 또한 롯데 워터파크는 캐릭터 개발에도 주력하고 있는데, 대표 캐릭터는 '로키(Lokki)'로, 남태평양 폴리네시아의 창조신 '티키(Tiki)'를 모티브로 한다. '로키'는 파크 곳곳에서 볼 수 있을 뿐만 아니라 공연 중에도 모습을 드러내며 롯데 워터파크만의 특별한 재미를 선사하고 있다.

① ②

▲ 롯데 워터파크는 롯데월드가 직접 운영하는 워터파크로서 남태평양의 폴리네시아 스타일을 테마로 하고 있다(①롯데 워터파크 전경 ②야외 파도풀 전경).

제4절 외국의 워터파크

1. 미국

물 중심의 동태적인 놀이기능을 가진 워터파크의 원형은 1977년에 미국의 플로리다주 올랜도에 개장한 Wet'n Wild로 알려져 있다. 당시에는 2개의 워터슬라이드만 있는 간단한 시설이었으나, 현재는 2개의 인공 파도풀, 16개의 Activity Pool, 어린이풀을 갖는 복합적인 물 중심의 테마파크가 되었다. 이것을 계기로 1985년에는 본격적인 대규모 워터파크인 Typoon Lagoon(월트디즈니社)이 플로리다에 개장되었고, 현재 전역에 걸쳐 300여 개소의 크고 작은 워터파크가 운영되고 있다.

1) 웨튼 와일드 워터파크

1977년 개장한 웨튼 와일드 워터파크(Wet'n Wild Water Park)는 젊은 계층을 겨냥한 라이드 중심의 실외형이며 오락·위락지향형 워터파크이다. 16개의 워터슬라이드, 2개의 인공 파도풀, Activity Pool, 어린이풀을 중심으로 Racing rapid, Knee ski, Mini golf, Bubble up 등의 다양한 시설로 구성되어 있다. 그리고 앞장에서 살펴본 이미지 연출방법의 경향 중 놀이활동의 콘셉트를 이용한 사례이다.

2) 타이푼 라군 워터파크

월트디즈니가 개발한 타이푼 라군 워터파크(Typoon Lagoon Water Park)는 1985년 5월에 개장하였으며, 가족단위로 이용하는 실외 오락·위락형 워터파크이다.

화산과 열대정글, 태풍에 의해 파멸된 숲, 쓰러진 집, 화산 정상에 좌초된 새우잡이 배 미스틸리호가 떠내려 온 것을 이미지 스토리로 잡아 공간을 구성하였다.

이런 상황 설정 속에 5대의 워터 슬라이드, 서핑 풀, 급류타기 등의 다양한 시설을 설치하였고, Shark Reef에서는 열대어, 새끼 범고래 등의 해양 생물들이 살고 있는 바닷물 연못을 볼 수 있고, 간단한 스노클링 강습을 받을 수 있는 다양한 교육 프로그램이 도입되고 있다.

▲ ①다양한 놀이시설을 테마로 한 Wet'n Wild 파크 전경 ②무인도의 해안을 테마로 한 Typoon Lagoon Water Park 전경

2. 일본, 피닉스 시가이아 리조트

○ 위치 : 규슈 미야자키현
○ 면적 : 84,622㎡
○ 테마 : 남쪽의 낙원

피닉스 시가이아 리조트(Phoenix Seagaia Resort)는 세계 어디에 내놓아도 손색이 없는 고급리조트로 일본인들은 물론 세계 여행자들의 방문을 유혹할 만한 다양한 시설을 고루 갖추었다.

아름다운 자연을 배경으로 한 700ha의 부지에는 45층으로 된 초고층의 우아한 호텔을 비롯하여 대형 컨벤션센터, 실내 워터파크, 골프코스, 온천장 등 다양한 시설이 완비되어 있어 최고의 리조트에서 누릴 수 있는 진정한 의미의 즐거움을 선사한다.

피닉스 시가이아 리조트에서는 1994년 10월에 개장한 세계 최대 규모의 개폐형 돔 구조로 되어 있는 실내 워터파크인 오션돔이 있다. 오션돔은 Phoenix Seagaia Resort의 중심 시설로 동시에 1만 명을 수용할 수 있다. 이곳은 인공으로 조성한 해안으로 폭은 140m, 해안선의 길이는 85m에 이르고 800톤에 달하는 바다자갈이 해변에 조성되어 있다. 음향장치를 통해 새소리가 들려오게 하였고 인공 야자수에는 속이 빈 파이프를 통해 바람을 불어넣어 가지가 마치 바람에 흔들리게 하는 효과를 연출하고 있다.

인공 해변 주변에는 'Bali Hai'라는 특별한 장소가 있어 매 15분마다 인공 화산이 굉음 · 연기와 함께 폭발하는 이벤트를 제공하고 있으며, 'Water Crash'라고 하는 시뮬레이션 극장의 스크린을 통해 거품이 이는 급류가 마치 자신을 향해 돌진해 오는 형상을 재현시켜 급류타기를 약 5분 동안 경험할 수 있게 하고 있다.

▲ 피닉스 시가이아 리조트 워터파크는 천장이 개폐형으로 된 세계 최대의 실내형 오션돔이다(피닉스 시가이아 리조트 워터파크 전경).

3. 캐나다, 웨스트 에드먼턴 몰 워터파크

○ 위치 : 앨버타주 에드먼턴

○ 시설면적 : 460,000㎡ 중 워터파크의 면적은 20,000㎡

○ 테마 : 북쪽지방 사람들이 원하는 常夏, Fantasy, 변화라는 비일상성을 도입하여 구성

캐나다에는 2020년 기준으로 18개소의 워터파크가 설치되어 운영되고 있으며, 그 중 앨버타주 웨스트 에드먼턴 몰(WEM : West Edmonton Mall Water Park) 내에 위치한 월드 워터파크가 세계적으로 유명하다. 1981년, 1983년, 1985년 3기로 나누어 세계

최대의 쇼핑센터와 오락시설 호텔, 스포츠시설을 복합시킨 새로운 규모의 집객시설에 위치한 실내형 워터파크이다.

전관이 유리돔으로 되어 있어서 채광에 최대한의 배려를 해놓고 있다. 22대의 슬라이드, 스파이슬러 슬라이드가 질주하는 인공 파도풀 등으로 구성되어 있으며 워터파크와 북쪽에서 만나는 쇼핑몰에서 유리 너머로 이곳을 전망할 수 있어서 더욱 매력적이다.

▲ 웨스트 에드먼턴 몰 내에 위치한 '월드 워터파크'는 6,000평 면적의 실내형 워터파크이다.

4. 중국, 침롱 워터파크

미국에 디즈니랜드가 있다면 중국에는 침롱리조트(ChimeLong Resort)가 있다. 중국 광저우에 위치한 침롱 워터파크(ChimeLong Water Park)는 아시아 최대 규모이고, 디자인 측면에서도 세계적이다. 워터파크의 전체 디자인은 테마파크 디자인 전문 회사인 캐나다의 '포렉'에서 설계하였다.

침롱리조트에는 놀이공원, 서커스극장, 워터파크까지 그 규모가 디즈니랜드 못지않다. 그중에서도 침롱 워터파크는 하루 평균 3만여 명이 입장하는데 2018년 한 해 동안에만 274만여 명이 입장하여 입장객 순위에서 세계 1위 워터파크로 부상하여 8년 연속 세계 1위를 기록하고 있다.

워터파크의 주요 시설로는 급류에 몸을 맡기고 유유히 떠도는 유수풀과 자이언트 슬라이드, 하와이 워터타운, 제트슬라이드 등이 있다. 제트슬라이드는 2006년에 세계 최고의 슬라이드를 수상한 이력이 있다. 이 밖에도 세계 최대 규모의 파도풀과 20m 높이에서 50km 속도로 떨어지는 버티컬리미트 슬라이드가 있다. 어린이들을 위한 시설로는 미니 토네이도 슬라이드, 키즈 워터파크 등 다양한 어트랙션을 갖추고 있다.

▲ 아시아 최대 규모를 자랑하는 중국 침롱 워터파크 전경

〈표 8-2〉 세계 20대 워터파크 현황

Division	Park and Location	Change	2018	2019
1	Chimelong Water Park, Guangzhou, China	1.9%	2,690,000	2,740,000
2	Typhoon Lagoon Water Park at Disney World Resort, Orlando, FL, US	5.0%	2,163,000	2,271,000
3	Disney's Blizzard Beach Water Park at Walt Disney World Resort, Orlando, FL, US	3.0%	1,945,000	2,003,000
4	Parque Aquatico Thermas DOS Laranjais, Olimpia, Brazil	-1.8%	2,007,000	1,971,000
5	Aquaventure Atlantis Bahamas Water Park, Paradise Island, Bahamas	0.0%	1,831,000	1,831,000
6	Volcano Bay Water Theme Park at Universal Orlando Resort, Orlando, FL, US	15.0%	1,500,000	1,725,000
7	Aquatica Orlando, Orlando, FL, US	8.5%	1,434,000	1,556,000
8	Therme Erding, Erding, Germany	13.6%	1,320,000	1,500,000
9	Hot Park Lio Quente, Caldas Novas, Brazil	-3.2%	1,481,000	1,433,000
10	Aquaventure Water Park, Dubai, UAE	3.5%	1,350,000	1,397,000
11	WUHU Fantawild Water Park, WUHU, China	13.3%	1,200,000	1,360,000
12	Kaifeng Yinji Water Park, Kaifeng, China	3.8%	1,300,000	1,350,000
13	Sunway Lagoon, Kuala Lumpur, Malaysia	0.0%	1,300,000	1,300,000
14	Aquaplace, Prague, Czech Republic	6.0%	1,215,000	1,288,000
15	Ocean World, Gangwon-do South Korea	-5.0%	1,330,000	1,264,000
16	Siam Park, Santa Cruz de Tenerife, Spain	0.1%	1,209,000	1,210,000
17	Caribbean Bay, Gyeonggi-do, South Korea	-13.0%	1,380,000	1,200,000
18	Shenyang Royal Ocean Park – Water World, Fushun, China	0.0%	1,200,000	1,200,000
19	Tropical Islands, Krausnick, Germany	2.7%	1,168,000	1,200,000
20	Wet 'N' Wild Gold Coast, Gold Coast, Australia	-5.1%	1,180,000	1,120,000
Total		2.5%	30,155,000	30,919,000

자료 : Themed Entertainment Association, 2020.

제9장

마리나리조트

제1절 마리나리조트의 이해

1. 마리나리조트의 개념

마리나(marina)란 용어는 이탈리아어로 '작은 항구'라는 뜻에서 유래가 되었으며, 라틴어로 '해변의 산책길'이란 단어에서 유래하였다는 게 정설이다. 이후 1930~1940년대에 주로 부유층이 여가 활동형 보트를 즐기는 시설을 지칭하였고, 1950년대 이후로는 온갖 종류의 레저용 보트를 위한 시설과 이와 관련된 서비스 시설을 갖춘 요트 전용 항만 시설을 마리나로 부르기 시작하였다.

위키백과 사전에서는 마리나를 '요트나 레저용 보트의 정박시설과 계류장, 해안의 산책길, 상점, 식당가 및 숙박시설 등을 갖춘 항구'라고 정의하고 있다.

현대적 의미에서도 마리나란 '해안가에 방파제 등을 쌓아 파도가 없는 수역을 확보하고, 그것에 요트를 정박시킬 수 있는 계류시설과 클럽하우스, 요트수리소, 요트적치장, 급유소 등 요트를 타는 데 필요한 연관 시설을 갖춘 요트 전용 항구'로 설명할 수 있다. 해양레저 복합공간인 마리나를 활성화시킨다는 말은 해양레저선박 보관·계류, 제작, 임대사업, 서비스 등 연관 산업을 동반 성장시켜 나간다는 말이다.

국내에서도 2000년대 이후 해양성 레크리에이션에 대한 수요가 점진적으로 다양화·전문화되면서 해양레저의 핵심시설인 마리나리조트에 대한 수요가 증가하고 있다. 특히 3면이 바다로 둘러쌓인 우리나라는 해양관광개발에 있어 매력적인 요소가 많다는 점과 고급해양스포츠에 대한 국민적 수요증가가 맞물리면서 바다를 낀 지자체들의 발전적 대안으로 마리나리조트개발이 증가하고 있다.

따라서 본서에서는 마리나의 공통적인 특징들을 도출하여 마리나리조트를 '다양한 해양레저 활동을 즐길 수 있는 마리나 시설을 핵심시설로 하면서 체재를 위한 숙박시설과 레스토랑, 클럽하우스, 컨벤션센터, 엔터테인먼트 등 다양한 서비스 시설을 갖춘 해양레저의 복합단지'로 정의한다.

▲ 수려한 자연경관을 갖춘 거제도에 위치한 해양마리나리조트의 명가 소노캄 거제(구 대명리조트 거제마리나) 전경

2. 마리나리조트개발 유형

1) 쾌적성 활용형 마리나

해수면이 갖는 공간적인 개방성과 낭만이 넘치는 풍광과 자연적 요소를 중시하여 지역주민이나 도시생활자에게 자연과 접하는 장소가 되며, 쾌적한 공간을 조성하는 개발형태이다.

예를 들면 미국의 실쇼울 베이 마리나(Shilshole Bay Marina)는 원래 시애틀을 중심으로 개발된 지역으로 요트환경에 대단히 혜택을 받는 곳으로서 1인당 요트보유율도 미국 내에서 최상위이다. 마리나의 특징으로서 그 본래의 쾌적성을 중시하고 있으며, 도로와 해면이 인접하고 있어 이용자가 편리하게 사용한다는 장점이 있다.

전체적으로 산뜻한 인상을 주는 풍경도 이 마리나의 실용적인 성격을 나타내고 있으며, 거리 전체가 만과 운하와 호수로 둘러싸여 있어 자연환경을 자연스럽게 재개발하였는데, 마리나의 재개발은 대규모 개발이 기존 시설을 중심으로 이루어졌다. 여기에 레스토랑과 수입 잡화점을 새롭게 설치하여 생활의 장으로서 마리나 개발이 이루어졌으며, 해양박물관과 수족관, 극장 등의 시설은 관광명소로 발전하였다.

2) 도시문제 해결형 마리나

일반적으로 세계의 대도시 지역은 주거교통, 용지부족 등 물리적인 고충뿐만 아니라 범죄, 재해의 대형화 등 사회적 분야에 이르기까지 다양한 도시문제에 노출되어 있다. 도시 중심부 공동화 현상은 토지의 효율적 이용 측면에서도 시급히 해결하여야 할 과제이다.

마리나의 개발은 주거문제의 해결 외에도 토지의 절대량 부족에서 발생한 교통, 환경, 산업입지 등의 여러 가지 도시문제를 해결하는 개발형태로 주목받고 있으며, 경직화된 도시구조를 해결하기 위한 수단으로도 매우 중요한 의미를 지니고 있다.

예를 들면 미국의 버클리 마리나(Berkeley Marina)는 마리나를 개발했다기보다는 도시계획의 일부로서 마리나 개발이 포함되었다는 개념이다. 원래는 습지대였던 이 지역에 관광객을 유치한다는 목적으로 마을을 만들고, 해안선도 충분히 살려 기반시설을 충실하게 개발하였다. 따라서 개발의 초점은 어디까지나 도시문제를 해결하기 위한 마리나를 포함한 주택과 도로의 건설에 있다.

3) 유휴지 재생형 마리나

역사적으로 볼 때 마리나가 있는 도시는 그곳에 입지하는 산업·해운기능 등을 토대로 도시가 형성되어 왔다. 이러한 기능도 시대의 변화에 의해 도시기능의 친수공간을 침식하고 산업화에 따른 대형선박의 도입으로 시대의 변화에 따라 적응할 수 없었던 친수공간은 황폐화되기 시작하였다. 이처럼 황폐화된 친수공간을 보전·수복 또는 재개발하여 새로운 도시공간으로 전환하는 것이 유휴지[1] 재생형 개발이다.

호주의 골드코스트 지역에 위치한 생크추어리 코브 마리나(Sanctuary Cove Marina)는 소택지와 같은 저습지의 하구를 이용해서 개발된 곳이다. 거대한 마린 레저는 별장과 호텔을 중심으로 생활공간과 해양레저공간으로 분리되어 있다. 1990년도 호주 제1위 관광지로 손꼽힌 바 있으며, 330척 규모로 계류시설과 함께 호주 제1의 마리나 시설로 유명하다. 골프장은 Palm Course와 Pines Course 등 2개의 챔피언십 코스로 되어 있다.

---

1) 유휴지(unused land) : 사용되지 않거나 수익이 발생되지 않는 땅으로 묵히는 땅을 의미.

그 외 스포츠시설은 테니스코트 9면, 스쿼시볼 코트, 수영장, 트랙경기장, 잔디볼링장, 에어로빅센터, 컴퓨터 건강진료센터 등이 있으며, 100개가 넘는 쇼핑센터와 병원, 레스토랑, 예술화랑 등과 같은 편의시설들이 골고루 갖추어진 리조트이다.

4) 시장도입형 마리나

마리나는 많은 사람을 모이게 하는 응집력이 있으므로 업무기능을 위한 개발에 시장성을 확보하여 부가가치를 높일 수 있는 지역으로 만들 수 있다. 이와 같이 마리나가 가지고 있는 응집성·시장성에 착안하여 판매시설, 식당가, 위락시설, 문화시설 등의 다양한 시설을 갖춤으로써 도시의 활력과 번영을 제고시키는 것이 시장도입형 개발이다.

영국의 오션 빌리지 마리나(Ocean Village Marina)는 사우샘프턴(Southampton)의 도크랜드를 재개발하여 빌리지, 오피스, 주택, 마린숍, 접견소 등을 포함한 시장성을 목적으로 개발한 복합형 마리나로서 주위에는 영화관과 주택단지가 있고 남쪽에는 조금 떨어져 은행빌딩이 건설되었다. 마리나에는 450여 척의 계류공간이 있고 연간 계류 요금이 저렴한 편이다.

5) 경기 캠프형 마리나

기존 마리나의 개발형태와는 달리 비영리적인 형태로서 각종 해양레저스포츠 프로그램과 이벤트 프로그램을 개발하고, 해양체험교실 등을 통하여 엘리트 선수의 잠재수요를 확보하며, 국가대표 선수들의 강화훈련을 목적으로 하는 마리나이다. 또한 국제대회 등을 유치하여 이벤트를 개최함으로써 부가가치를 높여 경제적인 영향이 지역주민들에게 돌아가도록 유도하는 마리나의 형태이다.

마리나 자체는 수익성이 없지만 국가차원에서 국익을 보호하거나 협동마케팅을 통한 환경정화와 지역사회에 미화된 프로젝트를 활용함으로써 공간적 참신성에 부응하고, 국가 위상의 기능을 수행하는 형태의 마리나이다. 국내에서는 '부산 수영만 요트경기장 마리나'가 88서울올림픽 요트 경기를 위해 개발되었으며, 중국의 '칭다오 요트 국제경기장'도 2008년 베이징올림픽을 위해 경기장으로 건설되었다.

3. 마리나의 기본시설

1) 방파제

파도의 억제 및 요트 보호를 위한 시설로서 마리나 시설 중 가설비용이 가장 큰 부분을 점하고 있으므로 방파제는 안전성을 검토하여 가급적 비용이 적게 들도록 계획해야 한다. 방파제의 개구부(開口部)는 연안류, 표사 등의 유입을 막기 위해 폭원(幅員)이 좁을수록 유리하며, 개구부의 방향은 항풍방향과 90도의 각도를 이루는 것이 바람직하다.

▲ 요트를 보호하기 위한 방파제 전경

2) 계류시설

마리나의 가장 기본적인 기능으로서 수역과 보트를 고정시키기 위한 계류시설이다. 계류시설로는 방파제, 호안 잔교, 부교 등이 있는데, 수위의 차이에 대한 대응, 승강의 편리성과 안전성, 각종 선박형태에 대한 유연성, 정비비용 등의 관점에서 부교, 잔교가 많이 이용된다.

269

계류시설을 이용한 보관형태는 수면보관과 육상보관이 있는데, 수면보관은 부교 등의 계류시설에 보트를 계류한 채 보관하는 것이며, 육상보관은 유성에 보트를 인양 하여 보트 선착장에 보관하는 것이다.

▲ ①해상계류장에 정박 중인 요트 전경 ②육상계류장에 보관 중인 요트 전경

3) 인양시설

육상보관의 경우 요트의 출입 시 보트를 수면에서 인양해야 하며, 수면보관의 경 우에도 수리, 보수, 점검을 위해 인양기능이 필요하다. 인양시설에는 크레인, 보트리 프트 등이 있다.

▲ 요트 인양 크레인 전경

270

4) 수리 및 급유 시설

보팅의 안전 확보를 위한 보트의 수리와 점검, 부품의 관리 및 폐오일의 처리 및 관리를 위한 요트수리소가 필수적이며, 요트의 연료보급 및 급수시설 등도 필요하다.

▲ 요트 수리소 전경

5) 숙박 및 상업 시설

서비스시설은 숙박시설과 상업시설로 구분할 수 있는데, 숙박시설로는 호텔, 별장, 리조트 등이 있으며, 상업시설로는 레스토랑, 쇼핑센터 등이 있다. 기타 관련시설로는 레크리에이션시설, 문화학술시설로 인공해변, 조업시설, 캠프장, 풀, 수족관, 해상박물관 등이 여기에 속한다.

▲ 대규모 마리나리조트는 숙박시설과 상업시설 등을 갖추고 있으며, 주변 지역에도 많은 호텔과 상점들이 들어서 있다(말레이시아 코타키나발루 마리나리조트 전경).

271

6) 클럽하우스

클럽하우스는 복합적 기능을 수행하기 위한 중심적 활동시설로서 관리사무소, 로비, 홀, 휴게시설, 안전구호시설, 감시실, 정보제공시설, 탈의실, 보관함, 쇼핑시설 등이 갖추어져 있으며, 연수실은 대·소회의실, 전시실, 연회장시설 등을 갖추고 있다. 주로 클럽에 소속된 회원과 비회원에 대해 접수, 사무, 휴식, 식사, 보건, 위생, 레크리에이션, 집회, 정보제공 등의 장소적 기능을 제공하며, 한편으로 마리나의 심벌로서의 기능도 있다.

7) 정보 / 교육기능

최근 증대하고 있는 해양성 레저·레크리에이션의 다양화에 따른 기상, 해상 등의 안전상 불가결한 정보에서부터 이벤트까지 각종 정보제공의 중요성이 높아지고 있어 클럽회원들을 위한 정보제공이 필요하며, 요트 및 보트의 초보이용자들을 위한 다양한 요트스쿨이나 강습회 등의 교육적 시설과 기능이 필요하다.

제2절 수상레포츠의 종류

1. 요트

요트(Yacht)란 상선, 어선, 군함 등과 같이 업무수행을 목적으로 하는 배가 아닌, 놀이나 스포츠에 이용되는 오락용 배로서 사람이 비교적 힘을 덜 들이고 쾌주할 수 있는 배를 총칭한다.

이는 크게 엔진의 동력으로 추진하는 모터요트(motor yacht)와 돛에 바람을 받아 운항하는 세일요트(sail yacht)로 나눌 수 있다. 엔진을 장착한 놀이 전용의 동력선이라도 선실에 주거시설을 갖추지 않은 배는 모터보트(motor boat)라 부르며 요트의 범주에 속하지 않는다.

세일요트는 선실을 갖추지 않은 작은 보트에 돛을 단 세일링 보트(sailing boat)와 선실에 주거시설을 갖춘 비교적 큰 범선 형태인 세일링 크루저(sailing cruiser)로 구분된다. 세일링 보트는 연안이나 호수에서 스포츠 또는 레저용으로 이용되며, 오늘날 올림픽과 아시아대회 등에서 채택되고 있는 경기정은 모두 이 세일링 보트이다. 세일링 보트 중에서도 작은 것들을 딩기(dinghy)라 부른다.

〈표 9-1〉 요트의 분류

구 분		용 도	편의시설	승선인원	평균가격
요트	모터요트 (Motor Yacht)	모터가 주가 되고, 돛이 부가적 기능	세일요트에 비해 규모가 대형		
	세일요트 (Sail Yacht)	작은 돛대딩기(Dinghy)	경기필수품	1~3명	6백만 원
		연안 항해용(Day Cruiser)	간이취사 및 주거	3~6명	4천 2백만 원
		대양 항해용(Offshore)	주거시설 완비	6명 이상	1억 6천만 원

자료 : 대한요트협회.

▲ 모터요트는 돛이 없고 모터로 항해하는 호화 요트이다.

▲ 세일요트는 모터엔진이 없으며, 바람을 이용한 돛으로 항해한다.

▲ 딩기요트는 세일요트 중에서 가장 작은 요트이다.

요트관련 상식

돛대에 엔진이 달려 있으면 모터요트?

간혹 어떤 사람은 엔진이 달린 돛배(Sail Cruiser)를 모터요트라고 잘못 알고 있다. 돛배에 엔진이 부착된 것은 어디까지나 보조용이기 때문에 모터요트라고 부르지 않는다. 참고로 Sail Cruiser는 크든 작든 보조 엔진을 장착하고 있다. 근래에 항해 시간을 아끼려는 사람들이 돛배에 큰 엔진을 장착하여 바람이 약할 때는 엔진을 사용하여 달린다. 이런 배는 모터 세일러(Motor Sailer)라고 부른다.

모터요트

돛배(요트)가 국내의 호화 레저로 인식되는 것은 모터요트 때문이 아닌가 생각한다. 모터요트들은 주로 왕실이나 거부들이 타는 그야말로 호화 모터요트를 말한다. 돛이 없고 엔진으로 항해하며 배의 규모도 크고 선원들 또한 수십 명이 운영을 하는데 이러한 배는 당연히 호화 사치 레저를 위한 요트이다.

세일 크루저(Sail Cruiser)

크루저(Cruiser)라는 단어는 돛배만이 아니라 해군의 순양함, 호화 여객선, 심지어 미사일에도 이 단어를 사용한다. 이들의 특징은 어떤 일정한 목표를 향해 곧바로 가는 것이 아니라 이리저리 달린다를 의미하는데, 어원은 네덜란드의 'Kruisen'에서 유래되었으며 의미는 해적선들이 먹잇감을 찾기 위해 정상 항로를 벗어나 이리저리 항해하면서 해적질을 하였는데 이런 항해를 Cruiser라 불렀고 17세기 후반 네덜란드 말을 영국에서 인용하여 오늘날 크루저(Cruiser)로 사용하게 되었다.

오늘날 요트에서 Sail Cruiser란 주로 30~50피트 크기의 장거리 여행용 돛배를 의미하며, 반면 대양 횡단 경기용 돛배는 Ocean 혹은 Offshore Racer로 통용된다.

자료 : 대한요트협회.

2. 윈드서핑

윈드서핑(Wind Surfing)은 보드세일링(board sailing) 이라고도 부른다. 세일(sail : 날개)이 받은 바람의 힘을 몸으로 조종하여 보드(board)로 달리기 때문이다. 윈드서핑은 물과 바람만 있으면 어디서든 남녀노소 누구라도 즐길 수 있는 레저와 스포츠 기능을 갖추고 있는 레저스포츠이다.

윈드서핑은 유럽에서 폭발적인 인기를 불러일으키며 보급되기 시작하였다. 1976년 바하마 세계 윈드서핑 선수권대회에서 로비 네이쉬라는 슈퍼스타가 나타나 현란한 기교를 선보이기 시작하면서 전세계에 급속히 확산되어 지금은 세계인들에게 최고의 인기를 누리고 있는 스포츠가 되었다. 1984년 LA올림픽대회 때부터 정식 종목으로 채택되었는데, 세계 여러 곳에서 크고 작은 대회가 활발하게 개최되고 있으며 월드컵대회도 개최된다.

3. 수상스키

수상스키(Water Ski)는 비교적 많이 알려진 대중 레저스포츠이다. 하지만 어렵고 위험해 보이는 일반적인 인식과는 달리 수영을 할 줄 몰라도 30분 정도의 기초교육을 받으면 안전하게 배우고 쉽게 즐길 수 있다. 물살을 가르며 달릴 때와 물 위를 질주할 때 몸 전체의 균형을 잘 유지해야 하므로 균형감각을 발달시켜 줄 뿐만 아니라 전신운동의 효과도 매우 높다.

수상스키는 윈드서핑과는 반대로 바람이 없는 지역에서 주로 행해지는데 강이나 호수 주변에서 많이

이용되고 있으며, 시속 60km 정도로 질주하게 되므로 운동량이 많아 1회에 10분 정도를 넘지 않도록 하며, 1시간 이상의 휴식이 필요하다.

우리나라에서는 1962년 미국의 사이프러스 수상스키 팀이 내한하여 한강 인도교 밑에서 시범을 보인 것이 효시이다. 1979년에는 수상스키협회가 창립되었고, 1984년에는 세계 수상스키협회에 가입하였다.

4. 스킨스쿠버

스킨스쿠버(Skin Scuba) 다이빙이란 스킨(skin)다이빙과 스쿠버(scuba)다이빙의 복합어이다. 국내의 스킨스쿠버 인구는 약 5만 명 정도로 추산되며 매년 교육인구가 증가하고 있다. 스킨스쿠버 다이빙은 크게 세 가지로 구분한다.

1) 스킨다이빙

스킨다이빙(Skin Diving)은 수경, 오리발, 스노클의 기초적인 장비만을 착용하고 수면에서 호흡을 멈춘 상태로 10m 수심 미만까지 왕복하여 즐길 수 있는 간단한 다이빙을 말한다. 스노클(snorkel)을 이용하여 호흡하기 때문에 스노클링(snor- keling)이라고 부르기도 한다.

2) 스쿠버 다이빙

스쿠버 다이빙(Scuba Diving)은 압축공기통과 호흡기 등을 착용하고 수중에서 활동할 수 있는 다이빙을 말하며, 스포츠 다이빙에서는 약 30m 미만에서 즐기는 것이 안전하다. 스쿠버 다이빙은 생각보다

쉬우며 수영을 약간 할 수 있는 건강한 사람이면 누구나 안전하게 할 수 있는 과학적인 레저스포츠이다.

3) 헬멧 다이빙

헬멧 다이빙(Surface Supplied)은 수면으로부터 연결된 호스를 통하여 연속적으로 공급되는 공기를 이용한다. 수중에서 장시간 체류할 수 있으며 작업 다이빙에 이용된다.

5. 기타 수상레포츠

1) 제트스키

수면 위를 미끄러지듯 질주하는 물 위의 모터사이클 제트스키는 무엇보다 엄청난 스피드의 스릴감과 쾌감이 만점인 종목이다. 10분 정도 동작방법을 익힌 후 안전요원의 지시에 잘 따르면 수영을 못하더라도 손쉽게 배울 수 있다. 탑승자가 모터에서 떨어지게 되면 제트스키가 원을 그리며 추락지점으로 되돌아오도록 설계되어 손쉽게 다시 탑승할 수 있다.

2) 패러세일링

패러세일링은 모터보트에 낙하산을 매달아 견인하여 구명복을 착용한 상태로 하늘로 떠오르게 하는 종목이다. 조작이 간편하고 전문가의 도움을 받으므로 별다른 기술은 필요없지만 안전수칙을 숙지하고 임해야 한다. 말 그대로 '하늘을 나는 기분'을 만끽할 수 있는 패러세일링은 비상하는 스릴과 세상을 하늘에서 바라보는 호방함을 맛볼 수 있으며 담력을 키우는 데도 도움이 된다.

3) 워터 봅슬레이(바나나보트)

워터 봅슬레이는 보통 바나나보트라고도 불리며, 스피드 보트가 특수고무로 만들어진 바나나 모양의 무동력 보트를 초고속으로 끌어 수면 위를 달리는 것으로, 박진감 넘치는 가운데서도 매우 아기자기한 재미를 맛볼 수 있다. 5~10인이 한번에 디며 이리지리 몸을 돌려 물

에 빠지지 않기 위해 안간힘을 쓰는 재미가 있다. 속도가 붙어 물 위를 솟구쳐 올라 튕겨 날아오르는 기분은 바나나보트만의 재미라 할 수 있다.

4) 바다래프팅

바다래프팅은 계곡의 급류를 헤쳐 나가는 일반 래프팅과 달리, 거센 바람을 가르고 파도를 헤쳐 나가는 호연지기를 기를 수 있는 종목이다. 무엇보다 여럿이 힘을 합쳐 공동의 과제를 해결해야 하는 행동훈련적 성격이 강하므로 협동심과 단결력이 필요한 가족, 친구, 회사 단체에 적합한 종목이다.

5) 플라이보드

플라이보드는 물줄기의 힘과 균형 감각을 이용해 물 위를 날아다니는 묘미를 느낄 수 있는 수상레포츠이다. 체험방법은 발에 착용한 보드와 팔에 착용한 호스에서 물줄기가 뿜어져 나와 이 힘으로 수면 위를 상승해 마치 물 위를 나는 듯한 스릴을 즐기는 원리이다. 물줄기를

분사하는 동력은 호스가 연결된 제트스키에서 받는데 수면 위로 최대 18m까지 상승할 수 있고, 수준에 따라 자유자재로 날아다닐 수 있는 재미를 느낄 수 있다.

제3절 국내 마리나리조트

1. 국내 마리나리조트 현황

1) 국내 마리나의 개요

우리나라는 '해양레저의 꽃' 요트문화가 정착된다는 1인당 국민소득 3만불 시대에 들어섰다. 실제로 최근 들어 요트 수도 눈에 띄게 증가하고 있다. 부산 수영만이나 화성 전곡항을 필두로 전국 마리나에는 요트들이 즐비하게 늘어서 있고 심지어 계류장이 부족해 요트들이 길가에 늘어선 광경도 자주 목격된다. 또한 한국의 해안은 삼면이 바다로 둘러싸여 해양레저 스포츠가 발달하기 좋은 여건을 갖추고 있다. 아름다운 섬과 환상적인 풍광을 자랑하는 수로를 따라 한가롭게 요트를 즐길 수 있는 친수공간도 확보하고 있다.

하지만 이러한 좋은 여건에도 불구하고 한편으로는 요트가 일부 부유층만이 즐기는 레포츠로 인식되어 요트산업이 선진국 수준으로 발전하지 못하고 있다. 실례로 2020년 기준 전 세계에는 2만3,000여 개소의 마리나가 운영 중이지만 아시아권의 일본은 570개소, 중국 90개소, 한국이 37개소로 수적인 면에서도 약세를 보이고 있다. 그렇다면 우리나라 국민들이 해양레저를 손쉽게 이용할 수 있는 방법은 무엇이 있을까?

해양레저산업이 발전하기 위해서는 먼저 일반인들이 쉽게 접근할 수 있는 마리나 시설을 많이 구축해야 한다. 그 다음으로 일반인들이 경제적 부담 없이 즐길 수 있는 장비(요트, 보트, 해양레저 장비 등)들을 보편적으로 보급하여야 한다. 이 두 가지를 놓고 본다면 우리나라 해양레저산업은 아직까지 성장기 진입단계로 보아야 한다.

이에 따라 정부에서도 마리나 관련 산업을 미래 해양 먹거리 산업으로 주목해 마리나 활성화 정책을 펼쳐오고 있다. 해양수산부(구, 국토해양부)는 2010년 '제1차(2010년~2019년) 마리나항만 기본계획'을 10년 단위로 수립하고 현재까지 37개소에 마리나를 구축해 운영하고 있으며, 연이어 2020년 5월에 '제2차(2020~2029) 마리나항만 기본계획'을 발표하였다. 늦은 감은 있지만 해양레저산업의 의지를 밝힌 정부의 모습은 그나마 다행한 일이다. 이에 따라 향후 10년 후에는 전국 해안 어디에서든 요트와 보트를 즐길 수 있는 해양레저시대가 국내에서도 열릴 것으로 기대한다.

▲ 요트와 보트가 계류 중인 마리나 전경

2) 국내 마리나 현황

최근 해양레저수요 증가에 따라 바다를 낀 지자체를 중심으로 마리나 개발의 선점 경쟁이 치열해지고 있다. 정부도 해양레저산업 육성을 위한 노력의 일환으로 2009년에 마리나항만 및 관련 산업의 육성을 목표로 「마리나 항만 조성 및 관리 등에 관한 법률(일명 마리나법)」을 재정하였다. 「마리나법」은 요트와 보트, 마리나 계류시설, 호텔, 리조트 등 종합해양레저시설의 체계적인 개발을 유도하기 위해 만들어진 법으로 이때부터 지자체와 민간업체들의 마리나 개발 사업이 활기를 띠기 시작하였다.

국내에는 2020년 기준으로 전국에 37개소의 마리나항만이 운영 중에 있으며, 등록된 요트 수는 2만3,640척, 보트 계류시설은 2,403선석에 이르고 있다. 하지만 현실적으로 마리나 등의 인프라 구축 속도가 레저보트 증가세를 따라잡지 못하는 문제점도 안고 있다. 전국에 등록된 요트 수는 2만3,640척이지만 마리나 계류장은 2,403선석으로 단순 계산해도 10척 중 9척은 계류를 못하는 실정이다.

전국적으로 선박이 계류하기 좋은 해안 지형 등에는 이미 어항들이 들어서 있는 상황에서 정부는 기존의 어촌·어항을 활용한 '어촌마리나역'을 활성화하겠다는 방침을 내놓았지만 공유수면을 함께 사용함으로써 불거지는 어민들과의 불협화음이 만만치 않다. 또한 어민과의 마찰이 적은 곳을 개발하는 것은 초기 투자비가 높게 책정될 수밖에 없는 어려움이 있다. 그러나 여러 어려움에도 불구하고 국내 마리나산업의 발전은 지속될 것으로 예상되고 있다.

해양수산부의 '제2차(2020~2029) 마리나항만 기본계획'에서도 2029년까지 전국적으로 70개소의 마리나항만 개발이 완료되고, 요트 보유 수도 3만5,000척으로 증가할 것으로 추정하고 있다. 참고로 국내 마리나항만 현황을 정리하여 살펴보면 〈표 9-2〉와 같다.

[그림 9-1] 제2차(2020~2029) 마리나항만 기본계획의 권역별 예정 구역(70개소)

구분	현황	개소
●	해수면 마리나항만 예정구역위치	55
○	내수면 마리나항만 예정구역위치	15
	계	70

자료 : 해양수산부.

<표 9-2> 전국 마리나 현황

지역	마리나명	계류선석			개발 및 운영
		계	해상	육상	
수도권 (4곳)	한강	90	60	30	· 개발 및 운영 : ㈜ 서울마리나
	전곡	200	145	55	· 개발 및 운영 : 화성시
	아라	194	136	58	· 개발 : 수자원 공사
	왕산	300	266	34	· 개발 및 운영 : 왕산레저개발
충청권 (2곳)	보령	50	-	50	· 개발 및 운영 : 보령시
	격포	37	37	-	· 개발(운영) : 부안군(전북요트협회)
전남권 (5곳)	목포	57	32	25	· 개발(운영) : 목포시(세한대학교)
	소호	50	-	50	· 개발(운영) : 여수시(전남 요트협회)
	웅천	150	60	90	· 개발(운영) : 전남도(세경건설)
	완도	9	9	-	· 개발(운영) : 국가(전남도청)
	비봉	24	24	-	· 개발 및 운영 : 보성군
경남권 (5곳)	충무	132	92	40	· 개발 및 운영 : 금호 충무마리나
	공공	23	23	-	· 개발(운영) : 국가(경남도청)
	삼천포	42	22	20	· 개발 : ㈜삼천포
	지세포	20	20	-	· 개발(운영) : 거제시(거제 요트협회)
	물건	25	25	-	· 개발(운영) : 남해군(남해요트협회)
부울권 (3곳)	The bay 101	61	61	-	· 개발 및 운영 : 동백섬마리나
	수영만	448	293	155	· 개발(운영) : 대우(부산시설사업소)
	남천	36	36	-	· 개발 및 운영 : 진일월드마린
경북권 (4곳)	후포	7	7	-	· 개발 및 운영 : 해양수산부
	양포	36	36	-	· 개발(운영) : 해양수산부(포항시)
	포항구항	50	50	-	· 개발 : 포항시
	오산	30	20	10	· 개발 : 울진군
강원권 (3곳)	강릉	45	40	5	· 개발 및 운영 : 씨 마스터
	수산	140	60	80	· 개발(운영) : 양양군(강원요트협회)
	공공	30	30	-	· 개발 및 운영 : 강원도
제주권 (8곳)	도두	10	10	-	· 개발 및 운영 : ㈜도두마리나
	한라	6	6	-	· 개발 및 운영 : 한라대학
	공공	14	9	5	· 개발 및 운영 : 제주도
	김녕	4	4	-	· 개발(운영) : 에니스(김녕요트투어)
	공공	25	15	10	· 개발 및 운영 : 제주도
	위미	1	1	-	· 개발 및 운영 : 해비치호텔&리조트
	중문	5	5	-	· 개발 : 퍼시픽랜드
	대포	4	4	-	· 개발 : 제이엠㈜

자료 : 해양수산부 및 각 지자체(2020년 기준).

2. 국내 주요 마리나리조트

현재 국내에서 운영 중인 주요 마리나리조트를 살펴보기로 한다. 마리나리조트라 하면 마리나시설 외에도 숙박시설과 상업시설 등을 고루 갖추어야 하지만 국내에서는 충무마리나리조트 정도가 이에 해당된다. 하지만 본서에서는 마리나의 이해를 더하기 위해 규모 면에서 100척 이상의 계류시설을 갖춘 마리나 4곳을 선정하여 소개하기로 한다.

1) 부산 수영만 요트경기장 마리나

부산 수영만 요트경기장(Busan Yachting Center)은 1983년 건설되어 1986년 아시안게임과 1988년 서울올림픽 때 요트경기를 개최한 곳이다. 총규모가 234,573㎡로서 1,364척(해상 364척, 육상 1,000척)의 요트를 계류할 수 있는 세계적인 요트경기장으로 아시아에서는 최대 규모를 자랑하며, 부산의 명물이자 국제적인 관광명소가 되었다.

마리나 내에는 요트학교, 윈드서핑학교, 잠수학교 등 각종 해양레저 강습소와 부산수상항공협회, 스킨스쿠버다이빙협회, 우주소년단 등 전문 단체들이 들어서 있다. 또한 수영만 해역은 요트를 타기에 적합한 자연여건을 갖추고 있어 매년 국내외 요트경기대회가 개최되고 요트 마니아들이 가장 많이 즐겨 찾는 곳이다.

그러나 규모가 대형인 것에 비해 단순한 시설에 불과하며, 거대한 복합형의 편의시설은 없고 오직 계류를 위한 전제조건으로 하고 있다. 또한 계류장은 연안역을 매립하여 인공적으로 건설되었기 때문에 자연재해의 영향을 많이 받는 단점을 지니고 있으며, 계류장의 형태는 직선으로 조성되어 단조로운 편이다.

계류장 내의 수심은 건설 초기에 8m로 건설되었으나, 하천의 토사로 인해 점차 매립되어 현 수심은 마리나의 적정기준치에 못 미치는 5~6m에 불과하여 대형요트는 접안이 불가능하다.

▲ 부산 수영만 요트경기장 마리나 전경

2) 금호 통영마리나리조트

민간마리나의 형태로서 경남 통영시에 위치한 금호 통영마리나리조트는 한국 최초의 육·해상 종합리조트로서 미개발된 부분을 포함하여 총규모는 14,966㎡이며, 해상 계류장은 통영시로부터 공유수면을 임대하여 사용하고 있다. 계류능력은 130척(육상 40척, 해상 90척)으로서 요트를 포함한 다양한 종류의 해양레저스포츠와 해양관광을 즐길 수 있는 곳이다.

충무 바닷가에 위치한 콘도미니엄은 272실의 객실을 갖추고 있는데, 어느 객실에서나 쪽빛 남해 바다와 아름다운 충무항을 감상할 수 있도록 설계되어 있고, 마리나는 요트전용 항구로서 해양레저스포츠에 대한 강습과 투어 등이 실시된다.

주요 시설은 마리나 시설과 자체에서 보유하고 있는 총 24척의 요트(모터요트 15척, 세일요트 9척)와 요트클럽하우스, 요트수리소, 요트급유소, 요트적치장 등의 복합시설을 갖추고 연중무휴 회원제로 운영하고 있다.

그러나 이러한 시설도 연안역을 매립하여 인공적으로 건설되었기 때문에 자연재해의 영향을 많이 받고 있으며 적정온도를 유지하지 못하고 있다. 마리나의 수심은 3~5m로 낮은 편이어서 대형요트의 접안이 어렵고, 계류장의 형태는 직선으로 조성되

▲ 금호 통영마리나리조트 전경

어 단조로운 것이 아쉬운 점이다.

3) 전곡항마리나

전곡항은 경기도 화성시 서신면 전곡리에 있는 어항이다. 전곡항마리나는 2009년 11월에 1단계로 113척(해상 60척, 육상 53척)의 요트와 보트를 계류할 수 있는 시설을 갖추고 개장하였다. 수도권에는 3개의 마리나(서울마리나, 김포마리나, 전곡항마리나)가 있는데, 그중 가장 큰 규모를 자랑하는 마리나가 바로 전곡항마리나이다.

전곡항마리나는 파도가 적고 수심이 3m 이상 유지되는 수상레저의 최적지이다. 밀물과 썰물에 관계없이 24시간 배가 드나들 수 있는 장점을 살려 다기능 테마어항으로도 조성되었다. 또한 전곡항마리나에서는 2008년부터 매년 '경기국제보트쇼'와 '코리아메치컵 세계요트대회'가 개최되면서 전국적으로 알려지게 되었다.

2012년 1월에 제2마리나 시설 확충공사를 마치고 79척의 해상계류시설을 추가로 개장하여, 총 192척(해상 139척, 육상 53척)의 계류시설을 갖추게 되었다. 경기도는 전곡항과 가까운 서신면 제부도항에도 6만 6,000여㎡ 규모의 마리나를 2020년 완공하여 화성지역 마리나의 경쟁력을 끌어올리고 있다.

이 밖에도 전곡항에서 출발하여 제부도~국화도를 돌아오는 2시간 코스의 유람선

▲ 전곡항마리나 전경

도 운항된다. 최근에는 가족단위 관광객이 점차 증가추세를 보이면서 인근 전곡항은 국제보트쇼 개최에 따른 관광명소로 자리매김하고 있다.

4) 목포 요트마리나

전남 목포시가 '해양레저의 꽃'으로 불리는 요트산업을 선점하기 위해 삼학도 목포 내항에 2010년 7월 요트마리나 시설을 개장했다. 서남권의 해양관광 레저산업의 중추 역할을 담당하게 될 '목포 요트마리나' 조성 사업은 2006년 첫 삽을 뜬 뒤 4년간 70억(국비 35억, 지방비 35억) 원의 사업비를 투자해 완공함으로써 국내 요트산업의 발전에 동참하게 되었다. 마리나의 운영은 목포에 위치한 세한대학교에서 위탁경영하고 있다.

목포시는 주 5일 근무제 정착과 소득향상에 따른 국민의 여가 패턴이 육상관광에서 해양관광으로 수요가 변화하는 추세에 맞춰 해양레저산업의 핵심인 요트산업을 서남권에서 선점해 나가겠다는 꿈을 실현한 것이다.

목포 요트마리나는 해상부에 50피트급 요트 32척이 접안할 수 있는 부유체식 요트 계류장이 있으며, 육상부에는 클럽하우스, 요트 인양기, 레포츠 교육장, 육상적치장, 주차장 등의 부대시설을 갖췄다. 목포시는 마리나 개장과 함께 10억 5,000만 원의 예산을 들여 51피트급 쌍동선 세일링 보트를 건조하였고, 요트마리나 시설에 맞춰 요트 조종면허 취득 교육과 체험 프로그램 등 요트스쿨도 함께 운영하고 있다.

 향후에도 목포시는 이곳에 1천억 원을 추가로 투자해 600척 규모로 시설을 확장하고 북항에 어선 전용부두를 만들어 내항 어선을 모두 이전할 계획이다. 또한 목포시는 지자체마다 경쟁적으로 유치 활동을 전개하고 있는 미래 해양레포츠산업의 꽃이라 할 수 있는 마리나산업을 통해 낙후된 목포권을 고부가가치 첨단 요트산업의 메카로 육성시키려는 계획을 가지고 있다.

▲ 목포 요트마리나 전경

제4절 외국의 마리나리조트

해양레저산업은 일찍부터 미국이 모든 부문에서 월등한 선도국의 지위를 보이고 있으며, 뒤를 이어 독일, 영국, 프랑스, 이탈리아 그리고 호주 등이 전 세계 시장의 대부분을 선점하고 있다. 주요 선진국의 마리나리조트를 소개하면 다음과 같다.

▲ 바다에서 보트를 즐기고 있는 관광객들과 동호인들의 모습

1. 미국, 마리나 델 레이

미국은 유람선(Pleasure Boat) 보유 수가 2019년 기준 2,030만 척으로 세계 1위이며, 제2위인 캐나다의 6.3배나 되는 규모를 가진 세계 해양레저 · 레크리에이션의 중심국이다. 미국 내에서 가장 유명한 마리나리조트로는 마리나 델 레이(Marina Del Rey)를 들 수 있는데 마리나 델 레이는 1만여 척의 요트를 계류시킬 수 있는 세계 최대 규모의 요트항구이며, 임해 복합개발형, 공공주도형 개발방식에 의해 개발되었다. 로스앤젤레스 연안에 위치하며 한인타운에서는 20여 분 거리에 있다.

1957년 방파제 건설을 시작으로 본격적인 개발이 시작되었으며, 개발 규모는 총 325ha에 이르고 있다. 민관 공동 프로젝트인 이 건설에는 로스앤젤레스시가 주최가 되어 항만 건설에만 3,600만 달러의 공공투자가 있었고, 유람선의 계류시설을 비롯해 호텔, 아파트, 요트클럽, 레스토랑의 제반시설은 1억 5,000만 달러가 넘는 민간투자로 건설되었다.

▲ 미국 마리나 델 레이는 요트 1만여 척을 계류시킬 수 있는 세계 최대 규모의 마리나리조트이다(하늘에서 바라본 마리나 델 레이 전경).

마리나리조트개발의 특징은 맨션을 중심으로 한 복합적 대규모 임해개발로서 약 6,000호에 이르는 아파트가 숙박지에 근접해 배치되어 도시를 형성하고 있으며 요트, 낚시, 사이클링, 테니스, 조깅, 롤러스케이트, 윈드서핑 등 해양스포츠를 종합적으로 경험해 볼 수 있는 레크리에이션과 주택이 유기적으로 연결되어 있는 복합도시 구조이다.

주변의 수많은 레스토랑은 모두 바다를 바라보며 낭만적인 분위기에서 식사를 할 수 있도록 설계되었고, 레스토랑과 클럽의 면적당 집적률은 뉴욕을 제외한 전미 1위를 차지할 정도이다. 마리나 델 레이 개발의 시사점을 정리하여 살펴보면 다음과 같다.

- 주변으로 도시기능 유인력 내재
- 로스앤젤레스시를 중심으로 강력한 사업추진 조직체제 구축
- 레크리에이션 기능과 주거 기능의 균형 발전으로 전체적으로 우수한 마리나 리조트 단지를 형성
- 비즈니스맨에 대해서도 환경, 치안이 양호하고, 공항이 가깝기 때문에 리조트지를 지향하는 체재유도 가능

2. 프랑스, 랑그도크루시용

프랑스의 랑그도크루시용(Languedoc-Roussillon) 지방은 남프랑스의 지중해 연안에 위치하고 있으며, 1962년 프랑스 정부가 이 지역을 대단위 해양레저단지로 조성하기 이전에는 포도밭이 군데군데 흩어져 있고 들소와 야생마가 뛰어노는 불모지와 습지였다.

프랑스 정부가 랑그도크루시용 리조트를 개발하게 된 동기는 프랑스 국민의 생활수준 향상으로 휴가인구가 증가하면서 바캉스 인구의 해외 유출을 막고, 북유럽인의 남유럽 리조트 수요가 증가하면서 전통적 관광지의 수용능력 한계로 신규 관광지의 개발이 필요하였기 때문이다.

이에 따라 프랑스 정부는 랑그도크루시용 6개 지역을 재개발하였고, 여기에다 기존 17개 어항을 해양레저스포츠 단지로 개발하였다. 주요 유치시설로는 7개의 공항시설(국제공항 3곳, 국내공항 4곳)과 마리나 19곳, 호텔 1,925실, 콘도미니엄 3,811실과 그 외에 각종 스포츠, 위락시설 등이 있다.

랑그도크루시용의 개발은 환경보전은 물론 토지투기를 유발하지 않고 조화롭게 진행하였으며, 자연을 그대로 보전하였을 뿐만 아니라 인간의 무관심 속에 서서히 황폐해지던 자연을 회복시켰다. 또한 불모의 해안선과 썩어가는 바다를 가장 쾌적하게 휴양활동할 수 있는 여가공간으로 변모시켜 프랑스인의 해외여행 경비지출을 억제시키고 관광수입을 극대화시켰다. 랑그도크루시용 개발의 시사점을 정리하여 살펴보면 다음과 같다.

- 새로운 지역진흥 차원의 리조트 개념인 '자유시간도시'로 개발
- 대도시와 동일한 도시기능들이 세련되고 알찬 수준으로 갖추어진 현대리조트의 새로운 개념을 제시
- 도시주민이 일상생활 공간으로부터 격리된 자연 속에서 지내는 반정주적 체재지이며, 비일상적 생활공간의 리조트로 개발
- 리조트 관광객들은 일과성 방문객이라기보다는 지역사회의 준주민이 되어 그곳 토박이 주민들과 함께 하나의 공동사회를 형성

▲ ①랑그도크루시용 지역의 그랑모트 마리나리조트 전경 ②랑그도크루시용 지역의 포르 카마르그 마리나리조트 전경

3. 호주, 골드코스트

호주 골드코스트(Gold Coast)는 호주 퀸즐랜드(Queensland)주에 위치하며, 4개 시(市)로 이루어진 연합도시이자, 브리즈번의 남쪽 교외에 위치한 세계적인 해변 관광

휴양도시이다.

해변의 길이가 무려 30km나 되는 초대형 해변가가 펼쳐져 있으며 주변에 마리나 미라지(Marina Mirage), 팔라초 베르사체 마리나(Palazzo Versace Marina) 등 마리나 시설도 겸비되어 있으며 서핑·요팅 등 많은 해양레저관광객들이 찾는 휴양명소이다.

1950년대부터 해양리조트로 개발이 시작되어 1970년대부터 대규모 개발이 활발해 졌고, 1986년 이후 다이쿄, 쉐라톤비치리조트, 하얏트리젠시 등 국외자본의 호텔건축 붐이 조성되어 총 7,000실을 보유하고 있다.

개발의 사업주체는 광역개발이므로 특정의 사업주체는 없으며, 민간기업이 주체이다. 골드코스트 시(市)의 도시계획으로 무질서한 개발을 통제하고 있으며, 어떤 특정지역을 계획적으로 정비한 것이 아니기 때문에 리조트 시설이 산재해 있는 것이 특징이다.

연간 200만 명의 관광객이 방문하는데, 외국인 비율은 8% 정도이다. 외래방문객을 국가별로 살펴보면 미국, 영국, 뉴질랜드, 일본 등의 순이다. 골드코스트 개발의 시사 점은 다음과 같다.

- 리조트 방문객이 해마다 증가하고 있어 리조트 시설투자도 활발
- 퀸즐랜드 천혜의 자연환경과 관광도시인 브리즈번과의 연계가 가능한 유리한 입지조건을 가지고 있으며, 1989년에 브리즈번과 골드코스트 사이의 고속철도 개통
- 성장력이 큰 대도시에 인접해 있어 접근성이 양호한 동시에 국내외에서 이 지역 에 대한 투자의욕이 높은 편

▲ ①골드코스트 전경 ②골드코스트 해변에 인접한 팔라초 베르사체 마리나(Palazzo Versace Marina) 전경

4. 중국, 칭다오 국제 요트경기장

중국 칭다오 국제 요트경기장(Qingdao Olympic Sailing Center)은 중국 정부가 '2008년 베이징올림픽'을 위해 조선소 자리에 건설한 국제 요트센터이다. 국제 요트센터 건립으로 인해 칭다오시는 독자적인 해상스포츠 전용 경기장을 갖게 된 것이다.

2008년 베이징올림픽 기본 이념인 '녹색 올림픽, 과학기술 올림픽, 인문 올림픽'에 따라 지속적 발전이 가능하고 올림픽 이후에도 충분히 이용가능하며 올림픽 문화유산으로 남을 수 있게 한다는 원칙을 세우고 건설되었으며, 2006년에 완공하여 그 해 8월에 열렸던 '2006 칭다오 국제요트경기'를 치르면서 전문 국제 요트경기장으로 호평을 받았다.

▲ 칭다오 국제 요트경기장 전경

5. 일본, 즈시 마리나

즈시(Zushi) 해변은 일본 내에서도 윈드 서퍼들과 휴양을 즐기려는 가족들에게 일
년 내내 인기 있는 휴양도시이다. 매년 약 40만 명의 관광객이 방문하여 아름다운
즈시 해변을 즐기고 있다.

즈시 해변에 위치한 즈시 마리나(Zushi Marina)는 아름다운 공원과 레스토랑으로
유명한 해변 리조트이다. 야자수, 요트 및 모터보트와 이국적인 분위기 때문에 신문,
방송, 잡지 등 여러 보도 매체를 통하여 소개된 바 있다.

▲ 즈시 마리나리조트 전경

온천리조트

제1절 온천리조트의 이해

1. 온천의 정의

온천을 정의하자면 학문적 정의와 법률적 정의로 크게 나누어볼 수 있다. 학문적 정의로는 '땅속에서 지표면으로 그 지역의 평균기온 이상의 물이 자연히 솟는 샘'이라고 정의하는데, 여기서 평균기온은 상대적인 것으로 나라마다 일정하지 않다. 과학적 견해로는 '마그마성 수증기에 의하여 뜨거워진 지하수가 땅 위로 용출되는 것'을 온천이라고 한다.

법률적 정의로는 1961년 3월 2일 법률 제3377호로 제정 공포된 우리나라「온천법」제2조에 의하면 "지하수로부터 솟아나는 섭씨 25도 이상의 온수로 그 성분이 대통령령으로 정하는 기준에 적합한 것"이라고 정의한다.

'스파(spa)'라는 용어는 '온천'이라는 뜻이며 물을 이용한 모든 치료와 활동을 스파라고 일컬을 수 있다. 초창기의 스파는 온천에서의 목욕이 위주였고 광천수의 치료효과에 대한 신뢰도에 따라 역사적으로 그 의미가 변해 왔다. 하지만 스파의 본질적인 치료효과의 의미는 변함이 없다.

〈표 10-1〉 온도에 의한 온천의 분류

온천 분류	온 도	온천 사례
냉온천	25℃ 미만	상대
미온천	26~34℃	도고, 도곡, 왕궁, 화순, 이천 등
온 천	35~42℃	청도, 도산, 영일만, 돈산, 신북 등
고온천	43℃ 이상	부곡, 마금산, 동래, 해운대, 백암, 덕구, 불국사, 덕산, 온양, 유성, 수안보, 설악, 척산, 오색 등

* 온도에 의한 온천규정은 나라마다 차이가 있는데, 한국·일본·남아공 등은 섭씨 25도 이상, 미국은 섭씨 21.1도 이상, 독일 등 유럽국가들은 섭씨 20도 이상을 온천으로 규정하고 있다.

2. 온천리조트의 개념

옛날부터 온천의 효능에는 보양, 휴양, 요양이 있다고 알려져 있다. 보양이란 건강을 보호하는 것을 의미하고, 휴양이란 휴식을 통해 피로를 회복시키는 것을 의미하고 요양은 병을 고친다는 의미이다.

독일에서 온천이 있는 보양지를 Heilbad(약욕 : 藥浴)라든가 Bad(이를테면 Nauheim)라고 부르는 것이 허용되고 있는 것은 온천이 용출되고 있을 뿐 아니라, 온천 치료시설, 온천의(보양지 내에 상주하는 의사), 온천관리시설, 기타 부속시설을 갖추어 요양효과가 과학적으로 확인되고 있다는 것 외에 요양지의 자격이 있는 온천지(resort)라는 것을 의미한다. 따라서 온천리조트는 독일에서 사용하고 있는 '온천이 있는 휴양지'로 이해할 수 있다.

특히 온천 요양은 요양지에서 상당한 기간 체재하면서 병을 고치기 때문에 생체반응을 일으킨다는 의미로 쿠어(Kur)요법, 반응요법이라고도 불리고 있고, 이와 같은 온천요양과 휴양에 적합한 시설을 온천리조트라고 부른다. 온천리조트는 Health Resort에 상당하는 말로서 요양지보다는 넓은 의미로, 보양·휴양·레크리에이션의 어느 뜻에도 적합하여 건강유지에 큰 도움을 주는 곳이란 의미로 사용되고 있다.

온천리조트는 평균적인 체재기간이 다른 리조트에 비해 길기 때문에 레크리에이션이나 영화관람, 음악회 등의 문화활동을 제공해야 하며, 좋은 환경이 무엇보다도 우선되는 만큼 공원, 정원, 호수나 연못, 야외휴식공간, 산책로 등의 시설물을 갖추는 것이 중요하다.

〈표 10-2〉 온천리조트의 분류

분 류	특 징
자연형 온천관광지	온천수가 자연 그대로 용출되는 온천지
요양 및 휴양온천지	치료에 탁월하거나 숙박시설이 갖추어진 온천지
리조트형 온천지	숙박시설과 대규모 위락시설이 갖추어진 온천지

3. 온천리조트의 주요시설

1) 바데풀

유럽식 수(水)치료 마사지 시스템으로 도입된 바데풀은 보통 온천의 중앙에 위치한 큰 온천풀로서 온천에서는 가장 핵심적인 시설이라고 할 수 있다. 바데풀에는 인체 경락에 따라 10~20여 종의 다양한 수압마사지 시설들이 갖추어져 있다. 넓은 바데 풀에서 수중 워킹이나 수영 등 다양한 물놀이도 즐길 수 있다.

▲ 리솜스파캐슬 바데풀 전경

2) 대욕장 탕

보양 온천이나 사우나에서 꼭 필요한 것이 뜨거운 물을 담아놓은 대욕장 탕이다. 최근에는 대욕장 탕 외에도 별도의 다양한 테마탕들을 볼 수 있는데, 그중에서도 대욕 장 탕은 일상의 지친 몸과 건강에 새로운 활력소를 불어넣어 주는 중요한 탕이다.

▲ 아산스파비스 온천의 대욕장 탕 내 다양한 테마탕 전경

3) 기포탕

바닥면에 설치된 버블매트에서 공기가 분출되어 무수한 기포가 몸에 부딪쳐 깨지면서 초음파가 발생하여 근육통, 피부미용, 동맥경화, 피로회복 효과에 좋다.

4) 플로링

바닥면에 설치된 노즐로 분출되는 강력한 Zet수류가 전신을 뜨게 하여 마사지하고 특히 통증치료, 근육마사지, 만성피로, 근육통, 스트레스해소 효과에 일품이다.

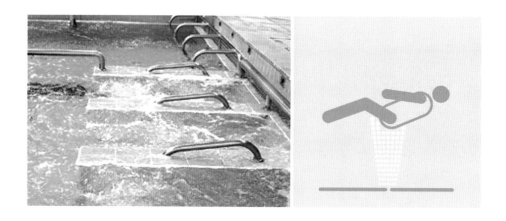

5) 벤치 자쿠지

의자 형태의 풀에 앉아 허리, 발바닥 또는 다리의 각 부분으로 분사되는 물줄기로 자극하여 경직된 근육을 이완시켜 주면 피로회복 효과가 있다.

6) 전신마사지

풀의 벽면에 설치된 6가지 코스(발목, 무릎, 종아리, 허벅지, 허리, 등)가 노즐에서 물줄기를 분출하여 몸 전체의 부위를 마사지하며 근육통, 근육이완, 피부미용, 만성 피로 해소에 효과적이다.

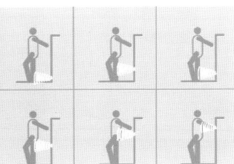

7) 침욕탕

편안히 누운 자세로 허리, 발바닥, 다리 부분에 분사되는 물줄기를 통해 경직된 근육을 이완시키는 마사지를 즐길 수 있다.

8) 아쿠아포켓

편안한 자세로 가만히 서 있기만 해도 풀 벽면 노즐로부터 분출되는 고압수에 의해 지압 마사지 효과를 즐길 수 있다. 만성피로, 근육통 해소효과가 있다.

9) 넥샤워

물속에 서 있는 상태에서 강력한 수류가 목, 어깨에 분사되어 경직된 근육을 풀어주며 어깨결림, 목디스크, 어깨근육마사지, 동맥경화, 피부미용에 효과가 좋다.

10) 버섯분수

버섯모양의 분수대가 입체감을 살려주며 시각적 효과를 주는 심벌로서 테라쿠아내에서 휴식의 공간을 제공하며 어깨결림, 스트레스해소, 피부미용, 만성피로회복, 불면증치료, 정신피로회복 효과가 있다.

제2절 국내 온천리조트

1. 국내 온천리조트 현황

1) 국내 온천리조트의 개요

우리나라 온천리조트는 선진국의 온천리조트에 비해 자원으로서 뒤떨어지지 않으며 그 이상의 효용을 가지고 있다. 하지만 온천리조트마다 특성이 없고 단순한 이용시설로 인해 체류형보다는 단순 경유형의 역할밖에는 하지 못하는 곳이 대부분이었다.

그러나 국내에서도 1990년대 중반부터는 부곡하와이를 시작으로 설악 워터피아, 아산스파비스, 리솜스파캐슬과 같은 몇몇 온천리조트들은 일반 온천에 보양기능과 레저기능을 가미한 새로운 온천리조트로의 획기적인 전환을 시도하였으며, 현재는 선진국 못지않은 시설과 규모를 갖춘 온천리조트로 자리매김하고 있다.

이렇듯 몇몇 선진형 온천리조트의 등장은 국민들의 높아진 온천문화 욕구와 워터파크 시설의 대중화와 맞물려 대중적인 성공을 거두고 있다. 특히 온천과 워터파크가 결합된 현대식 시설은 그동안 온천은 노년층이 주로 이용하는 시설이라는 편견을 벗고, 젊은 층의 유입효과를 가져오고 있으며, 온천탕 위주의 영업만으로는 더 이상 생존할 수 없다는 위기의식을 일깨우는 혁신적 계기를 전국적으로 불러일으켰다.

이와 같은 전환적 계기는 전국에 산재한 보양온천들이 시설을 대규모로 증설하거나 온천에 놀이시설을 가미한 워터파크 형태로 탈바꿈하는 현상으로 이어지고 있으며, '부곡온천' 등과 같은 획일적인 지역명 위주의 브랜드 네임도 '스파랜드', '스파캐슬', '아쿠아월드', '워터피아' 등으로 테마가 있는 브랜드로 변경하거나 어떠한 경우는 아예 '워터파크'로 변경하는 식으로 바뀌어가고 있다.

306

▲ 부곡하와이 야외 온천풀 전경

2) 국내 온천리조트 운영현황

행정안전부의 '2019 전국 온천자원 현황' 자료에 의하면 국내에서 운영 중인 온천 업체 수는 약 600개 소로 집계되고 있으며, 연중 6,930만여 명이 온천을 이용하는 것으로 나타나고 있다.

전국의 지역별 온천이용객 순위를 살펴보면 대전 유성이 1위를 기록하고 있으며, 충남 온양이 2위, 경남 부곡이 3위, 부산 해운대가 4위 순으로 조사되었다. 이 외에도 10위권 내에는 전통적으로 유명 온천지역인 부산 동래, 충북 수안보, 충남 덕산 등이 포함되어 있다.

온천 방문객들의 체재일수를 살펴보면 당일형과 1박이 80%를 넘는 단기 체류형으로 나타나고 있다. 이는 현재 이용되고 있는 온천시설의 한계를 드러내는 것으로 새로운 유형의 개발전략을 요구하고 있다. 이러한 차원에서 2000년대 이후로 국내 온천시설에 큰 변화가 일어나기 시작하였는데, 단순 온천탕 위주의 온천지들이 온천을 핵심시설로 하면서 다양한 물놀이 기능을 갖춘 워터파크 형태의 온천리조트로 변화한 것이다.

[그림 10-1] 전국 지구별 온천이용순위

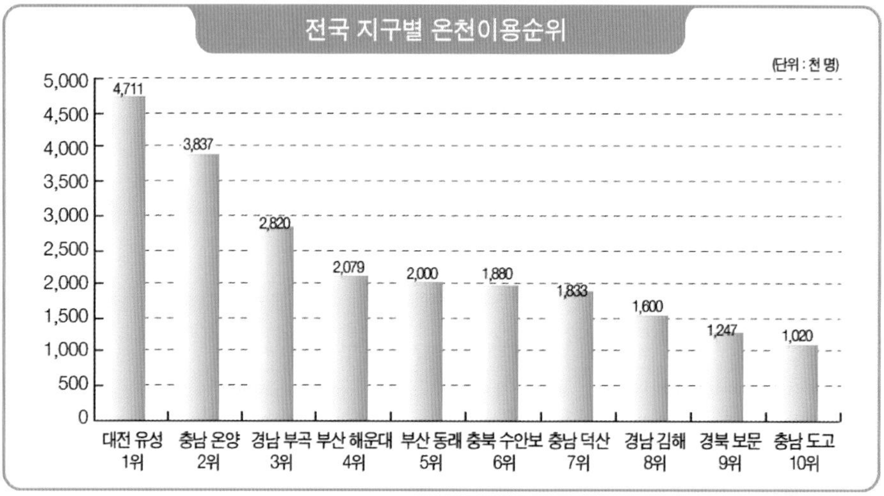

자료 : 행정안전부, 2020 전국 온천자원 현황.

워터파크형 온천리조트의 경우 기존 온천탕 위주의 온천호텔 등에 비해 성수기 기간이 연장되고, 여름철 비수기를 성수기로 전환시키는 데 결정적 역할을 하고 있다. [그림 10-3]을 살펴보면 온천탕 위주의 온양호텔온천은 5월에서 10월까지가 비수기 기간이지만, 워터파크 형태로 전환한 아산스파비스는 여름철 비수기를 성수기로 전환시키는데 성공하였고, 덕구온천리조트의 경우도 일찍부터 실내형 워터파크로 전환하면서부터 연중 일정한 입장객 수를 유지하고 있다. 이러한 결과는 국내 온천문화가 단순 온천욕 위주의 정적인 형태에서 놀이와 온천욕을 겸한 가족 단위 위주의 온천리조트로 전환되고 있다는 것을 시사하고 있다. 이와 같은 내용을 좀 더 쉽게 이해하기 위해서는 〈표 10-3〉, [그림 10-2], [그림 10-3]을 참고하기 바란다.

<표 10-3> 국내 주요 온천리조트 입장객 수 현황 (단위 : 명)

지역	업체명	2017	2018	2019
경기	이천 테르메덴	394,018	359,558	367,029
	이천 스파플러스	410,330	347,935	331,451
	약암 관광호텔		145,019	145,675
	신북리조트 스프링풀	303,589	274,192	275,076
	여주온천		108,134	106,342
인천	강화석모도 미네랄온천		267,592	283,608
대구	온천 엘리바덴	624,803	579,656	530,196
	스파밸리	442,370	463,724	566,299
강원	설악워터피아	506,505	459,981	425,031
	척산온천 휴양촌	342,229	340,634	338,379
	오색그린야드호텔 온천	229,553	247,218	226,354
충북	수안보 상록호텔 온천	357,932	191,656	227,139
	수안보 하이스파 온천	226,801	210,500	184,807
충남	아산 스파비스	454,982	394,320	273,464
	파라다이스 스파노고	482,147	525,617	502,803
	온양관광호텔 (온천탕)	410,919	399,215	399,068
	세심천 온천호텔	377,344	372,568	307,405
전북	스파라쿠아 전주온천	147,503	296,832	268,693
경북	학가산 온천	602,566	493,783	543,209
	소백산 풍기온천	293,421	260,737	245,434
	사일온천	355,836	271,278	349,601
	문경온천	301,923	290,361	274,152
	예천온천	424,528	360,582	373,770
	덕구온천	606,050	733,761	791,950
	한화콘도 온천	295,785	355,949	288,269
경남	장유온천	453,600	628,760	500,053
	가조온천관광지	273,371	303,937	312,054

자료: 한국문화관광연구원.

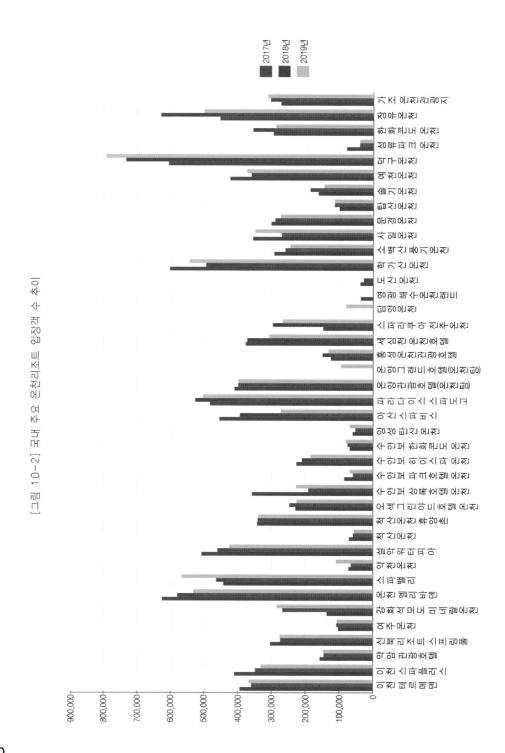

[그림 10-2] 국내 주요 온천리조트 입장객 수 추이

[그림 10-3] 국내 주요 온천리조트 월별 입장객 수 추이

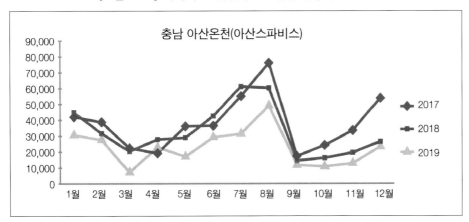

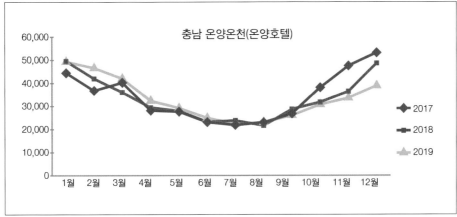

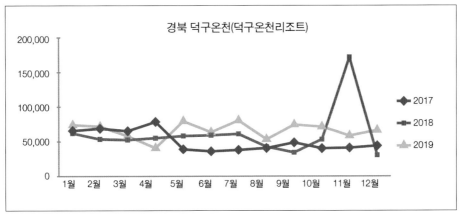

2. 국내 주요 온천리조트

최근 국내 온천리조트의 뚜렷한 특징 중 하나는 보양온천이 기존의 온천시설에 다양한 물놀이 시설을 증설하여 워터파크 형태로 진화하고 있다는 것이다. 이러한 현상은 국민들의 소득수준이 높아지고 주 5일 근무제 시행으로 여가시간이 증대되면서 휴일을 이용한 가족단위 여행문화가 대중화되는 현상에서 기인한다. 자녀를 동반한 가족단위 여행객들은 여행목적지를 선택하는 데 있어 자녀들의 의견을 더 많이 반영하게 되므로 부모와 자녀가 모두 만족할 수 있는 목적지를 선택하게 된다. 자연히 단순 보양온천보다는 모두가 함께 즐길 수 있는 워터파크를 선호할 것은 분명하다. 따라서 향후에 국내 온천리조트의 가장 강력한 경쟁업체는 워터파크가 될 것이다.

이러한 급속한 시장변화에 발 빠르게 대처하여 성공한 기업들도 있다. 설악 워터피아, 부곡하와이, 리솜스파캐슬, 아산스파비스 등은 전통적인 보양온천이면서 대규모 숙박시설과 워터파크를 갖춘 온천리조트로 새롭게 변화하여 성공한 좋은 사례이다. 즉 설악 워터피아나 리솜스파캐슬, 부곡하와이 등은 우리나라를 대표하는 온천지역에 위치한 전통적인 온천리조트이면서, 동시에 온천리조트와 워터파크의 두 가지 콘셉트(concept)를 병행한 '온천형 워터파크' 형태를 갖추고 있다는 것이다.

몇몇 대규모 온천리조트의 성공적 사례는 소규모 온천 경영자들에게는 심각한 타격을 입혔지만 한편으로는 생존에 대한 위기의식을 자극하여 전국적으로 워터파크 건설의 도미노 현상을 이끌어내는 계기도 마련하였다. 이러한 현상은 국민들로부터 서서히 외면받던 국내 온천산업의 경쟁력을 갖추고 자생력을 확보하는 데 있어 바람직한 현상으로 해석할 수 있다. 국내의 대표적인 온천리조트를 소개하면 다음과 같다.

1) 스플라스 리솜리조트

스플라스 리솜(Splas Resom)은 2005년 3월에 충남 예산군 덕산면에 개장하였는데 국내 온천리조트의 대표 주자라 할 수 있으며, 21세기 스파문화의 새로운 기준을 제시하고 있다. 총 6,300여 평 규모에 600년 전통의 덕산 온천수(49℃)가 공급되며, 전 세계의 흐름인 대체의학을 기반으로 마음과 정신의 자연적 치유를 촉진시키는 수십여 가지의 특화된 프로그램과 서비스, 그리고 고급화된 시설을 갖추고 대한민국 온천리조트의 대표 브랜드로 자리매김하고 있다.

스플라스 리솜의 '천천향(天泉香)'은 온천 스파 시설만 약 2만 5,000㎡로서 단연 국내 최대 규모이다. 2개의 온천공에서 매일 3,800톤에 달하는 온천수를 뿜어낸다. 천천향에서는 수치료 중심의 유럽스파와 마사지 중심의 동남아스파, 입욕 중심의 일본스파, 레저중심의 미주스파, 찜질 중심의 한국스파 등 전 세계 스파 콘텐츠를 한국식으로 재해석한 독특한 스파문화를 경험할 수 있다.

스플라스 리솜의 워터파크는 시설도 매머드급이다. 여름에는 야외 온천물에서 즐기는 200m 급류풀이 인기 있다. 워터파크 롤러코스터로 통하는 워터슬라이드 '마스터블라스터'도 아찔한 맛을 내고, 바다에서 서핑을 즐기는 듯한 '서핑 에어바운스'도 인기이다. 리솜스파캐슬의 주요 시설을 살펴보면 〈표 10-4〉와 같다.

〈표 10-4〉 리솜스파캐슬의 시설개요

구 분	세부 사항
소 재 지	충남 예산군 덕산면 사동리 361, 362 외 364
개발목표	국내 최초 세계적 규모의 웰빙 스파리조트
개발방향	휴양, 건강형의 럭셔리 리조트 / 회원 중심의 고품격 리조트
상품구성	실내스파+노천스파+바데풀(水치료)+뷰티테라피+헬스테라피+레저
객실구성	6개 유형의 Type 총 407세대
개관일자	2005년 7월 21일(1동) / 2006년 12월 20일(2동)

▲ 리솜스파캐슬은 국내 온천리조트의 대표주자이며 국내 온천리조트개발의 성공적 롤 모델이 되고 있다 (①리솜스파캐슬 전체 전경 ②실내온천 '천천향' 전경).

2) 설악 워터피아

피할 수 없는 온천의 유혹을 느끼는 설악한화리조트의 워터피아는 동해안 최고의 '보양온천 1호'이다. 안전행정부의 승인을 거쳐 국내 최초로 '보양온천'으로 지정되었기 때문이다. '보양온천'이란 온천수의 수온, 성분과 내부시설, 주변 환경 등을 기준으로 건강증진과 심신요양에 적합한 온천을 말한다. 설악 워터피아는 수온과 수질, 내부시설 및 자연환경 등 보양온천으로서의 필요조건을 모두 충족하여, 국내 최초의 '보양온천'으로 선정됐다.

워터피아 온천의 가장 큰 매력은 사계절 시시각각 달라지는 설악산의 장관을 바라보며 즐기는 친자연적인 온천 테마파크라는 점이다. 그뿐만 아니라 지하 680미터 지점에서 하루 3,000톤씩 용출되는 49℃의 천연 온천수는 피부와 전신의 피로를 풀어준다. 워터피아는 사계절 가능한 물놀이, 남녀노소 즐길 수 있는 놀이시설, 건강까지 챙길 수 있는 국내 최초의 보양온천이라는 점에서 설악권의 필수 관광코스로 자리매김하였다.

또한 워터피아에서는 향기롭고 아름다운 빛깔의 노천 스파를 즐기고 숨어 있는 노천온천을 찾아 설악산의 정기를 받으며 조용한 분위기로 노천온천을 즐기는 재미도 있다.

▲ 설악 워터피아는 정부가 승인한 국내 최초의 보양온천 1호이다(①설악 워터피아 스파동 전경 ②설악 워터피아 워터파크 전경).

3) 아산 스파비스

금호리조트는 전국에 아산스파비스, 제주아쿠아나, 화순아쿠아나 등 3곳의 온천워터 파크와 1곳의 테마파크를 운영하고 있다. 그중 '아산스파비스(Asan Spavis)'는 온천휴양 을 통해 온가족의 건강증진을 도모하고자 2001년 4월에 아산시 음봉면에 개장하였다.

아산스파비스는 수도권에서 1시간대에 접근이 가능하며, 기존의 단순온천 시설과 는 달리 국내 최초의 온천수를 이용한 신개념의 테마온천으로 수치료 바데풀과 어린 이용 키즈풀, 사계절 이용이 가능한 실외 온천풀에서 물놀이와 온천을 온 가족이 함 께 즐길 수 있는 가족 건강테마 온천이다.

5,600여 명을 수용할 수 있는 실내외 워터파크 및 대욕장에는 계절에 따라 딸기, 쑥, 솔잎, 인삼, 허브를 이용한 이벤트탕과 기능성 탕을 이용할 수 있다. 특히 대온천 장에는 최근 유행하는 숯사우나, 옥탕, 기포탕, 헬스·압주탕, 바가지탕, 노천탕 등 23 개의 각종 기능성 탕을 구비하고 있다.

2008년 7월 개장한 야외 워터파크는 개방형 튜브 / 바디 슬라이드와 대형 파도풀, 유수풀 그리고 어른과 어린이 온 가족이 함께 즐길 수 있는 대형 아쿠아 플레이가 설치되어 있다.

스파 이용객은 중노년층이 대부분인 기존 온천과는 달리 자녀를 둔 30~40대의 비 중이 가장 높으며, 가족이용객이 전체 이용객의 70%를 차지하고 있으며, 개인이 20%, 단체가 10%의 점유율을 보이고 있다.

▲ 아산스파비스는 전통적인 테마온천이었으나 야외 워터파크를 새롭게 개장하면서 온천리조트의 면모를 갖추었다(①아산스파비스 온천풀 전경 ②아산스파비스 워터파크 전경).

제3절 세계의 목욕문화와 온천관광지

1. 독일

독일에서는 바덴바덴(Baden-Baden), 노이하임 온천(Bad Neuheim), 노이어나르(Bad Neuernahr), 왼하우젠(Bad Oeynhausen) 등의 온천이 유명하며 입욕 및 물리치료요법 등으로 이용된다. 특히 '쿠어하우스(Kurhaus)'라고 불리는 온천휴양지가 많이 발달되어 있으며, 도시지명에 바트(Bad) 또는 바덴(Baden)이라는 단어가 들어간 곳은 십중팔구 온천과 관계된 곳이라고 보면 틀림이 없다.

독일 사람들은 만성질환을 치료하는 데 목욕이나 온천요법을 적극 활용하고 있다. 건강을 위해 온천휴양지로 장기간 여행을 떠나는가 하면, 온천전문의라는 직업도 따로 있어 독일인의 삶에 온천이 얼마나 깊숙이 침투되어 있는지 짐작할 수 있다.

독일의 온천은 온천수 자체에 여러 가지 화학물질이 함유되어 있는데 온천수에 치료효과가 있는 성분이 없다면 보양온천의 자격이 주어지지 않는다. 온천수 자체의 치료효과 외에도 입욕프로그램이나 운동프로그램이 갖추어져 있어 목욕이나 운동에 대한 치료를 받을 수 있다. 또한 온천 이용객은 의사로부터 자신의 병증에 맞는 치료법을 지도받고 영양사로부터는 자신의 병증에 맞는 식사치료법을 지도받으며 심리상담사로부터는 심리적 치료를 받는다.

쿠어하우스(Kurhaus)

제2차 세계대전 이후 전쟁으로 인한 많은 환자들을 치료하기 위해 서독 연방정부는 충실한 보양 온천의 개발을 위하여 1969년에 시작하여 1974년까지 5년간 4억 5천 만 달러를 투자하여 보양 온천(쿠어하우스)을 정비하고 시설이용을 촉진하였다. 이후 1975년 서독 쿠어하우스의 이용객 수는 615만 명에 달했고, 평균 체재일수는 12일에 달했다.

쿠어하우스(Kurhaus)는 온천을 적극적으로 활용한 시설 중 하나이다. 즉 온천의 온도, 물리적 성분, 온천의 질이 지닌 효과를 최대한 활용하고 휴양을 위하여 레크리에이션 시설을 가미하였으며, 의학이나 운동생리학을 기초로 하여 건강증진을 목적으로 한 보양온천, 트레이닝(training) 건강관리 등의 기능이 있는 온천시설이다. 이와 같은 휴양온천이나 쿠어하우스는 모두 온천수가 가진 효과를 최대한 활용하여 이용객의 보양과 휴양, 그리고 요양까지 가능하게 하는 시설이다.

쿠어하우스의 이러한 시스템은 사업장에 따라 다르게 구현될 수도 있지만, 일반적으로 의료 · 요양적인 측면이 강조된 유형과 스포츠 · 레저의 측면이 강조된 유형으로 분류된다. 운영방법에는 운동 프로그램과 입욕 프로그램이 있다.

온천관광객이 쿠어하우스에 들어서면 프런트에서 헬스케어 트레이너로부터 '굿 헬스 노트(이용 소책자)'에 의한 쿠어하우스의 이용방법과 지도를 받는데 이때 트레이너는 이용객이 입욕과 운동에 적당한 컨디션인지를 체크하고 건강상담을 해 알맞은 프로그램을 선택하도록 돕는다.

입욕 프로그램을 하는 사람은 트레이닝 룸으로 가서 트레이너로부터 간단한 체력측정을 받고 어느 입욕 프로그램을 할지 지도를 받으며, 운동 프로그램을 하는 이용객은 체력측정을 한 후 트레이너의 지도에 따라 프로그램을 선택한다.

2. 핀란드

우리가 흔히 사용하는 영어사전에는 핀란드어가 하나 들어 있다. 그것은 바로 '사우나(sauna)'란 단어로 핀란드에서 사우나가 개발된 지는 2000년이 넘었다고 전해진다. 그토록 오랫동안 사우나는 핀란드 국민들의 휴양시설로서 생활습관이 되었다. 미국에서 행해지고 있는 사우나도 핀란드에 의해 전파된 것이다.

핀란드 사람들이 사우나를 즐기는 방법은 독특하다. 사우나의 온도를 올리기 위해 전기로 가열을 하기도 하지만, 대부분은 직접 장작으로 군불을 지핀다. 사우나에는 자작나무가지들이 준비되어 있는데, 이 나뭇가지로 휘저은 뜨거운 물을 몸에 끼얹으며 땀을 뺀다. 이것이 핀란드만의 특별한 사우나 방식이다. 땀을 충분히 뺀 다음에는 사우나실을 나와 호수에 들어가서 수영을 하기도 하며 이 과정을 여러 번 반복한다.

이처럼 핀란드에서 사우나는 건강에 도움을 주는 효과뿐 아니라 중요한 사교의 장이 되기도 한다. 온 가족이 모여 함께 사우나를 하는 것은 물론 사업에 관한 이야기도 사우나 중에 진행된다. 통계에 따르면 핀란드 사람 4명 중 1명은 개인의 집에 사우나 시설을 구비하고 있는데, 이는 자동차를 보유한 수치보다 더 높다.

▲ 핀란드인들에게 사우나는 일상이다. 거의 모든 집에 사우나가 설치되어 있고, 매주 사우나를 즐긴다. 휴일이면 근교 숲과 호수에 있는 캐빈 사우나를 찾기도 한다.

3. 일본

일본은 70여 개의 활화산이 활동하고 있는 나라로 공식적으로 확인된 온천만도 3,000여 개 정도이며, 숙박시설을 갖춘 온천만도 1,800여 개에 이르고 있다. 이렇듯이 일본 온천문화는 일본의 관광산업과 요식업, 숙박업을 지탱하는 원류이다.

특히 온천 주변으로 발달된 온천여관이나 호텔, 기타 숙박시설 등은 관광의 거점이 되고 있으며, 온천을 중심으로 각종 레저산업이나 여행산업 등이 발달해 있다. 우리가 일본을 여행하는 데 있어서도 빼놓을 수 없는 것이 온천이며, 일본의 로텐부로(노천온천)에서 아름다운 자연풍경과 함께 느긋하게 온천욕을 즐길 수 있다.

일본에서 온천문화가 일찍이 발달한 또 하나의 지역으로 규슈를 들 수 있다. 규슈에는 '일본 최초'라고 이름 붙여진 장소가 많은데, 대표적인 것이 온천과 골프장, 호텔 등이다. 이러한 최초의 문화가 발생된 것도 지리적인 자연환경과 역사라고 볼 수 있는데, 규슈는 외래문화의 현관으로 과거 중국이나 한반도문화, 서양문화 등이 규슈를 거쳐 일본으로 전해졌기 때문에 규슈를 방문한 외래 손님들을 즐겁게 해주려는 서비스 정신으로 자연스럽게 생겨났다고 볼 수 있다.

▲ 규슈지역 온천리조트의 야외 노천온천 전경

우리에게 목욕은 주로 '더러운 몸을 씻는다'는 의미가 담겨 있지만, 일본사람들은 '따뜻한 물에 몸을 담근다'는 의식이 강하다. 따라서 대중목욕탕에서 때를 미는 사람은 없으며, 비누로 몸을 씻고 탕 속에 들어가 있다가 탕 밖으로 나오면 머리를 감는 것으로 목욕이 끝난다.

4. 유럽지역

온천이 질병을 치유한다는 근대과학은 온천지역 비즈니스를 부상시켰는데 그 대표적인 도시가 영국의 런던에서 기차로 한 시간 반 정도 떨어진 곳인 바스(Bath)이며, 오늘날 목욕과 관련된 모든 명칭에 달라붙은 '바스'란 단어 역시 이 도시에서 시작되었다고 전해진다.

영국의 온천은 귀족들과 부유한 상인들을 대상으로 유흥욕구를 만족시켜 주었고 이러한 노력 덕분에 런던 밖 상류사회 최고의 명소로 발전하게 되어 지금까지 온천의 명소로 이어지고 있다.

프랑스에는 비시(Vichy)온천과 우리나라에서도 음용수로 잘 알려진 에비앙(Evian)온천이 유명하다. 이 중 에비앙온천은 천연으로 용출되는 15℃ 정도의 지하수이며 세계적인 온천 음용수로서 더 유명하다.

이탈리아에는 몬테카티니(Montecatini), 아바노(Abano), 몬테그로토(Montegrotto) 등의 유명한 온천을 비롯하여 많은 온천이 있으며, 음용 및 목욕 등으로 이용된다. 특히 아바노온천은 87℃의 고온으로서 물리요법으로 유명하다.

5. 북미지역

미국에는 자연적으로 용출되는 고온의 온천이 대단히 많으나, 대부분은 자연자원의 일부로서 관광상품화하거나 그대로 방류시켜 철저하게 보호·관리하고 있다. 온천수질은 화산성 온천(마그마)이 많다. 미국은 동양권에서와 같이 온천욕을 즐기는 것이 아니라 샤워풀의 개념으로 워터파크 형식의 놀이문화가 발달되어 있다.

주요 온천으로는 콜로라도(Colorado)주 덴버에서 서쪽으로 5시간 정도의 거리인 글렌우드에 세계 제일의 온수풀이 있는 '핫 스프링스 롯지 앤드 풀'과 와이오밍 (Wyoming)주에 위치한 옐로스톤 국립공원 부근에 위치한 온천들이 있다. 또한 아칸소(Arkansas)주의 핫 스프링스는 Hot Springs National Parks에 위치하고 있으며, 수온은 57~53℃이고 물리치료요법으로 이용되기도 한다. 미국의 온천은 지역적으로 Wyoming, California, New- Maxico, Colorado, Oregen, Arkansas 등지에 분포되어 있다.

캐나다에서 유명한 온천으로는 밴프(Banff)의 남쪽지역 고원에 위치한 'Upper Hot Springs'가 있는데 야외 온천식 풀장으로 산 중턱의 노천탕에서 바라보는 장대한 로키산맥 비경과 눈(雪)을 맞으며 온천을 즐기는 분위기가 독특하다. 특히 온천 주변에 루이스호수, 중세시대 고성 분위기로 디자인된 '밴프 스프링스호텔'과 단지 내에 위치한 골프장이 유명하다.

▲ ①미국 옐로스톤 국립공원의 화산성 온천 ②캐나다 밴프 스프링스호텔 야외온천

6. 터키 및 중동아시아

터키와 중동의 대표적인 전통 목욕탕을 '하맘(hamam)'이라고 부르며 아랍인들은 항상 모래바람을 맞으며 살아야 했기 때문에 몸을 청결히 하는 것은 단순히 위생의 문제가 아니라 생존의 필수조건이었다. 게다가 그들의 삶이란 원거리 무역형태인 카

라반(이동식 마차)으로 상징되는 이동문화여서 이동에서 오는 피로를 풀기 위한 시설이 필요했다. 이러한 요소들이 결과적으로 아랍식 목욕탕인 하맘의 발달을 가져왔다. 전통 이슬람 도시에는 수크(시장), 칸(여관), 그리고 하맘이 반드시 갖추어져 있을 정도이다. 우리에게는 '터키탕'이라는 이름으로 잘못 알려져 있지만 터키의 하맘은 깨끗하고 건전한 휴식공간이며, 활력을 재충전하는 사막 속의 공중목욕탕이다.

하맘(목욕탕)은 원형구조인데 천장은 반구형이다. 천장에는 구멍이 뻥 뚫려 있어 환풍과 조명이 자연스럽게 이루어지도록 만들어졌다. 우리가 상상하는 것처럼 뜨거운 물이나 물을 담아놓는 큰 욕조는 보이지 않는다. 여러 개의 수도꼭지와 개인용의 작은 욕조가 있을 뿐이다. 사람들은 알몸인 채로 목욕을 하지 않으며, 긴 타월을 감아 몸을 가리거나 속옷을 입고 목욕을 한다. 하맘에서는 손님이 원하면 비누칠이나 지압을 해주지만 우리나라처럼 때를 미는 사람은 없다.

▲ ①터키의 야외 온천 파묵칼레 전경 ②터키의 공중 목욕탕 하맘 전경

제 11 장

골프리조트

제1절 골프의 이해

1. 골프의 개요

골프(golf)란 스코틀랜드의 고어인 '친다'라는 의미의 '고프(goulf)'에서 유래되었다. 해변가에 위치한 골프코스에서 골프경기를 개발하고 세계로 확산시킨 주역도 스코틀랜드였고, 오늘날까지 통용되는 골프경기의 기본적인 규칙을 제정하고 보완한 것도 스코틀랜드에서 출발하였다.

1608년에는 영국 런던의 '블랙히스클럽'에 골프회가 조직되었고, 1744년 스코틀랜드의 '리스젠틀맨골프회'가 골프 규칙 전문 13조항을 최초로 제정하였다. 1754년에는 '세인트앤드루스클럽'이 골프 규칙 13조항을 수정하여 계속 발전시켰으며, 이후 골프는 스포츠 경기로서의 면모를 갖추고 예의와 체력을 바탕으로 한 신사 스포츠로 발전하게 된다.

골프장을 뜻하는 '골프클럽(golf club)'은 '분담하기 위하여 결합한다'는 뜻의 '클레오판(Cleofan)'에서 유래되었다. 보통 '경비를 분담한다'는 뜻으로 클럽이 해석되기도 하는데, 공통의 목적을 위해 결집하는 모델 중의 하나가 바로 골프클럽의 시초이다. 이후 골프를 공통목적으로 한 골프클럽(golf club)과 컨트리클럽(country club)이 생겨났다.

우리나라에서는 원산에 상주했던 영국인들이 1897년 유목산 중턱에 6홀 규모의 간이 코스를 만든 것이 최초의 골프코스로 전해지며, 일제강점기 때는 1921년에 조선호텔 이용객을 위한 부속시설로 9홀 규모의 효창원 골프코스가 개장하였다. 해방 후에는 1960년대 경제개발계획에 따른 경제성장으로 골프 인구가 늘어나자 1964년에 한양컨트리클럽(1964년)을 필두로 1980년대 말까지 42개가 조성되었다. 특히 2000년대 들어서부터는 골프장 수가 기하급수적으로 증가하기 시작하여 최근에는 500여 개에 달하는 골프장이 운영되고 있다.

골프장의 위치나 지형도 대도시 근교에서 상대적으로 거리가 먼 산지나 바닷가로 옮겨가면서 전국적으로 확산되기 시작하였다. 지형적으로는 인천 영종도의 'SKY72골프리조트'나 '군산컨트리클럽' 등이 바다를 메운 매립지 위에 건설되었으며, 인천의 '드림파크CC'는 쓰레기매립장 위에 조성한 골프장이다. 위치적으로도 남해안과 서해안의 아름다운 해안가에 골프장들이 조성되었고, 강원도 등 일부 산악지대에는 '하이원CC'처럼 해발 500m가 훨씬 넘는 고지대에 만든 골프장도 생겨났다.

이처럼 먼 거리에 골프장들이 들어서게 되고, 장거리 골프여행객들이 증가하면서 체재에 적합한 숙박시설과 편의시설을 갖춘 골프리조트가 발달하기 시작하였다. 최근에 건설되는 골프장일수록 단순 골프장보다는 숙박시설과 편의시설을 갖춘 골프리조트로 건설되는 경우가 다수이며, 사계절 복합리조트를 지향하는 리조트일수록 골프장을 핵심시설로 운영하고 있다.

이러한 내용들을 정리하여 본 절에서는 골프리조트를 다음과 같이 정의한다. 골프리조트란 '자연환경과 어우러진 골프장을 핵심시설로 하면서 호텔·휴양콘도미니엄·골프빌리지 등의 숙박시설과 함께 레스토랑, 편의시설, 레포츠, 오락시설 등의 다양한 부대시설을 갖춘 리조트'로 정의한다.

▲ 골프의 발상지 세인트 앤드루스 링크스. 스코틀랜드의 세인트 앤드루스 골프장은 골프의 발상지이면서 세계 3대 골프장(세인트 앤드루스, 페블비치, 오거스타 내셔널)으로 골퍼들이 가장 가보고 싶어하는 곳으로 유명하다.

2. 골프경기와 코스의 구성

1) 골프경기

골프경기는 골프코스 위에 정지하여 있는 흰 볼을 지팡이 모양의 클럽으로 잇달아 쳐서 최종 목적지인 퍼팅 그린의 정해진 홀컵에 넣어 그때까지 소요된 타수(횟수)가 적은 사람이 이기는 경기이다. 전체 18홀로 구성된 골프코스에서 골프클럽(골프채)으로 티잉그라운드에서 쳐낸 볼을 그린 위에 있는 홀컵까지 어떻게 하면 적은 타수로 플레이를 종료할 것인가를 다투는 경기가 골프이다.

▲ 골프는 골프코스에서 골프클럽(골프채)으로 볼을 쳐서 그린 위에 있는 홀컵까지 공을 넣는 것으로 총 타수가 적은 사람이 승리하는 경기이다.

2) 골프코스(홀)

골프가 진행되는 필드를 '골프코스'라고 한다. 정규 골프코스는 '홀'이라고 불리는 18개의 개별적인 필드들로 나누어진다. 물론 그보다 적은 수인 6홀, 9홀의 퍼블릭골프장도 여러 개 있기는 하지만, 정규 골프장의 가장 기본적인 규모는 18개 홀이다.

18개 홀은 난이도와 코스의 길이에 따라 파 3홀(숏홀) 4개, 파 4홀(미들홀) 10개, 파 5홀(롱홀)이 4개로 구성되어 있으며 이것들을 합치면 파 72가 된다. 파(Par)란 기준타수를 말하는 것으로 대부분의 골프장의 경우 파 72를 기준으로 삼고 있다.

▲ 정규 골프장의 골프코스는 18개 홀로 구성된다.

3) 홀의 구성

티잉그라운드 티잉그라운드(teeing ground)는 일반적으로 티 또는 티박스(tee box) 라 부르며 각 홀에서 골퍼가 제1타를 시작하는 지역을 말한다. 이곳에서 치는 것을 티샷을 한다고 한다.

페어웨이 페어웨이(fairway)란 골프공을 티에서 정상으로 쳤을 때 낙하되어 제2 타(second shot) 또는 제3타(third shot)를 쳐나가는 그린 코스를 의미한다. 보통 페어 웨이는 플레이를 원활하게 할 수 있도록 잔디를 3cm 정도로 짧게 깎는다. 페어웨이 의 주변부는 공을 잘못 쳤을 때 샷이 다소 불리해지도록 잔디를 길게 깎아 놓는데 이곳을 러프(rough)라고 한다.

해저드 페어웨이 주변에는 골프를 방해하는 모래밭과 연못 등이 있는데, 그것을 해저드(장애물)라고 한다. 해저드의 종류는 모래 벙커, 연못 등의 워터 해저드, 수로, 나무 등이 있는데, 이것은 플레이의 재미를 더해주는 방해물들이다.

퍼팅 그린 퍼팅 그린은 퍼팅을 하기 위해 잔디를 짧게 깎아 잘 정비해 둔 곳으로 그린이라고 부르며, 최종적으로 공을 홀컵에 굴려 넣는 지역을 말한다. 골프는 그린 에서 공을 홀컵에 굴려 넣는 것으로 한 홀을 마무리 하는데, 홀컵의 지름은 11cm가 채 안 된다.

오비 오비(OB: out of bound)는 홀 이외의 경기가 허용되지 않는 경계 밖을 말하 며, 공이 오비 지역으로 떨어졌을 때는 2점의 벌타가 부과된다. 오비 지역의 경계 부분은 통상 흰색의 말뚝을 박아 구분한다.

▲ ①티잉그라운드에서 첫 샷을 준비하는 골퍼 ②워터헤저드를 사이에 둔 페어웨이와 퍼팅그린 전경

3. 골프장 유형

1) 호칭에 의한 분류

(1) 컨트리클럽

컨트리클럽(country club)과 골프클럽 중 리조트에 가까운 것은 컨트리클럽이라 할 수 있다. 이는 컨트리클럽이 사교적인 관점에서도 골프클럽에 비해 회원중심의 고품격 사교클럽으로 시설면에서 더 고급스럽고 분양가격도 높은 가격대에서 이루어진다. 컨트리클럽에는 골프장 외에도 테니스장, 수영장, 사교장 등이 포함되며 회원중심으로 운영되다보니 골프클럽에 비해 폐쇄적 사교클럽의 성격이 강하다.

(2) 골프클럽

골프클럽(golf club)도 회원권을 분양하여 회원제로 운영하는 골프장이다. 하지만 스포츠 시설로서의 골프코스가 중심이고 부대시설은 최소한으로 운영하는 것이 특징이다. 컨트리클럽에 비해 일반 고객들에게도 부킹의 기회가 자주 주어지는 차원에서 덜 폐쇄적이라 할 수 있으며, 국내에서 컨트리클럽보다 대중화되고 있는 유형이다. 최근에는 일부 골프클럽들이 고품격 골프장을 강조하기 위해 컨트리클럽이라는 명칭을 사용하기도 한다.

2) 경영방식에 의한 분류

(1) 회원제 골프장

회원제 골프장(membership course)은 회원을 모집하여 회원권을 발급하고 예약에 의해 이용케 하는 골프장으로 대부분의 회원제 골프장은 18홀 이상으로 운영되고 있다. 따라서 회원제 골프장은 회원권 분양에 의해 투자자금을 조기에 회수하는 것이 장점이다. 우리나라의 경우 골프장 가입 시 일정액을 지급하고 회원에 가입하는 예탁금제 형식으로 운영되고 있다.

(2) 퍼블릭골프장

퍼블릭골프장(public course)은 회원제 골프장과 달리 회원권 분양을 하지 않고, 기업이 자기 자본으로 골프코스를 건설하고 골프장 이용객의 사용료만을 받아 골프장을 경영하는 방식이다. 따라서 일반 고객들 누구나 골프장 예약을 할 수 있으며, 그린피 사용료는 회원제 골프장에 비해 저렴한 편이다. 하지만 회원권을 분양하지 않기 때문에 투자비 회수에 장기간이 소요된다.

3) 위치, 지형에 의한 분류

골프가 처음 생긴 곳은 스코틀랜드 해안가 주변의 초원지대인 링크스(links)이다. 그러나 골프산업이 발전하면서 내륙이나 산간지역 등 다양한 위치나 지형을 이용하여 골프장이 건설되기 시작하였다. 위치나 지형에 의해 골프장을 분류해보면 다음과 같다.

(1) 구릉지역의 골프장

구릉지역의 골프장은 자연 속의 구릉지나 숲으로 둘러싸인 임간(林間)지형의 비교적 평탄한 코스에 개발된 골프장을 말한다. 지형적 특성상 구릉지가 많지만 자연 그대로의 구릉지를 활용하여 골프코스를 개발한다.

(2) 산악지형의 골프장

우리나라 대부분의 골프장은 산악지형을 개발하여 건설한 골프장이다. 골프장 개발을 위해서는 대단위 토지와 막대한 토지구입비가 소요되므로 비교적 투자비를 절약할 수 있는 산악지형이 골프장으로 선택되는 경우가 많다. 골프코스는 산의 평탄한 부분에 설계하지만 전체적으로 홀의 폭이 좁고 기복이 심한 편이다.

(3) 해안형 골프장

해안형 골프장은 시사이드골프장으로 불리며 해변을 따라 코스설계를 하기 때문에 자연의 아름다움을 살린 코스가 많다. 국내에서도 남해지역을 중심으로 해안을 따라 건설된 명문 골프장들이 증가하고 있다. 바닷가에 위치하다보니 바람의 영향을 많이 받아 지형상 어려운 코스가 많다.

(4) 매립지 골프장

매립지 골프장은 쓸모없는 땅이나 불모지를 매립하여 그 위에 건설한 골프장을 말한다. 국내에서는 서산간척지를 매립한 곳에 '태안비치CC'나 '현대더링스CC'가 운영 중에 있으며, 인천의 드림파크CC는 세계 최대의 쓰레기 매립장을 환경생태공원으로 활용하여 개발한 골프장이다.

▲ 자연 구릉지를 이용한 우정힐스골프장 전경

▲ 산악형 골프장 전경(휘닉스평창 골프장)

▲ 해안형 골프장 전경(미국 샌프란시스코 페블비치 링크스)

제2절 골프산업의 현황

1. 국내 골프장 현황

2019년 기준 국내 골프장 수는 약 535개소에 이르고, 이 중 회원제 골프장이 169개소, 퍼블릭골프장이 330개소, 군 골프장은 36개소이다. 2014년부터는 퍼브릭골프장 수가 회원제 골프장 수를 이미 추월하기 시작하였고, 경영난에 처한 회원제 골프장들이 퍼브릭골프장(대중제)으로 전환하는 골프장 수도 갈수록 증가하여 67개소에 이르고 있다.

회원제 골프장은 1985년에 25개소에 불과했던 골프장 수가 경기호황과 정권교체기마다 허가 남발과 맞물려 2013년에는 229개소까지 증가하다가 2014년부터 감소세로 돌아서 2018년에는 173개소까지 감소하였다. 향후에도 회원제 골프장은 세금 인상, 객단가 하락 등으로 각자 처한 상황에서 퍼블릭골프장으로 전환 방법을 모색할 것으로 보인다.

이에 반해 퍼블릭골프장은 2005년에 57개소에 불과하던 골프장 수가 2014년에 221개소로 증가하였고, 2019년에는 330개소까지 꾸준히 증가하였다. 이는 국내 골프장 시장이 퍼블릭(대중제) 중심으로 빠르게 재편되고 있음을 의미하고, 골프장 개수에서도 퍼블릭은 10년 사이에 완전히 주류가 됐다.

이처럼 퍼블릭골프장이 급격히 증가하기 시작한 것은 정부가 2000년부터 골프 대중화를 유도하기 위해 퍼블릭골프장의 개별소비세(2만 1,120원)를 면제한 것은 물론 재산세, 토지세 등 각종 세금 감면 혜택을 주었기 때문이다.

그러나 최근에는 정부가 골프 대중화를 위해 퍼블릭골프장에 각종 세제 혜택을 주지만 정작 혜택은 국민이 아닌 사업자에게만 돌아간다는 지적이 나온다. '퍼블릭'이란 말이 무색할 정도로 1인당 20~30만 원 넘게 드는 비싼 이용료 때문이다.

전체 골프장 분포는 수도권(서울 · 경기 · 인천)이 가장 많은 34%의 비율을 차지하고 있으며 이어 강원, 경북, 경남이 각각 11% 수준으로 뒤를 이었다. 강원 및 충청지역 중 수도권과 인접한 골프장들은 실질적으로 수도권 내장객이 유입되는 것을 감안하면 수도권 지역에 약 50%에 가까운 골프장들이 몰려 있는 것으로 해석할 수 있다.

이처럼 전체 골프장들이 수도권에 많이 위치하는 것은 골퍼들이 수도권에 가장 많이 편중되어 있으며, 골프장 회원권 분양이 순조롭고 운영이익도 높기 때문으로 분석된다.

〈표 11-1〉 연도별 국내 골프장 수 현황

연도별	골프장 수(개소)				골프장 이용객수(천 명)	영업 이익률(%)	
	전체	회원제	대중제	군		회원제	대중제
2010년	407	201	167	30	25,467	11.8%	34.7%
2011년	442	223	187	32	26,541	6.9%	36.9%
2012년	469	229	208	32	27,555	3.3%	33.5%
2013년	493	229	231	33	29,506	2.3%	28.0%
2014년	509	227	249	33	31,985	-4.7%	27.5%
2015년	518	219	266	33	33,885	-0.5%	28.5%
2016년	521	196	290	35	34,662	-1.7%	29.2%
2017년	521	185	301	35	35,420	-1.0%	28.5%
2018년	526	176	314	36	36,150	-2.0%	26.0%
2019년	535	169	330	36	38,965	5.2%	33.2%

[그림 11-1] 국내 골프장 지역별 골프장 수 현황

334

2. 국내 골프 인구 현황

최근 국내 골프 인구는 2015년에 최고치를 기록한 후 감소세를 보이고 있다. 한국 레저산업연구소가 발간한 '레저백서 2020'에 따르면 2007년에 252만 명에 불과했던 골프 인구는 2015년 399만 명으로 최고 수준을 기록했지만 2017년에는 386만 명으로 소폭 감소하였고, 2019년에는 469만 5천 명으로 2017년보다 21.7% 증가하였다. 2019년 에 골프 인구가 다시 증가한 것은 이용료의 지속적인 인상에도 불구하고 골프장 수 확대, 영업일 수 증가, 주 52시간 근무제 확산, 야간경기 확대 등으로 신규 골프 인구 가 늘어났기 때문으로 분석된다. 골프장 이용객 수에서는 2019년에 총 3,896만 5천 명이 국내 골프장을 이용하였는데, 2017년의 3,625만 2천 명에 비해 7% 정도가 늘어 난 수치이다. 한국레저산업연구소의 국내 골프 인구 추정 산출방식은 2019년 국내 골프장 총이용객 수 3,896만 5천 명을 연간 1인당 골프장 평균이용횟수인 8.3회로 나 눠 계산한 것이다.

골프장별 이용객 수에서도 이제는 대중제 골프장이 주도권을 잡았다. 2007년에 515만 명이던 대중제 골프장 이용객은 2019년에 2,190만 9천 명으로 급증했다. 이에 반해 회원제 골프장을 찾은 사람은 2007년에 1,488만 3천 명에서 2019년에 1,527만 6천 명으로 소폭 증가하는 데 그쳤다. 국내 골프산업의 시장규모에서도 2019년 기준 대중제 골프장 시장규모는 2조 7천111억 원으로 집계돼 회원제 골프장 시장규모인 1조 9천344억 원을 앞질렀다.

〈표 11-2〉 연도별 국내 골프장 이용객 수 추이　　　　(단위 : 천 명)

연도별	전체 이용객 수	대중제	회원제	군 골프장
2007년	21,713	5,145	14,883	1,685
2013년	29,506	10,686	17,308	1,512
2015년	33,932	14,497	17,751	1,684
2017년	36,252	18,314	16,930	1,749
2019년	38,965	21,909	15,276	1,780

자료 : 레저백서 2020.

[그림 11-2] 국내 주요 골프장 월별 내장객 현황

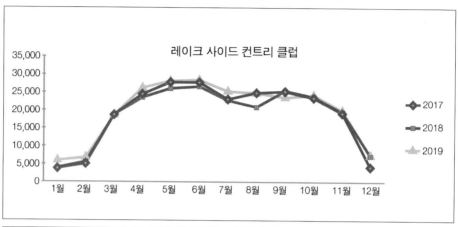

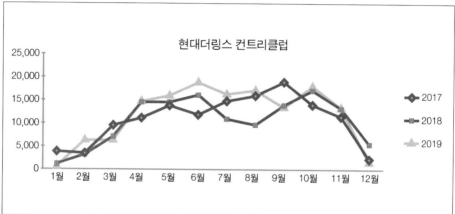

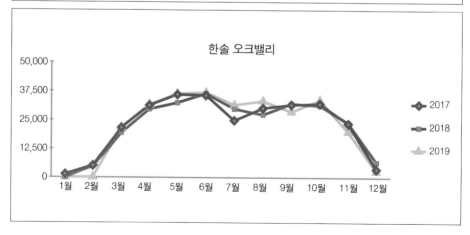

국내 골프장들의 월별/계절별 이용객 추이를 살펴보면 [그림 11-2]와 같은 그래프 형태를 보이고 있다. 주요 컨트리클럽 3곳 모두에서 비슷한 이용객 추이를 보이고 있는데, 4~6월까지의 봄 시즌과 9~10월까지의 가을 시즌에 가장 많은 골프 이용객들이 몰리는 성수기에 해당되고, 하계시즌에 속하는 7~8월에도 휴가 기간 등과 맞물려 성수기 수요를 유지하는 것으로 조사되었다. 그리고 동계시즌이 시작되는 11월 중순부터는 이용객 수가 급격히 하락하기 시작하여 2월 말까지 비수기를 유지하다가 3월부터 회복기를 보이고 있다.

이러한 결과는 4계절이 뚜렷한 우리나라 기후에서 4계절형 리조트로 거듭나기 위해서는 성수기와 비수기를 상호 보완해줄 수 있는 시설로서 골프장과 스키장을 복합화하는 것을 추천할 수 있다. 골프장의 비수기에 해당하는 동계시즌이 스키장으로서는 최대 성수기에 해당되기 때문이다. 실제 국내의 주요 스키리조트 대부분이 스키장과 함께 골프장을 건설하는 이유가 여기에 있다고 할 수 있다.

3. 전 세계 골프장 현황

전 세계에는 얼마나 많은 골프장이 있을까? 권위 있는 세계 골프기구인 영국왕립 골프협회(R&A)와 미국골프재단(NGF)은 전 세계 골프장 숫자를 공식 집계한 'Golf around the world 2019' 보고서를 발표했다. 이에 따르면 2018년에는 전 세계 249개국 중 209개 나라에 3만 8,864개의 골프장이 존재한다. 골프는 전 세계로 확산되고 있지만 골프장 수는 미국, 일본, 캐나다, 영국, 호주, 독일, 프랑스, 대한민국, 스웨덴, 스코틀랜드 등 상위 10개국에 78%가 집중돼 있다.

국가별 골프장 수를 살펴보면 골프장 수가 가장 많은 미국이 1만 4,640개로 가장 많았으며 일본이 2,227개, 캐나다 2,365개, 잉글랜드 2,084개, 호주 1,532개, 독일 737개, 프랑스 643개, 스웨덴 471개, 중국 385개 순이다. 골프 역사 100년을 넘긴 한국은 440개로 랭킹 8위에 올라 있다.

대륙별로 살펴보면 미국이 속한 아메리카가 55%로 압도적이고, 유럽이 22%, 아시아가 14%, 오세아니아가 6% 순이다. 특이한 것은 골프장 중 71%가 회원제가 아닌 대중제로 운영된다는 점이다.

골프의 발상지인 스코틀랜드가 속한 유럽은 40개국에서 7,403개의 골프장을 보유하고 있다. 그중 잉글랜드가 2,084개로 가장 많고, 독일, 프랑스, 스코틀랜드, 스웨덴 순이다. 유럽은 리조트 중심의 골프장과 홀수가 적은 골프장이 대세다.

미국이 속한 북아메리카는 전 세계 대지의 16%에 불과하지만 1만 8,145개의 골프장이 들어차 있다. 그중 미국이 1만 5,372개의 골프장을 갖고 있다. 그 뒤로 캐나다 2,363개, 멕시코 237개, 카브리해 119개 순이다.

아시아는 55개국 중 53개 나라에서 4,778개의 골프장을 보유하고 있으며 일본, 한국, 중국 등 8개국이 90% 이상의 골프장을 보유하고 있다. 그중 일본이 50%로 가장 많고, 중국, 한국, 인도, 태국 순이다. 전 세계 국가별 골프장 현황을 살펴보면 〈표 11-3〉과 같다.

〈표 11-3〉 전 세계 Top 10 국가별 골프장 현황　　　　　　(단위 : 개소)

순위	국가	코스	홀수	골프장
1	미국	16,752	248,787	14,640
2	일본	3,169	45,684	2,227
3	영국	3,089		
4	캐나다	2,633	36,591	2,265
5	호주	1,616	23,505	1,532
6	독일	1,050	14,100	736
7	프랑스	804	10,971	643
8	한국	798	9,183	440
9	스웨덴	662	9,303	471
10	중국	599	8,850	385

자료 : 'Golf around the world 2019' 보고서.

338

제3절 국내 주요 골프리조트

1. 잭니클라우스 골프클럽 코리아

- 위치 : 인천 연수구 아카데미로 209
- 개장 : 2010년
- 코스 : 18홀(파72, 7,413야드) 회원제

잭니클라우스 골프클럽 코리아(Jack Nicklaus Golf Club Korea)는 한국의 10대 골프장에 6년 연속 선정되는 명문 골프장으로 꼽히며, 굵직한 메이저 대회가 개최되는 명소로 자리 잡았다. 아시아 최초로 PGA 챔피언스 투어가 열렸고, 신한동해오픈, 한국여자오픈도 매년 개최하고 있다.

잭니클라우스 골프클럽 코리아는 송도국제업무단지의 네모나고 평평한 매립지 땅에 조성되어 좌우 옆 홀이 보일 것 같지만 아니다. 적절한 마운드와 동선으로 인해 옆 홀과는 독립되고, 비슷비슷한 홀 하나 없이 좌우로 방향을 틀이 그린에 집중히게 된다. 마운드를 이용해 높낮이를 효과적으로 만들었으며 9, 18번 홀을 가르는 호수에 인공 암반을 활용해 자연 절벽에 물이 떨어지는 것 같은 시각적인 아름다움까지 이뤄냈다.

▲ 잭니클라우스 골프클럽 코리아 전경

2. 핀크스 골프클럽

- 위치 : 제주시 남제주군 안덕면 신록남로 863
- 개장 : 1999년
- 코스 : 18홀(파72, 7,300야드), 퍼블릭 9홀

핀크스 골프장(Pinx Golf Club)은 1999년 개장과 동시에 국내 골프장에 일대 혁신을 가져왔다. '동양적인 것, 고향의 토속적인 멋, 그리고 예술의 요소'를 접목시킨 작품을 선보이면서 회자되기 시작했다. 이러한 시도가 신선했고 탁월했기 때문이었다. 제주도의 이웃 골프장에서 타성적으로 심던 야자수를 배제하고, 대신 제주 들판을 뒤덮은 때죽나무와 들풀을 방치하듯 심었고, 원두막을 만들고, 흔한 화산암을 얹어 경계석을 삼았고, 물 항아리를 티 박스로 썼다. 하지만 좋은 골프장은 결국 자본이 바탕이 되어야 한다는 교훈을 주는 듯하다. 엄청난 투자를 들였던 비오토피아 분양에 차질이 생기고, 오너의 지원이 줄어들면서 2007년부터 코스관리가 흔들렸다. 그리고 2010년 대기업인 SK가 흔들리던 핀크스를 인수한 건 어둠 속의 한 줄기 빛과 같았다.

이후 핀크스 골프장은 안정적인 운영과 코스를 한 단계 업그레이드시키기 위한 꾸준한 노력을 아끼지 않는 것으로 유명하다.

▲ 핀크스 골프클럽 전경

3. 파인비치 골프링크스

- 위치 : 전남 해남군 화원면 시아로 224
- 개장 : 2010년
- 코스 : 18홀(파72, 7,347야드) 회원제

파인비치 골프링크스(Pine Beach Golf Links)는 2006년 7월 해남 끝자락의 바다와 육지가 고불고불 돌아나가는 해안가에 사업계획이 승인되고, 착공 2년이 지난 2008년 12월 코스가 완공됐다. 해남 리아스식 해안의 굴곡을 그대로 살린 코스는 자연 본연의 모습을 살리고 지금까지 경험해 보지 못한 신선한 감동을 안겨주며, 하얀 벙커와 바다와 하늘이 찬란한 색 대비를 이룬다. 기온도 따뜻해 연평균 20도에 연중 300일 이상 맑은 날씨가 지속되므로 골프장으로서는 최고의 장소이다.

18홀 중에 10개 홀이 바다와 접하고 있다. 바다가 멀리 바라보이는 시뷰(sea view)가 아니라 국내에 처음 도입된 제대로 된 시사이드(sea side) 코스이다. 전반 7번 홀 카트길 옆으로는 바로 옆에서 파도가 찰싹거리고, 8번 홀에서는 그린 위에 수평선이 그어진다. 마치 바다를 향해 샷을 하는 느낌이다. 이처럼 그림 같은 풍경이 현실인 곳이다. 한번 방문해 보면 잊지 못할 감동과 여운을 남겨주는 곳이다.

▲ 파인비치 골프링크스 전경

4. 안양컨트리클럽

o 위치 : 경기도 군포시 부곡동 군포로 364

o 개장 : 1968년

o 코스 : 18홀(파72, 7,044야드)

1968년 탄생한 '안양컨트리클럽(Anyang Country Club)'은 지난 30여 년간 한국을 대표하는 전형적인 골프장의 선구자였다. 우리나라를 대표하면서 일본 및 서구의 명문 골프장에 견줄 코스를 건설하겠다는 구상 아래 1968년 '안양컨트리클럽'이 탄생한 것이다. 1997년에는 세계적인 코스 설계가인 로버트 트렌트 존스 주니어(Robert Trent Jones Jr)의 리뉴얼 공사를 거쳐 도전적이고 전략적인 코스로 거듭나면서 '안양베네스트'로 명칭을 바꾸었다. 1999년부터 현재까지 '골프다이제스트'가 선정하는 최고의 골프장으로 뽑히는 등 국내 골프장의 종가로 군림하고 있다.

2013년에는 1년간 코스를 휴장하고 클럽하우스를 새로 짓고 4개 홀을 소폭 리노베이션 한 뒤, 재개장하면서 골프장 명칭을 '안양컨트리클럽'으로 복귀했다. 각 홀마다 특징적인 나무와 화초를 심어 사계절 아름다운 모습을 간직하고 있으며, 고 이병철 회장의 의견에 따라 무더운 여름과 한겨울에도 변함없는 그린 상태를 추구하고 있어 골퍼들이 재미를 느낄 수 있는 코스관리에 역점을 두고 있다.

▲ 안양컨트리클럽 전경

5. 설해원

- 위치 : 강원도 양양군 손양면 공항로 230
- 개장 : 2000년
- 코스 : 36홀(회원제 18홀, 퍼블릭 9홀)

강원도 양양에 위치한 설해원(구 골든비치)은 골프리조트의 완벽한 롤 모델을 보여주고 있다. 설해원골프리조트는 골프장을 핵심시설로 하면서 럭셔리골프텔, 설해원빌라텔, 설해온천과 스파, 레스토랑, 카페&베이커리, 바, 게임존, 액티비티, 스크린골프, 노래방, 편의점 등 다양한 시설을 복합적으로 갖추고 있어 골프리조트로서 손색이 없다.

설해원 골프장은 2018년에 LPGA 명예의 전당에 오른 박세리, 아니카 소렌스탐, 로레나 오초아, 줄리 잉스터를 초청해 레전드 매치를 개최한 곳으로 유명하고, 7년 연속 한국 10대 골프코스로 선정된 만큼 명문 골프장으로 인정받고 있다.

특히 골프장의 코스는 시뷰코스, 샐몬코스, 파인코스, 신규코스로 나뉘는데, 각 코스마다 독특한 묘미와 풍경을 감상할 수 있다. 시뷰코스는 때론 동해바다로 티샷을 날리고, 때론 대청봉을 향해 세컨샷을 날리며 아름다움에 빠져드는 코스이다. 샐몬코스는 우아하면서도 거칠고 다이나믹하면서도 아름다운 골프의 모든 묘미를 모두 느낄 수 있는 코스이며, 파인코스는 울창한 해송의 숲에서 삼림욕을 하듯 가장 상쾌한 라운딩을 즐기는 코스이다.

▲ 설해원 골프장 전경

제 **12** 장

카지노리조트

제1절 카지노의 이해

1. 카지노의 정의

카지노(casino)의 어원은 도박, 음악, 쇼, 댄스 등 여러 가지 오락시설을 갖춘 집회장이라는 의미의 이탈리아어 '카자(casa)'에서 유래하였다. 카지노를 웹스터 사전에서는 '모임, 춤 그리고 전문적인 갬블링(gambling)을 위해 사용되는 건물이나 광범위한 실내도박장'으로 정의하고 있다.

우리나라에서는 그동안 카지노업이 법률적으로 「사행행위 등 규제 및 처벌 특례법」에서 '사행행위영업'으로 규정되어 오다가 1994년 8월 3일 「관광진흥법」이 개정되면서 관광사업의 정식 업종으로 구분되었다. 「관광진흥법」에서 규정하는 카지노업이란 "전문 영업장을 갖추고 주사위·트럼프·슬롯머신 등 특정한 기구 등을 이용하여 우연의 결과에 따라 특정인에게 재산상의 이익을 주고 다른 참가자에게 손실을 주는 행위 등을 하는 업"으로 정의하고, 카지노업의 유형을 '외국인 전용 카지노'와 '내국인도 입장이 가능한 카지노'로 구분하고 있다.

국내에서 내국인도 입장이 가능한 카지노는 강원랜드 카지노가 유일하며, 나머지는 모두 외국인 전용 카지노이다. 강원랜드는 폐광지역(태백시, 정선군, 영월군, 삼척시 등)의 침체된 경제를 살리기 위한 대안으로 1995년 12월에 '폐광지역 개발지원에 관한 특별법' 제정으로 설립된 카지노로서 국내 카지노에 대한 법률적 개념의 대중화에 새로운 이정표를 설정하였다.

2. 카지노리조트의 개념

글로벌 카지노 경쟁은 어느 때보다 뜨겁다. 북미와 유럽은 성숙기에 진입하며 높은 성장보다는 안정적인 캐시카우 역할을 하고 있는 반면, 신규 카지노 투자는 아시아에 집중되고 있다.

아시아 카지노개발의 방향은 동일한 조건이라면 더 많은 카지노 플레이어를 유인시킬 수 있는 비카지노(non-gaming), 즉 엔터테인먼트 시설을 결합한 복합리조트개발이 대세를 이루고 있다. 복합리조트는 고객들을 한 공간에 머무를 수 있도록 만든 후 지속적인 소비를 일으키게끔 하는 수익모델이다.

경영전략도 변화를 시도하여 고객은 VIP → premium mass, 혹은 일반 mass로 변화하고, 받아들이는 문화는 도박 → 레저로 변화하고 있다. 매년 상반기와 하반기에 마카오와 라스베이거스에서 번갈아 개최되는 〈Gaming Expo〉에서도 전문가들이 늘 집중하는 주제가 'IR', 'Mass', '가족단위', '비카지노'인 이유다. 다시 말해 기존 호텔형 카지노에서 벗어나 복합리조트로 개발돼야 하는 것이 글로벌 성장 트랜드의 핵심이라 할 수 있다.

이에 따라 세계 각국에서는 복합리조트개발과 유치경쟁에 총력을 기울이고 있다. 이처럼 세계 각국이 복합리조트개발에 도전장을 내는 이유는 카지노복합리조트가 관광객 유치와 일자리 창출을 통한 내수부흥 효과가 탁월하기 때문이다. 특히 카지노리조트개발로 세계 1위 카지노 도시가 된 마카오와 2010년에 카지노리조트 두 곳을 개장하여 대박을 터트린 싱가포르의 성공모델은 아시아 각국의 카지노리조트 경쟁을 촉발시키기에 충분하다.

따라서 본서에서는 카지노의 공통적인 특징들을 도출하여 카지노리조트를 다음과 같이 정의한다. 카지노리조트란 '카지노시설을 핵심시설로 하면서 체재를 위한 숙박시설과 컨벤션센터, 쇼핑, 테마파크, 엔터테인먼트 등 비카지노 시설을 결합하여 만들고, 한 공간에서 고객들의 지속적인 소비를 일으키는 복합리조트'로 정의한다.

3. 카지노산업의 특성

1) 고용효과

카지노는 하루 24시간 연중무휴로 영업을 하고 있는데, 카지노 이용객은 대부분이 호텔 투숙객이므로 언제든지 카지노게임을 즐길 수 있도록 하기 위해서이다. 특히 카지노사업은 타 업종에 비해 시설이나 규모는 작지만 게임테이블 수나 머신게임 수에 비례하여 종업원을 채용하기 때문에 규모가 큰 호텔의 종업원 수나 카지노부서의 종업원 수나 그 수적인 규모가 비슷하며, 경영규모는 카지노가 크다.

따라서 카지노산업은 타 산업에 비해 종업원 고용효과가 높으며, 수출산업인 섬유산업, 반도체산업 및 자동차산업에 비해 고용효과가 3배 이상 높은 것으로 분석되고 있다.

2) 부족한 관광자원의 대체효과

우리나라는 아름다운 자연환경과 문화유산을 보유하고 있지만 관광상품으로서의 개발은 미흡하고 환경보호 등으로 한계성이 있다. 카지노는 호텔 내에 위치하기 때문에 악천후 시에 야기되는 문제점을 보완할 수 있는 실내관광 상품으로 적합하며, 야간시간대의 관광상품으로 이용될 수 있다. 이러한 측면에서 카지노산업은 천연자원의 부족과 유·무형의 관광자원 개발에 대한 한계성을 극복할 수 있는 대안관광 상품으로 이용이 가능하다는 장점을 들 수 있다.

3) 호텔 매출 향상효과

카지노 고객은 게임을 목적으로 찾아오기 때문에 일반 관광객보다 경제적인 여유가 있어 호텔 내의 객실, 식음료, 부대시설 등을 이용하므로 일반 관광객보다 매출액이 매우 높다. 또한 카지노 고객은 타 호텔에 있는 카지노에서 게임하는 것을 싫어하므로 카지노가 있는 호텔에 투숙하기를 원한다. 따라서 카지노 고객은 호텔영업 매출액 향상에 기여도가 높다고 볼 수 있다.

실제로 카지노 호텔의 영업매출액 점유율에 있어 카지노 수입이 전체 수입의 59%를 차지하고 있으며, 객실수입 12%, 식음료 수입 22%, 기타 수입이 7% 등으로 나타나고 있다. 카지노 수입과 식음료 수입이 호텔 매출액의 약 80% 이상을 차지하고 있어 이에 대한 중요성이 날로 증대되고 있다.

4) 경제적 파급효과

카지노산업의 매출액 향상으로 인한 외화가득효과, 고용효과, 소득효과 및 부가가치효과는 매우 높은 반면, 수입의존도는 타 산업에 비해 매우 낮은 것으로 나타났다.

예를 들면 카지노산업의 외화가득률이 93.7%인 반면에, 반도체는 39.3%, TV부문은 60%, 승용차는 79.5% 등으로 각각 조사되었다.

또한 카지노 외래객 1명의 유치는 반도체 32개, 컬러TV 3대의 수출과 동일한 것으로 분석되었고, 카지노 외래객 13명 유치는 승용차 1대 수출효과와 동등한 것으로 나타났다. 카지노 이용객이 10억 원을 소비하면 약 98명 정도(전체 산업평균 약 67명)의 고용효과가 있는 것으로 나타났다. 이러한 의미에서 카지노 고객 1인당 소비액 증가는 지역경제 활성화와 국가경제 발전에 크게 기여하는 효과가 있다.

5) 관광자원의 다양화

관광객의 관광활동을 증진시키기 위하여 자연적·문화적·사회적 및 산업관광자원 등을 개발·육성하는 것도 중요하지만, 이에 더하여 위락관광자원을 확충하는 것도 매우 필요하다.

대표적인 위락관광자원으로는 테마파크를 비롯하여 골프장, 캠프장, 수영장, 수렵장, 각종 놀이시설, 레크리에이션 시설 및 레저스포츠시설 등이 있으나, 내·외국인 모두가 이용하기에는 한계점이 있다고 보인다. 이런 점에서 고부가가치 산업이며 무공해 환경산업인 카지노산업은 전천후 영업이 가능하고 연중 고객 유치뿐만 아니라 악천후 시 기존 관광자원의 대체상품으로서 그 가치가 매우 높다고 할 수 있다.

6) 환경변화에 민감

우리나라 카지노업체는 강원랜드 카지노를 제외하고는 외래관광객만 이용할 수 있어서 주변 국가들의 경기침체나 정치적·사회적 불안으로 인한 환경변화에 큰 영향을 받는다.

예를 들면 일본의 경기침체 및 카지노 바의 활성화로 일본인 고객이나 게임 금액도 감소하고 있으며, 대만은 국교 단절과 제주 직항노선 폐쇄로 인해 대만고객이 크게 줄어들어 제주 카지노업체가 영업 적자이거나 현상유지에 급급하고 있는 실정이다. 따라서 국내 카지노 기업은 새로운 마케팅전략과 경영방식을 강구하는 부단한 노력을 해야 한다.

제2절 국내 카지노산업 현황

1. 국내 카지노 현황

우리나라에 카지노가 도입된 것은 1960년대 후반부터인데 국가 근대화를 위해 경제개발계획이 한창 진행 중이던 시기로 당시 정부에서는 경제개발 재원의 확보라는 명제를 해결하기 위한 전략적 대안으로 카지노를 도입하였다.

국내 최초의 카지노설립은 1967년 8월 인천 올림포스관광호텔 카지노이며, 이듬해인 1968년에 서울워커힐호텔 카지노가 오픈하면서 국내 카지노산업이 자리를 잡아가게 되었다. 1970년대에는 충북 보은군 속리산관광호텔에 카지노가 들어서고, 같은 해에 부산 대구 제주지역에 3개의 카지노가 추가로 허가되었다. 1990년대에는 제6공화국이 들어서면서 제주지역의 외국인 유치 활성화 차원에서 제주에만 5곳의 카지노업체가 허가되었다. 2000년 10월에는 「폐광지역 개발 지원에 관한 특별법」을 근거로 내국인 출입이 가능한 강원랜드 카지노가 강원도 정선군에 개장하였으며, 2005년에는 한국관광공사가 직영하는 세븐럭카지노 3곳이 서울과 부산에 개장하였다. 이로써 국내에는 외국인 전용 카지노 16개 업체와 내국인도 출입이 가능한 1개 업체를 포함하여 총 17개 업체가 영업중이다.

<표 12-1> 국내 카지노업체 현황

시도	업체명 (법인명)	허가일	운영형태 (등급)	종사원 수(명)	2018 매출액 (백만 원)	2018 입장객 (명)	허가증 면적(m²)
서울	파라다이스카지노 워커힐지점 【(주)파라다이스】	1968. 3. 5	임대 (5성)	803	296,212	463,167	2,685.86
	세븐럭카지노 서울강남코엑스점 【그랜드코리아레저(주)】	2005. 1. 28	임대 (컨벤션)	917	195,145	476,338	2,151.36
	세븐럭카지노 서울강북힐튼점 【그랜드코리아레저(주)】	2005. 1. 28	임대 (5성)	545	202,909	748,840	1,728.42
부산	세븐럭카지노 부산롯데점 【그랜드코리아레저(주)】	2005. 1. 28	임대 (5성)	368	84,360	253,253	1,583.73
	파라다이스카지노 부산지점 【(주)파라다이스】	1978. 10. 29	임대 (5성)	408	69,496	141,708	1,483.66
인천	파라다이스카지노(파라다이스시티) 【(주)파라다이스세가사미】	1967. 8. 10	직영 (5성)	816	249,407	298,275	8,726.80
강원	알펜시아카지노 【(주)지바스】	1980. 12. 9	임대 (5성)	25	238	3,424	632.69
대구	호텔인터불고대구카지노 【(주)골든크라운】	1979. 4. 11	임대 (5성)	200	16,336	79,953	1,485.24
제주	공즈카지노 【길상창휘(유)】	1975. 10. 15	임대 (5성)	237	38,084	44,880	1,604.84
	파라다이스카지노 제주지점 【(주)파라다이스】	1990. 9. 1	임대 (5성)	208	24,595	73,046	1,265.02
	마제스타카지노 【(주)마제스타】	1991. 7. 31	임대 (5성)	126	15,842	7,871	1,366.30
	로얄팔레스카지노 【(주)건하】	1990. 11. 6	임대 (5성)	152	13,616	17,883	955.44
	엘티카지노 【(주)엘티엔터테인먼트】	1985. 4. 11	임대 (5성)	115	4,349	14,110	1,175.85
	제주썬카지노 【(주)지앤엘】	1990. 9. 1	직영 (5성)	142	8,660	24,878	1,543.62
	랜딩카지노(제주신화월드) 【람정엔터테인먼트코리아(주)】	1990. 9. 1	임대 (5성)	623	384,810	178,635	5,581.27
	메가럭카지노 【(주)메가럭】	1995. 12. 28	임대 (5성)	119	21,214	12,756	800.41
12개 법인, 16개 영업장(외국인 대상)			직영: 2 임대: 14	5,804	1,625,273	2,839,017	34,770.51
강원	강원랜드카지노 【(주)강원랜드】	2000. 10. 12	직영 (5성)	1,526	1,400,081	2,851,889	12,792.95
13개 법인, 17개 영업장(내·외국인 대상)			직영: 3 임대: 14	7,330	3,025,354	5,690,906	47,563.46

주: 1. 매출액은 관광기금 부과대상 매출액 기준, 종사원 수는 정규직 외 계약직 등 전체 인원 기준이며,
　　종사원 수는 수시 변동함.
　2. 강원랜드는 카지노 오퍼레이션 인원 기준이며, 리조트 전체는 3,689명.
자료: 문화체육관광부, 2019.

2. 국내 카지노의 외국인 이용객 현황

우리나라를 방문하는 전체 관광객 수는 2013년도에 1,217만 명에서 2019년도에 1,750만 명으로 44% 증가하였다. 이와 비례하여 국내 카지노를 방문하는 외국인 이용객 수는 2014년도에 296만 명에서 2018년도에는 238만 명으로 -4.5%를 기록했다. 전체 관광객대비 카지노이용객의 비중이 21%였지만, 2018년도에는 18.5%로 소폭 하락했다.

2018년도에 국내 카지노를 방문했던 외국인현황을 국적별로 살펴보면, 중국과 일본인이 69%를 차지하고 있다. 한 해 전체 이용객 수가 283만 9,017명인데, 그중 중국인과 일본인이 195만 8,000명을 점유하고 있다. 그 밖에 대만, 홍콩, 싱가포르, 말레이시아 등 동남아지역의 관광객들이 국내 카지노를 찾고 있다.

〈표 12-2〉 외국인의 국내 카지노 이용객 수 현황

연도	외래관광객(A)	카지노이용객(C)	외래관광객대비 점유율(C/A)	연평균성장률(%)
2010	8,798,000	1,945,819	22.1	16.1
2011	9,795,000	2,100,698	21.4	8.0
2012	11,140,000	2,384,214	21.4	13.5
2013	12,175,550	2,707,315	22.2	13.6
2014	14,201,516	2,961,833	20.9	9.4
2015	13,231,651	2,613,620	19.8	11.8
2016	17,241,823	2,362,544	13.7	9.6
2017	13,335,758	2,216,459	16.6	6.2
2018	15,346,879	2,839,017	18.5	28.1

자료: 문화체육관광부, 2019.

제3절 외국의 카지노복합리조트

1. 라스베이거스

　미국 최초의 합법적인 카지노(casino)는 1931년에 미국 네바다주에서 경제공황으로부터 지역경제 활성화 목적으로 완전한 형태의 카지노가 처음으로 허가를 받았다. 이후 1978년 뉴저지주 애틀랜틱 시티에 카지노가 문을 열어 동부해안 지역에 새로운 카지노 시대가 개막되었고, 현재도 미국에서 애틀랜틱 시티와 함께 네바다주는 주 내 모든 곳에서 도박이 허용되고 있다. 1988년에는 '인디언게임 규제방안'이 통과됨으로써 많은 주(State)에서 인디언 보호구역 안에 카지노를 인가해주기 시작하여 현재는 220여 개의 카지노가 인디언 보호구역 안에서 운영되고 있다.

　이로써 미국 전역에는 대략 1,550여 개의 카지노가 운영 중이며, 그중에 네바다주의 라스베이거스(Las Vegas)에만 130여 개의 카지노가 들어서 있다. 라스베이거스에서도 스트립(Strip)이라 불리는 6.8km 거리의 핵심지역 안에 만달레이(Mandalay) 호텔에서부터 스트라토스피어(Stratosphere) 호텔까지 총 29개의 호텔&리조트들이 몰려 있으며, 스트립에 매우 인접한 카지노까지 합치면 45개 정도의 카지노가 스트립 지역에 몰려 있다.

　이와 같이 라스베이거스는 '세계 카지노의 메카'라 불릴 정도로 대규모 사업성을 갖춰 현대화를 이룩하였고, 2000년대 이후부터 카지노 외에 수많은 호텔, 리조트, 컨벤션, 쇼핑, 엔터테인먼트 등 완벽한 복합적 시설들이 경쟁적으로 들어서면서 카지노 도시에서 비즈니스와 가족형 관광도시로 변화하는 데도 성공하였다. 특히 레저와 관광을 즐길 수 있는 다양한 테마파크와 저렴한 식음료 및 숙박시설들은 가족동반 고객들을 유치하는 요인이며, 초대형 컨벤션시설들은 비즈니스고객들을 끊임없이 끌어들이고 있다. 이로써 한 해 평균 4,000만 명 이상의 관광객들이 라스베이거스를 방문하고 있다.

▲ 라스베이거스 지역의 주요 호텔 & 카지노(①Mirage호텔 ②Caesars Palace호텔 ③Excalibur호텔 ④Treasure Island호텔 ⑤The Las Vegas Hilton호텔 ⑥MGM Grand호텔)

〈표 12-3〉 라스베이거스 주요 카지노복합리조트 현황

호　텔	객실 수	카지노시설	부대시설
MGM Grand Hotel & Casino	5,005	슬롯머신 : 3,500 게임테이블 : 165 포커테이블 : 20	대형극장(1,700석) 정원식 대형 행사장(15,200석) 할리우드풍 테마파크 보유
Excalibur Hotel & Casino	4,308	슬롯머신 : 3,024 게임테이블 : 113 포커테이블 : 20	어린이활동시설 영화관 및 공연장(1,000석) 가족관광객이 주요 표적시장 중세풍의 시설과 놀이시설
The Las Vegas Hilton Hotel & Casino	3,174	슬롯머신 : 1,155 게임테이블 : 64 포커테이블 : 6	미국 힐튼호텔 중 최고급 고액배팅 고객이 많은 편 라운지 엔터테인먼트
Mirage Hotel & Casino	3,049	슬롯머신 : 2,275 게임테이블 : 123 포커테이블 : 31	아마존정글을 테마화 화산폭발장면 재현 대형수족관 백사자 서식지
Treasure Island Hotel & Casino	2,688	슬롯머신 : 2,254 게임테이블 : 164 포커테이블 : 13	보물섬을 테마화 해적선공연
Caesars Palace Hotel & Casino	1,772	슬롯머신 : 2,500 게임테이블 : 126 포커테이블 : 18	로마제국을 테마화 라운지 쇼 쇼룸 쇼 옴니버스영화관

자료: 라스베이거스관광청, 2020.

2. 마카오

마카오(Macao)는 중국에서 유일하게 카지노가 허가된 지역이다. 서울 종로구와 비슷한 면적의 마카오에서 운영되는 복합형 카지노리조트만 총 37개로 버스 정류장 하나 건너마다 카지노가 있는 셈이다. 하지만 2004년 샌즈그룹이 마카오에 샌즈마카오를 개관하기 전까지도 전문가들 사이에서는 부정적인 견해가 우세했다. 홍콩의 30분의 1에 불과하고, 서울의 종로구만 한 면적에 여러 개의 복합리조트를 조성해 수천만 명의 관광객을 수용한다는 계획은 거의 호응을 받지 못했다.

그러나 중국 정부가 2002년에 외국 카지노 자본의 마카오 진출을 허용한 이후부터 라스베이거스를 본뜬 화려한 카지노업체들이 진출하면서 마카오 카지노산업은 급성장을 거듭해왔다. 특히 '라스베이거스 샌즈'를 비롯해 'MGM리조트 인터내셔널', '윈(Wynn)리조트', '갤럭시 엔터테인먼트', '멜코 크라운(Melco Crown)' 등이 새롭게 진출했다. 그중 셸던 아델슨(Sheldon Adelson) 회장이 이끄는 샌즈그룹은 춘추전국시대에 돌입한 마카오 카지노에서 독보적인 위치를 확보했다.

마카오는 2014년에 이미 카지노리조트 35곳의 총매출액이 47조 원을 넘어서면서 라스베이거스 매출액의 7배를 기록하였고, 지금까지 매년 40조 원 이상의 매출을 올리고 있다. 이처럼 마카오는 샌즈그룹을 비롯한 카지노 기반 복합리조트 업체들이 진출하면서 눈부신 변화를 이뤄냈다.

하지만 중국 정부는 비카지노 분야의 소비액을 늘리고, 방문목적으로 게임보다는 비즈니스 휴양 혹은 유흥이 주를 이루는 미국의 라스베이거스나 애틀랜틱시티와 같은 더 성숙한 카지노 시장을 닮아가기를 원한다. 그동안 라스베이거스를 뛰어넘어 세계 최대 카지노 도시로 성장하면서 그 경제적 과실을 톡톡히 누렸지만, 이제 과도한 카지노 의존이라는 문제가 수면 위로 점점 드러나고 있기 때문이다. 따라서 경기 변동과 정책 리스크에 취약한 카지노 산업의 약점을 보완하기 위해 마카오 정부는 컨벤션, 가족관광, 금융산업 등 다양한 산업 육성에 힘쓰고 있다.

▲ 세계에서 가장 큰 카지노복합리조트로 발돋움한 베네시안마카오 전경

357

3. 싱가포르

싱가포르 카지노 산업은 아시아 내에서 두 번째로 규모가 크다. 2000년대부터 관광산업 침체에서 벗어나 국가의 새로운 성장 동력을 확보하기 위해 복합리조트(IR, 카지노+리조트 결합) 도입을 추진했다. 싱가포르 정부가 카지노사업의 부정적인 이미지에도 불구하고 복합리조트(IR : Integrated Resorts)를 강력하게 추진한 것은 싱가포르의 주요 산업인 '관광'에 새로운 성장 동력을 획득할 절체절명의 기회라고 확신했기 때문이다.

이후 2010년에 두 곳의 카지노복합리조트(마리나베이샌즈 · 센토사 리조트)를 열어 대박을 터뜨렸다. 정부 발표 후 딱 6년 만에 거대한 원스톱 복합리조트를 개발한 것이다. 2016년 싱가포르의 카지노매출액은 USD 55억으로 마카오의 18% 수준이다.

많은 논란을 딛고 시작된 싱가포르 오픈카지노 시장은 글로벌 오픈카지노 사례의 본보기가 됐다. 오픈카지노로부터 발생하는 긍정적 요인이 부정적 요인보다 훨씬 컸기 때문이다. 마카오는 mass 비중이 많이 상승했음에도 mass+슬롯머신 비중이 54%, 비카지노 비중 10%에 불과한 반면, 싱가포르는 mass+슬롯머신과 비카지노 비중이 각각 67%, 24%를 차지하여 바람직한 모델이 되고 있다.

싱가포르는 이 두 곳의 복합리조트에서 매년 1,500만 명의 관광객을 유치하고, 연평균 70억 달러(약 7조 원)의 매출을 일으키고 있다. 이처럼 싱가포르의 복합리조트 성공사례는 다른 아시아 국가들에게도 영향을 미쳐 일본과 대만, 한국, 말레이시아, 필리핀 등이 자국 내에서 카지노복합리조트 건설을 추진하고 있다.

▲ 싱가포르 마리나베이샌즈 리조트 전경

▲ 센토사 리조트월드 전경

제 13장

휴양 콘도미니엄

제1절 콘도미니엄의 이해

1. 콘도미니엄의 개념과 연혁

1) 콘도미니엄의 개념

BC 6세기경 로마법에서는 공동소유의 개념을 '공동자산을 2인 이상이 보유하는 소유형태'로 구분하였으며, 영어의 사전적 의미로는 '공유(joint dominion)', 또는 공동주권(joint sovereignty by two or more nation)으로 표현되어 있다. 따라서 콘도미니엄은 '공동건물에 개별적으로 소유권을 행사하면서 저당권 설정과 양도가 가능한 것'이다.

2) 콘도미니엄의 연혁

콘도미니엄은 1950년대 이탈리아에서 중소기업들이 종업원 후생복지를 위하여 여러 회사가 공동투자하여 연립주택이나 호텔형태로 건립한 별장식 가옥을 10여 명이 소유하는 공동 휴양시설로 개발한 것이 그 효시이다.

1960년대에 들어와서는 별장을 갖기 힘든 다수의 사람들이 공동소유를 통해 건설된 시설을 이용하고자 하는 제도장치가 마련된 것이 현대적인 의미의 콘도미니엄의 시초라고 할 수 있다.

1970년대 와서는 콘도미니엄 사업이 본격화되면서 점차 일반 대중에 그 뿌리를 내리게 되었으며, 아파트나 별장 또는 호텔보다 콘도미니엄이 훨씬 많이 건설되어 1975년 미국에서 5,000만 달러에 불과하던 판매량이 1982년 약 15억 달러로 매출액 신장을 보인 신종 레저산업으로 등장하였다. 하와이 마우이섬의 경우 콘도미니엄의 객실이 4,484실로 호텔객실 4,276실보다 많고 플로리다주만 7,000여 동의 콘도미니엄이 건설되어 있다.

우리나라는 1979년 6월 (주)한국콘도미니엄이 처음으로 회사를 설립하여 1981년 4월 경주 보문단지에 경주콘도미니엄을 완공한 것이 시초로 기록되어 있다. 또한 휴양콘도미니엄은 가족단위 혹은 소수 및 다수인을 수용할 수 있으며, 부대시설로 각종 레저스포츠, 취미활동들을 할 수 있는 시설을 갖추고 있다. 그래서 근래의 레저양상과 대중적인 관광숙박시설의 욕구에 대응하여 가고 있다.

2. 콘도미니엄의 특성

건물, 시설에 대한 의존성 콘도는 고정자본에 의한 의존성이 다른 기업보다 크다. 일반적으로 다른 기업은 건물이나 시설과 같은 고정자본보다는 상품이나 현금 같은 유동자본의 비중이 크다. 이에 비하여 콘도미니엄 사업에 있어서 건물과 시설이 전 투자액의 70~80%가 된다. 따라서 건물과 시설은 콘도의 가치에 결정적 영향을 준다고 할 수 있다.

지리적 자원에 대한 의존성 콘도미니엄은 건립대상 지역을 관광지, 관광휴양지, 국·도립공원 지역, 유원지, 기타 자연환경이 수려한 지역 등으로 제한되어 지리적 자원에 대한 의존도가 타 기업에 비하여 크다는 것이 특징이다. 일반적으로 콘도는 입지적 검토와 용지성 검토로 나누어 입지를 선정하는 것이 바람직하다.

〈표 13-1〉 부지 선정 조건

구 분	검토사항	내 용
입지성 여 부	접근성	교통시설(항공, 철도, 고속버스, 자가용 사용 용이, 항만) 소요시간, 통행량 신속성 등
	주위 경관	산, 호수, 해변 등 수려한 자연경관
	주변 자원	자연성, 역사성(명승고적지), 행락성(요트, 윈드서핑, 낚시터, 골프장), 스포츠자원, 수자원 등
	인문환경	인문, 산업 등 지역수준 고려
	자연조건	기후, 기온, 강우량, 적설량 등
	법규상 조건	용지 확보의 가능성, 인·허가사항, 규제 및 지원 여부
	지역 계획	해당 지역 및 인근 지역에 대한 지역계획 및 용도제한 여부 등
	기타	시설 보완성 여부 및 경합성
용지성 여 부	수자원 및 동식물	수량, 수질, 지하자원, 동식물의 구성 및 보존상태, 수익성, 유해여부 등
	지역 전반	지형, 지질, 지반, 경사도 상태 등
	토지이용	세부 토지이용 현황, 소유권, 이용권, 각종 시설 현황
	환경 및 경관	경관, 환경수준, 수질의 적합성, 쾌적성, 재해 여부 등
	용지 확보	지가, 소유권, 매입 가능성 및 용이성 여부 등

시설의 조기 노후화 콘도미니엄은 고정자본에 대한 의존도가 높기 때문에 시설 가구 등에 대한 부단한 개선을 하게 되어 타 기업에 있어서 일반적으로 유지되는 시설의 수명보다도 빨리 소모된다.

사용일수의 제한 한 객실에 대해 공동소유권을 갖게 되므로 각자의 지분에 따른 연간 사용 일수가 제한되어 있다. 제한방법에는 평일, 주말, 성수기(여름, 겨울)로 나누어 사용일수에 제한을 두고 있으며, 연간 30일 이내로 제한하는 경우가 대부분이다.

체인조직 운영 콘도미니엄 관리회사는 몇 개의 콘도미니엄을 서로 이용할 수 있는 체인형 조직으로 운영하고 있으며, 이는 이른바 정규 체인으로서 경영권을 본사에 귀속시켜 강력하게 관리하는 특징을 보이고 있다. 일반적으로 계좌를 소유한 오너들은 해당업체의 전국 어느 체인에서나 이용이 가능하며 타인에게 대여할 수 있다.

가족형 객실 상품 콘도미니엄은 객실 내부에 주방 및 취사시설이 있어 취사가 가능한 것이 최대 장점이다. 따라서 콘도미니엄은 도시 생활에 싫증이 나고 공해와 스트레스에 찌든 도시인이 건전한 여가선용의 장소와 가족단위의 레저생활을 즐기는 데 최적의 장소로 선호되고 있다.

3. 콘도미니엄의 분류

1) 건축양식에 의한 분류

콘도미니엄은 아파트식, 연립주택식, 별장식으로 구분되어 있다. 아파트식의 경우 대략 50실 이상의 객실을 갖추고 1~2동 이상의 건물들을 나열해서 건설한 것을 일컫는다.

- 연립주택식 : 객실을 5~6개 단위로 연립하여 만든 형태를 말하며, 성수기 및 비수기에 따라 신축성 있게 운영할 수 있는 장점이 있다.
- 별장식 : 1~2대 단위로 건설하여 완전한 독립가정을 연상하게 하는데, 운영 및 관리상의 곤란함은 있으나 이용자에게는 독립된 별장과 같은 만족감을 준다는 면에서 이점이 있다.

2) 기능에 의한 분류

다른 시설과 달리 그 기능이 독특하며 주된 목적으로는 레저생활 및 관광숙박시설로서의 활용에 있다. 이에 따라 그 기능이나 용도에 의해 다음과 같이 분류할 수 있다.

리조트형 콘도 휴양과 레저를 주목적으로 하며 숙박시설로의 기능이 강조되는 것으로 일반적으로 근린 레저시설을 갖춘 리조트 단지 내에 건립되는 것이 특징이다.

관광휴양지형 콘도 자연과 천혜의 조화를 이루는 곳에 주로 건립되어, 주로 가족단위의 휴가를 보낼 수 있는 형태로서, 건강과 휴양이 강조되는 콘도이다.

단순레저 생활지향형 하계휴가 등 특정 시기와 특히 밀접한 관계를 가지며 해안이나 레저 연관지역에 위치하는 것이 보통이다.

단순 주거형 단순 주거를 목적으로 하고 숙박시설의 기능이 강조되면서 콘도미니엄 내에 일상생활을 용이하게 하기 위한 다양한 부대시설이 설치될 것이 요구된다.

3) 회원제도에 의한 분류

크게 공유회원제와 비공유 일반회원제로 대별되는데, 공유회원제는 콘도미니엄 회사나 분양회사가 콘도미니엄 객실을 분양할 때 소유권 자체를 매각하는 것으로서 회원은 객실에 대한 지분소유권을 가지며 그것은 법적으로도 등기된다.

- 일반회원제 : 회원이 법적인 소유권을 갖지 않고, 다만 시설의 이용권만을 갖는 것
- 공유제와 일반회원제의 차이 : 소유권이 있느냐 없느냐의 차이이고, 일반회원제의 경우 기한이 설정되는 경우가 많다는 점을 제외하면 시설이용 면에서는 차이가 없음

〈표 13-2〉 콘도미니엄의 구분

구 분	내 용	특 징
건축양식	아파트식 연립주택식 별장식	· 50실 이상 대규모, 선호도가 높다. · 신축적 운영·관리 기능 · 만족도가 높다. 관리상의 어려움
기 능	리조트형 관광 휴양지형 단순 레저형 단순 주거형	· 휴양, 레저, 근린레저시설을 갖춘 리조트 단지 내에 위치 · 유명관광, 휴양지에 위치, 가족단위에 적합 · 숙박시설 기능 강조 · 부대시설 완비
회원제도	공동회원제 일반회원제 복합절충제	· 소유권 보유 · 시설이용권 보유
회원권 소유방식	공동소유제 단일소유제	· 5~10개의 계좌 설정 · 1실당 1계좌

4) 회원권의 소유방식에 의한 분류

(1) 공동소유

객실당 2개 이상의 계좌로 하여 보통 5~10개의 계좌가 설정되는데, 회원 확대 및 콘도 대중화를 위한 가격인하를 위해 1객실당 20개가량의 계좌가 설정되는 경우도 있다.

(2) 단독소유

객실 1개당 1계좌로 하여 결국 1명의 소유자만 인정하는 것을 말하며, 콘도 대중화에 위배되고 가입 시 큰 부담을 감수해야 하나, 필요에 따라 연중 아무 때고 이용할 수 있다는 것이 장점이다.

4. 외국의 콘도미니엄

1) 미국

일반적으로 미국의 콘도미니엄은 주거용 콘도미니엄, 휴양 콘도미니엄, 전환 콘도미니엄, 상용 콘도미니엄으로 대별된다.

주거용 콘도미니엄 다가구형태의 주택으로 아파트와 유사하다. 이런 주거용 콘도가 인기를 얻고 있는 이유는 우선 입지의 경관이 좋고 관리회사의 서비스가 좋으며 각종 금융 혜택을 누릴 수 있기 때문이다.

휴양 콘도미니엄 경치가 좋은 해변, 골프장, 스키장 등 휴양지에 위치하고 있다. 이는 대개 레저연계제나 시간분할제에 의해 이용되는데 후자는 유럽과 남미에서 먼저 시작된다.

전환 콘도미니엄 임대아파트 빌딩을 새로운 형태의 주택으로 개수하여 개별 아파트를 단위별로 개인에게 분양하는 것이다. 이렇게 하는 것은 건물 전체를 파는 것보다 개별적으로 하나씩 분양함으로써 더 많은 이익이 보장되기 때문이다.

상용 콘도미니엄 소규모의 병원, 변호사 사무소, 공인회계사 사무실 등의 용도로 임대사무실 대용으로 이용되는 것으로서, 이때 사용자들에게는 세제상의 혜택이 주어진다.

2) 일본

일본의 산업분류에 의한 경우, 콘도미니엄 산업은 부동산업 + 숙박업 + 서비스산업이다. 구미에서 발달한 콘도미니엄의 원형은 호텔의 기능과 서비스를 겸한 분양 맨션에서 찾을 수 있는데, 이와 같은 콘도미니엄 호텔은 도시형(city condominium hotel)과 리조트형(resort condominium hotel), 비공유회원제 호텔(non condominium hotel), 비공유제 호텔(condominium owners hotel)이라고 불리는 형태가 많이 등장하고 있으며, 회원제 리조트 클럽의 장점을 병행하고 있는 것도 나타나고 있다.

제2절 국내 주요 콘도미니엄

1. 국내 주요 콘도미니엄

1) 한화호텔&리조트

한화호텔&리조트(Hanwha Hotels & Resorts)는 1979년 우리나라 최초의 콘도미니엄 건설을 통하여 레저산업에 첫발을 디딘 이후, 현재 전국에서 리조트, 호텔, 골프장, 테마파크, 관람시설, 식음사업 등 국내 최고 프리미엄 종합 레저/서비스 사업을 제공하고 있다.

특히 14개 직영 리조트와 5,300실 이상의 객실을 갖춘 국내 최대 규모의 콘도미니엄 체인을 보유하고 있으며, 리모델링을 통해 객실과 부대시설을 높은 수준으로 강화해 보다 안락한 휴식공간과 서비스를 제공하고 있다. 세계 시장 진출도 활발하여 일본 나가사키의 오션팰리스 골프클럽&리조트, 사이판 월드리조트를 운영하고 있으며, 해외에서도 리조트를 성공적으로 운영하며 글로벌 리조트 전문기업의 역량을 확보해 나가고 있다.

또한 한화호텔&리조트는 현재의 상황에 만족하지 않고 급속한 레저환경 변화에 대응하며, 풍부한 운영 노하우를 기반으로 기존 사업영역의 확대 및 신규 사업을 추진하여 질적ㆍ양적 측면에서 명실상부한 국내 최고ㆍ최대의 국민 레저기업으로서의 입지를 확고히 하고 있다.

이러한 차원에서 2009년 프라자호텔과 63시티 식음ㆍ문화부문을 한 가족으로 맞이한 한화호텔&리조트는 국내 최고 프리미엄 종합 레저ㆍ서비스 기업으로의 도약을 꿈꾸고 있으며, 서울에서 제주에 이르는 아쿠아리움벨트(일산-63-여수-제주)를 추가로 조성하고 서비스 범위를 지속적으로 확대하고 있다. 한화호텔&리조트의 콘도미니엄 사업 현황을 살펴보면 〈표 13-3〉과 같다.

〈표 13-3〉 한화호텔&리조트 콘도미니엄 운영 현황

콘도명	위 치	개장연도	객실 수
한화리조트 거제 벨버디어	경남 거제시 장목면	2018	470
한화리조트 경주	경주시 북군동	1996	193
한화리조트 대천 파로스	충남 보령시 신흑동	1999	305
한화리조트 백암온천	경북 울진군 온정면	1988	249
한화리조트 산정호수 안시	경기도 포천군 영북면	1992	210
한화리조트 설악 쏘라노/별관	강원도 속초시 장사동	1982	1,564
한화리조트 수안보온천	충북 중원군 상모면	1993	72
한화리조트 양평	경기도 양평군 옥천면	1988	401
한화리조트 용인 베잔송	경기도 용인시 남사면	1985	260
한화리조트 제주	제주도 봉계동	2003	500
한화리조트 지리산	전남 구례군 마산면	1988	101
한화리조트 평창	강원도 평창군 봉평면	2006	439
한화리조트 해운대	부산시 해운대구 우동	2001	408
한화리조트 사이판	미국 북마리나 연방 제도	2009	143

▲ 한화호텔&리조트는 14개 이상의 직영 리조트를 운영하는 글로벌 리조트 전문기업으로 입지를 다지고 있다.

2) 소노호텔&리조트

대명리조트는 2019년 10월에 사명 및 브랜드 명칭을 새롭게 변경하였는데, 기존의 대명리조트에서 소노호텔&리조트(Sono Hotels & Resorts)로 변경하였다. 이는 국내를 대표하는 호텔&리조트그룹에서 세계적인 호텔리조트그룹으로 도약하기 위한 또 다른 변화의 시작이다.

국내 최대의 호텔&리조트 객실을 보유하고 있는 소노호텔&리조트는 1987년 대명리조트 설악을 시작으로 전국 16개의 지역에 호텔과 리조트를 운영 중이다. 또한 각 지역의 지역 관광 요충지로서 지역 전체의 발전과 일자리 창출을 이끌어내는 '상생기업'으로 인정받고 있다.

이러한 노력의 결과로 2018년에는 한국능률협회가 선정하는 '한국에서 가장 존경받는 기업(KMAC)'에 11년 연속 대상을 수상하였고, '한국산업브랜드 파워(K-BPI)'에 9년 연속 1위를 수상하였다. 또한 한국능률협회 선정 브랜드파워 콘도부분 6년 연속 1위를 달성하였다.

또한 2010년을 변곡점으로 기존의 내륙에 위치하던 콘도형 리조트를 해안형 리조트개발로 전환하기 시작하였는데, 2013년에 대명리조트 거제, 엠블호텔 킨텍스를 개장하였고, 거제리조트에는 워터파크와 마리나베이를 동시에 개장하면서 해양리조트의 면모를 갖추었다. 이후 2016년에 솔비치호텔&리조트 삼척, 2017년에 대명리조트 청송, 2019년에 쏠비치호텔&리조트 진도를 연이어 개장하였다.

소노호텔&리조트의 해양형 리조트개발의 시사점으로는 국내 리조트들이 주로 산악지형에 위치하던 기존의 개념을 완전히 탈바꿈하는 혁신적 개발사례로 꼽을 수 있으며, 내륙지역에 비해 개발의 불모지로 남아 있던 해안형 마리나리조트개발에 도 촉진적 역할을 하였다는 점이다. 2019년에는 기존의 브랜드인를 '소노호텔&리조트'로 변경하면서 비즈니스 포트폴리오를 5개의 브랜드(소노펠리체, 쏠비치, 소노캄, 소노벨, 소노문)로 세분하였다. 소노호텔&리조트의 콘도미니엄 운영 현황을 살펴보면 〈표 13-4〉와 같다.

▲ 소노펠리체 비발디파크 전경 대명리조트는 브랜드명을 '소노호텔&리조트'로 변경하고, 리조트의 특성에 따라 5개의 브랜드(소노펠리체, 쏠비치, 소노캄, 소노벨, 소노문)로 세분하였다.

〈표 13-4〉 소노호텔&리조트 콘도미니엄 운영 현황

콘도명		위 치	개장연도	객실 수
소노펠리체	비발디파크	강원 홍천군 서면	1993	1,801
	빌리지 비발디파크	강원 홍천군 서면	2009	222
	델피노	강원 고성군 토성면	1990	20
쏠비치	양양	강원 양양군 손양면	2007	265
	삼척	강원 삼척시	2016	450
	진도	전남 진도군 의신면	2019	576
소노캄	델피노	강원 고성군 토성면	1990	648
	고양	경기 고양시	2013	826
	여수	전남 여수시	2012	311
	거제	경남 거제시 일운면	2013	521
	제주	제주 서귀포시 표선면	2018	329
소노벨	비발디파크	강원 홍천군	1993	2,018
	천안	충남 천안시 동남구 성남면	2017	258
	청송	경북 청송군 주왕산면	2017	313
	경주	경북 경주시 신평동	2006	417
	변산	전북 부안군 변산면	2008	504
	제주	제주 조천읍	2007	806
	하이퐁	베트남 하노이	2020	140
소노문	비발디파크	강원 홍천군	1993	79
	델피노	강원 고성군 토성면	1990	185
	양평	경기 양평군 개군면	1992	191
	단양	충북 단양군 단양읍	2002	852

3) 켄싱턴호텔&리조트

켄싱턴호텔&리조트(Kensington Hotels & Resorts)는 ㈜이랜드파크의 호텔레저브랜드로, 국내에서 6개 특급호텔과 12개 리조트를 운영하고 있는 이랜드그룹의 호텔&리조트 전문기업으로서 2009년도에 한국콘도를 인수합병하고, 2010년에는 우방랜드를 연이어 인수합병하였다. 현재 국내 레저기업 중 가장 많은 지점을 보유하고 있으며,

언제나 고객의 감동과 행복을 가장 중요한 가치로 노력하고 있다.

국내의 대표적 콘도인 (주)한국콘도는 2001년 파산선고 되었으며, 2008년 2월 회생 절차 개시 결정이 되어 콘도운영권에 대한 매각이 진행되어 2009년 7월 23일부로 (주)이랜드파크에 매각이 완료되었다. (주)이랜드파크는 한국콘도의 경영 정상화를 위해 최선을 다하여 '한국 최초 콘도'라는 자부심과 명성을 이어받아 새로운 개념의 리조트로 탈바꿈하기 위해 노력하고 있다. 이를 위해 단계적으로 한국콘도 전 지점을 리모델링하고 켄싱턴리조트의 운영을 통해 얻은 노하우를 바탕으로 한 차원 높은 서비스를 제공하고 있다.

이와 같이 (주)이랜드파크는 독특한 콘셉트와 테마를 가진 차별화된 리조트로 자리매김하고 있으며, 향후 대한민국의 레저시장을 주도하는 종합레저기업으로 성공하기 위해 노력하고 있다. 켄싱턴호텔&리조트의 콘도미니엄 운영현황을 살펴보면 〈표 13-5〉와 같다.

〈표 13-5〉 켄싱턴호텔&리조트 콘도미니엄 운영 현황

콘도명	위치	개장연도	객실 수
켄싱턴 리조트 충주	충북 충주시 앙성면	2007	180
켄싱턴 리조트 설악밸리	강원 고성군 토성면 신평골길	1996	144
켄싱턴 리조트 설악비치	강원 고성군 토성면 동해대로	1999	182
켄싱턴 리조트 경주	경북 경주시 보문로	1988	517
켄싱턴 리조트 제주한림	제주도 제주시 한림읍	1992	46
켄싱턴 리조트 지리산남원	전북 남원시 어현동	1982	139
켄싱턴 리조트 서귀포	제주도 서귀포시 이어도로	1993	214
켄싱턴 리조트 가평	경기 가평군 상면 청군로	2003	176
켄싱턴 리조트 지리산하동	경남 하동군 화개면 쌍계로	2015	102
글로리콘도 해운대	부산 해운대구 해운대해변로	1984	224
글로리콘도 도고	충남 아산시 도고면 도고온천로	2015	200
한국콘도 제주중문	제주도 서귀포시 중문관광로	2014	192

▲ 켄싱턴호텔&리조트(Kensington Hotels & Resorts)는 5개 특급호텔과 12개 리조트를 운영하고 있는 이랜드그룹의 호텔&리조트 전문기업이다.

2. 국내 콘도미니엄산업의 전망

국내 호텔&리조트 시장은 일회성이 아닌 휴양형·정주형 숙박관광으로 변화하고 있고 레저시장의 양극화가 심화되면서 고급 시설과 서비스를 갖춘 고급 콘도에 대한 수요가 증가하고 있는 추세이다. 사회적 환경에서도 주 5일 근무제, 대체휴일제, 주 52시간 근무제 등이 확산되고, 여가 생활에 대한 가치관 변화 등으로 콘도숙박수요는 완만하게 증가할 것으로 예상된다.

한편 2020년 발생한 코로나19 바이러스의 영향으로 향후에는 사회적 거리두기캠페인이 정착되면서 사람들이 많이 모여서 하는 단체활동이 거의 축소되거나 레저비용 지출을 억제할 것으로 예상된다. 이에 따라 리조트콘도미니엄 숙박객들은 코로나19 바이러스의 영향으로 대형 객실보다는 중소형 객실을 선호할 것으로 예상되며, 특히 방학기간에 대규모로 숙박하는 유스호스텔 등을 찾는 단체객들도 줄어들 것으로 보인다.

중산층들의 레저 성향은 저렴하면서도 이용하기 편리하며, 서비스가 좋은 업체를 선호할 것으로 보인다. 이에 따라 콘도업체들은 고객의 니즈(needs)를 충족시키기 위해 객실 리모델링, 체인망 확대, 서비스 개선 등의 생존전략이 시도될 것이다. 이는 결국 콘도 업체들의 경영수지를 압박할 것이며, 이 과정에서 자금력과 경쟁력을 갖춘 업체만이 살아남을 것으로 예상된다. 특히 레저패턴이 고급화·다양화·개성화되면서 단일형 콘도보다는 직영체인이 많은 콘도나 스키장, 골프장, 테마파크 등 부대시설이 많은 리조트콘도가 꾸준한 인기를 끌 것으로 보인다. 또한 제천 포레스트리솜 콘도나 ES리조트처럼 자연 속에서 휴양·휴식할 수 있는 고급 별장 콘도도 각광을 받을 것이다.

콘도미니엄산업 내에서는 대형 콘도 업체가 부실한 중소업체들은 인수하면서 대형화·체인화가 가속화될 것이다. 대기업이 직영하는 한화호텔&리조트의 경우 골프장이나 워터파크, 온천 등과 연계한 콘도미니엄 개발형태로 체인수를 확장하고 있으며, 소노호텔&리조트에서는 천안 테딘패밀리리조트와 제주샤인빌리조트 등을 인수합병하면서 체인수를 늘리거나, 쏠비치양양, 쏠비치삼척, 쏠비치진도와 같은 프리미엄 호텔&리조트를 직접 개발하면서 강력한 자체 체인망을 형성하고 있다. 이랜드그룹에서 운영하는 켄싱턴리조트의 경우에도 2009년에 한국콘도 인수를 시작으로 우방랜드, 글로리콘도 등을 연이어 인수하면서 단기간에 전국적인 체인망을 갖추었다.

이로써 국내 콘도미니엄산업은 고급화와 체인화를 통해 경쟁력을 갖추고, 위치적으로도 산악지형을 벗어나 바닷가 주변에 위치하거나 마리나 등의 해양형 리조트로 거듭나고 있다. 시설면에서도 단일형 콘도위주에서 골프, 마리나, 테마파크, 워터파크 등과 연계한 리조트형 콘도미니엄으로 발전하고 있다. 이에 반해 중소 콘도업체들은 직영체인이 적은 데다, 회원권 분양도 부진하면서 어려움을 겪고 있어 향후 국내의 콘도산업은 양극화가 더욱 심화될 것으로 예상된다.

리조트마케팅 경영전략

제 **14** 장

리조트마케팅

제1절 리조트마케팅의 이해

1. 리조트마케팅의 개념

인류의 삶을 위하여 식량이 존재하듯이 오늘날 기업의 성공을 위해서는 마케팅이 존재한다. 마케팅이란 처음부터 존재한 것이 아니라 기업이 성공하기 위하여 그 필요에 의해서 탄생된 것이라 할 수 있다.

그렇다면 마케팅이란 무엇인가? 마케팅은 시장이란 뜻의 market에 ing이 붙어 marketing이 된 것으로, 문자 그대로 시장을 연구하는 학문이다. 시장은 우선 '모이는 장소'라 할 수 있으며, 제품의 생산자와 소비자, 경쟁과 교환 등 모든 요소가 존재하고 필요에 의해 서로의 교환 작용이 발생하는 곳이다. 이러한 시장에서 판매증대의 목적으로 행해지는 다양한 촉진활동들을 경영학적 측면에서 체계화한 것이 곧 마케팅이다.

리조트마케팅도 리조트 기업이 판매증대의 목적으로 고객들에게 행하는 다양한 판매촉진 활동들을 기획하고, 촉진하고, 홍보하는 과정을 체계화한 것이다. 즉 리조트의 마케팅 활동은 리조트 기업이 얻고자 하는 고객의 기대치를 넘어서는 가치를 창출하고, 이를 위한 표적시장을 선택하며, 이러한 표적시장에 알맞은 상품, 가격, 유통경로, 촉진활동 등의 마케팅 믹스를 개발하고 실행하여 기업의 경쟁력을 갖추는 것이다.

그렇다면 리조트마케팅의 가장 중요한 활동은 '고객이 무엇을 좋아하는가를 발견하고, 그에 맞는 제품과 서비스를 적절하게 제공하여 그것들이 스스로 팔리도록 하는 것'이다. 제품과 서비스에 대해 대가를 치를 의향이 있는 고객만이 기업의 상품을 재화로 전환시켜주기 때문이다. 리조트 기업이 이러한 목적을 달성하기 위해서는 '우리가 팔고자 하는 것이 무엇인가?'라는 질문 대신에 '고객이 구입하려고 하는 것이 무엇인가?'에 대해 항상 질문해야 한다.

2. 마케팅부서의 조직과 직무

1) 마케팅부서의 조직

마케팅부서는 말 그대로 리조트의 세일즈와 마케팅을 담당하는 부서이며 다른 말로는 '판촉부'라고 한다. 마케팅부서는 상품기획에서부터 판매 및 촉진활동을 한다는 점에서 리조트의 중추적인 역할을 담당하고 있다. 리조트의 규모에 따라 마케팅부서에는 많은 인원을 배치하기도 하는데, 적게는 5명 정도에서 많게는 40여 명을 운영하기도 한다. 마케팅부서의 직무를 살펴보면 다음과 같다.

2) 마케팅 부서의 직무

(1) 마케팅이사

마케팅이사는 마케팅부서의 총책임자이다. 총지배인을 보좌하면서 마케팅부서의 업무를 총괄하고 감독한다. 마케팅이사는 리조트의 경영관리, 리조트의 잠재시장, 서비스상품에 대한 정통한 지식을 갖추고 있어야 한다.

(2) 마케팅부장

마케팅부장은 마케팅이사를 보좌하면서 마케팅 업무를 관장한다. 리조트에 따라서는 마케팅이사 대신 마케팅부장이 부서의 책임자로 운영되는 리조트도 많다. 마케팅부장의 업무는 객실연회판촉, 마케팅기획, 광고, 홍보, 매출관리 등의 업무를 총괄하면서 직원들을 감독하고 독려한다.

(3) 판촉지배인

마케팅부서의 존재목적은 리조트의 상품판매를 촉진시켜 매출을 극대화하는 것이다. 즉 판매촉진이다. 마케팅부서에서 이러한 세일즈업무를 담당하는 직원이 판촉직원이며, 리조트에서는 이들을 판촉지배인으로 칭한다. 판촉지배인의 주요 업무는 리조트의 객실과 식음료, 연회상품을 고객들에게 설명하고, 계약을 체결하여 행사를 성공적으로 끝마치도록 하는 것이다.

(4) 마케팅기획자

리조트마케팅은 판매촉진, 광고, 홍보, 프로모션 등의 다양한 업무가 복합적으로 이루어진다. 이러한 업무를 사전에 기획하여 개발하고 사후에 분석하는 것이 마케팅 기획자가 하는 일이다. 그중 가장 중요한 업무는 리조트의 기획 상품을 개발하는 것이다. 즉 계절별 패키지상품, 호텔의 프로모션·이벤트기획, 팸 투어, 상품의 가격결정 등이다.

(5) 홍보/광고담당자

리조트의 홍보 및 광고 업무는 리조트 기업의 외부고객, 내부고객, 지역사회, 협력업체, 경쟁사, 언론사 등과의 연관성을 가지고, 이들에게 리조트 기업이 지속적으로 추구하고자 하는 전체적인 리조트의 이미지를 부각시키는 업무이다. 일반적으로 대형 리조트 등에서는 홍보부서가 마케팅부서에 소속되어 있으며, 홍보담당자가 광고 업무까지도 함께 담당한다. 리조트의 홍보나 광고담당자는 전문영역에서 활동한 경험이 있거나 그렇지 않으면 전문업체에 맡겨 진행하는 경우가 일반적이다.

제2절 리조트마케팅 믹스전략

마케팅믹스(marketing mix)는 상호 관련되고 상호 의존적인 마케팅 활동들을 창조적으로 결합하는 전략이다. 따라서 리조트경영자는 급변하는 경영환경에서 기업생존을 위해 다양한 마케팅 요소들을 최적으로 배합하는 마케팅 믹스전략을 구사할 수 있어야 한다. 따라서 본 장에서는 리조트마케팅 믹스전략의 5가지 유형을 살펴본다.

1. 관계마케팅

1) 관계마케팅의 개념

리조트산업에서는 모든 거래관계의 중심에 인간이 있으며, 인간의 상호작용에 의해 제품이 판매되고 소비되고 있다. 그 제품에는 어떠한 형태든 서비스가 포함되어 있으며, 서비스 품질을 결정하는 가장 핵심적 요소는 인간의 상호작용, 즉 관계이다. 더불어 관계마케팅이란 '고객을 자산으로 생각하고 고객을 보호하는 마케팅으로 고객을 창출하고 장기적 가치를 제공해가며 그 관계를 지속적으로 유지하고 제고시켜 나가는 것이다. 즉 관계마케팅은 고객을 창조하는 마케팅이 아니라 고객을 유지하는 마케팅이다. 고객을 유지하는 비용이 고객을 새로 창출하는 비용의 20%밖에 되지 않는다는 조사결과는 단골고객의 중요성을 말해주고 있다.

따라서 새로운 고객을 창조하기보다는 기존 고객을 유지하고 충성도를 향상시키는 데 초점을 두고 고객과의 강한 유대관계를 형성하여 장기적으로 발전시켜 나가는 것이 관계마케팅의 핵심이다. 고객을 창조하기보다는 관계를 지속시키는 데 역점을 둔다는 측면에서 관계마케팅은 고객 제일주의에 입각한 마케팅이다. 관계마케팅의 개념을 그림으로 살펴보면 다음과 같다.

[그림 14-1] 관계마케팅 개념 모델

고객편의 (Customer Benefit)	고객만족 (Customer Satisfaction)	신뢰와 애착 (Trust vs. Affect)	고객결속 (Customer Commitment)	고객충성도 (Customer Loyalty)

2) 관계마케팅의 목표

관계마케팅의 목표는 고객충성도(loyalty)의 향상이다. 고객과의 관계가 형성된다는 것은 충성고객이 만들어졌다는 것을 의미한다. 고객충성도와 비슷한 용어로는 제품충성도 또는 브랜드 충성도가 있다. 마케터는 관계마케팅의 목표를 달성하기 위해 표적고객의 브랜드 충성도가 어느 단계에 위치해 있는지를 이해하고 점검하는 것이 필요하다. 고객충성도에 따라 마케팅을 달리 적용하는 것이 효율적이기 때문이다.

이와 관련하여 컨시딘과 라펠(Considine & Raphel)은 '고객충성도 사다리(loyal lader)'라는 용어를 발표하면서 고개을 충성도에 따라 6단계로 분류하였다. 기업에게 수비자의 브랜드 충성도는 사다리와 같다. 따라서 잠재고객을 고객충성도 사다리 상단으로 이동시켜 단골고객이나 옹호자 단계로 만드는 것이 관계마케팅의 핵심 목표이다.

[그림 14-2] 고객충성도 발전 모형

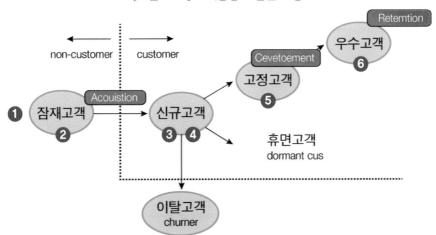

1. suspect /2. prospect /3. trial buyers /4. repeat buyers /5. client /6. advocate

3) 관계마케팅 전략

관계마케팅은 고객이 가치를 찾아 계속적으로 기업을 바꾸기보다는 한 기업과 지속적으로 관계를 맺는 것을 더 선호한다는 가정하에 출발한다. 이에 따라 마케터는 새로운 고객을 유인하는 것보다 기존고객을 유지하는 비용이 훨씬 저렴하다는 사실에 기초하여 전략을 실행해야 한다. 관계마케팅 전략의 유형은 다음과 같다.

고객 데이터베이스 마케팅　데이터베이스 마케팅((DB: data base marketing)은 고객이 자사 제품을 사용하는 것에 대해 마치 사람이 태어나서 성장하고 발전하는 것과 같은 개념으로 고객을 기록하고 분류하는 것이다. 즉 고객의 정보를 기업 내부의 DB시스템에 정보화하고 구축된 정보를 가지고 고객과 접촉하여 고객만족을 실현하는 것이다. 이처럼 고객의 기호, 취미, 습관 등 모든 정보를 데이터베이스에 등록하고, 모든 체인들이 DB에 저장된 정보를 공유하는 것이다.

고객충성도 프로그램　고객충성도 프로그램은 고객과의 거래를 지속적으로 기록하고 구매량에 따라 인센티브를 제공함으로써 자사 상품의 구매빈도를 높이는 '마일리지프로그램'이 대표적이다. 마일리지프로그램은 기존의 우량고객을 우대하는 것에 중점을 두는 것이 보통이며, 항공사나 호텔에서 많이 활용하고 있는 프로그램이다. 예를 들어 대한항공과 와이키키리조트는 전략적 제휴를 체결하여 대한항공의 SKYPASS 마일리지로 와이키키리조트의 객실과 식음료를 차감하여 사용할 수 있도록 제휴하고 있으며, 그 외에도 다양한 호텔리조트와 마일리지 제휴를 체결하고 있다.

▲ 대한항공은 SKYPASS 마일리지로 와이키키리조트의 객실과 식음료를 예약하여 차감 사용할 수 있도록 제휴하고 있으며, 제주 롯데호텔도 항공사의 마일리지로 객실을 사용할 수 있도록 하고 있다.

서비스 보증 프로그램　제조업에서 제품의 품질을 일정기간 보증하는 '보증제도'나 '리콜제도'가 존재하듯이, 리조트산업에서도 서비스의 품질을 보증하는 '서비스 보증 프로그램(service guarantee programs)'이 있다. 이를 '서비스 불만 보상제'로 표현할 수 있다. 예를 들면 리조트 고객이 심각한 문제를 제기했을 때, 그것이 명확하게 리조트의 책임이며, 문제를 해결하지 못할 때는 숙박료 등을 환불해 주거나 할인해 주는 프로그램이다.

보조 서비스의 확대　마케팅에서 서비스의 유형은 본원적 서비스와 보조적 서비스로 구분한다. 본원적 서비스란 리조트의 핵심시설들이 해당되며, 보조적 서비스는 고객들의 편의를 위해 존재하는 보조적 시설 등을 말한다. 오늘날 리조트산업에서도 고객에게 제공하는 핵심 서비스만으로는 경쟁우위를 가질 수 없다는 사실을 인식하고, 본원적 서비스 이외에 보조 서비스를 추가하거나 이를 확장시켜 고객과의 관계를 강화하고 있다.

▲ PIC 괌은 가족 휴양리조트로서 영유아 전용 돌보미 서비스인 '리틀 키즈클럽'을 운영하고 있으며, 에버랜드에서도 '베이비 서비스'를 리조트 곳곳에서 운영하고 있다.

고객 불평과 서비스 회복　고객들이 언제나 서비스에 만족하는 것은 아니다. 고객은 기대하는 가치보다 지불하는 금액이 더 크게 느껴질 때나 만족 수준이 기대에 미치지 못하면 불만족하게 되고, 기업의 서비스는 실패한 것이다.

기업은 서비스 실패로 인한 고객의 문제를 해결해야 하는데, 이것을 '서비스 회복'이라고 한다. 기업의 서비스 회복 노력은 고객 만족에 중대한 역할을 하며, 심각한 문제일수록 잘 해결되었을 때 영향력 있는 구전 효과를 얻을 수도 있다.

[그림 14-3] 고객 불만의 확산 경로

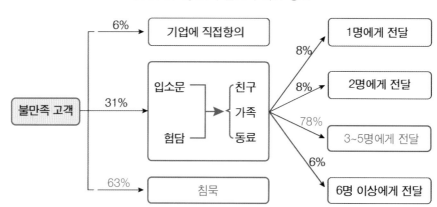

자료: 와튼 스쿨, 2006 불만고객 연구 보고서.

〈표 14-1〉 고객의 불평 저해 요인과 불평을 표현하게 하는 방법

불평 저해 요인	불평을 표현하게 하는 방법
불편함 - 불평 절차에 대한 이해 부족 - 사유서, 신청서 등 서류작성 불편	불평절차를 간소하고 편리하게 만들기 - 고객 상담전화 운영 - 홈페이지, 홍보책자, 팩스 등 구비
의심스러운 보상정도 - 실제로 회사에서 조치를 취할지 그 자체가 의심 스러움	불평처리에 대한 확신 주기 - 상담전화, 핸드폰 문자 등으로 불평처리 진행과 정 안내
불편한 심기 - 무례하게 대우받지 않을까 하는 두려움 - 되레 감정이 상할 것 같은 상황	- 즐겁게 고객을 응대하기 - 불평접수를 익명화하기 - 고객의 불평접수에 감사함 표시

2. 제품전략

1) 제품전략의 개념

제품의 본질을 이해하기 위하여 우리는 '제품이란 무엇인가?'라는 질문을 생각해 보아야 한다. 우리는 흔히 제품을 '우리가 돈 주고 사는 것' 또는 '일상생활에서 우리가 필요로 하는 것'이라고 생각하기 쉽다. 그러나 마케팅 관점에서 제품이란 효용의

묶음 또는 조합을 의미하며, 효용을 제공함으로써 구입하는 사람의 욕구나 필요를 충족시켜 줄 수 있는 모든 것이 제품의 범주에 포함된다고 볼 수 있다. 따라서 시장에서 교환되고 소비되는 대상은 어느 것이라도 제품이라고 할 수 있다. 그렇다면 사람이나 서비스도 제품이라고 할 수 있는가?

환대산업에서는 종사원의 행위나 노력이 동반되는 서비스가 제품의 중요한 일부분이다. 왜냐하면 제조업에서 제품은 기계나 설비에 의존하지만, 환대산업에서 서비스는 사람에 의존하는 부분이 많고 사람의 행위나 노력 등에 의해 서비스 품질이 결정되기 때문이다. 그것이 바로 서비스상품이다. 따라서 마케팅에서는 고객 만족을 창출하기 위하여 설계된 물리적, 무형적 속성과 부수적 서비스 등을 모두 제품의 범주에 포함하고 있다.

2) 제품구성과 제품전략

마케팅에서 제시하는 제품이나 상품은 그 개념을 어디까지로 볼 것인가에 따라 핵심제품, 실제제품, 확장제품의 세 가지 차원으로 나눌 수 있으며, 이를 구분하여 살펴보면 다음과 같다.

[그림 14-4] 제품구성의 3단계

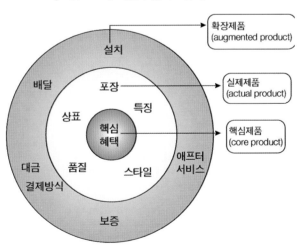

(1) 핵심제품

핵심제품(core product)은 소비자가 그 제품을 구입해서 얻으려고 하는 가장 핵심적인 혜택(benefits)이며, 이는 구매자가 진정으로 원하는 것이다. 즉 소비자는 제품을 소비하는 것이 아니라 제품이 주는 혜택을 구매하는 것이다. 이처럼 핵심혜택은 소비자들이 제품구매에 있어 실제로 무엇을 원하는가에 관한 개념이다.

예를 들어 화장품 회사는 화장품을 판매하지만 실제로 소비자들이 구매하는 것은 '아름다움'이라는 혜택을 구매하는 것이다. 호텔&리조트의 경우에도 고객들이 스위트룸을 구매하는 것은 값비싼 객실상품을 구매하는 것이 아니라 자신의 안전이나 편안함, 명성 등을 구매하는 것이다. 이에 따라 마케팅 관리자는 제품의 기본적인 욕구를 찾아내어 제품 자체의 특성이 아닌 제품의 편익이나 혜택을 판매한다는 점을 생각해야 한다.

(2) 실제제품

실제제품(actual product)은 고객이 제품으로부터 추구하는 핵심적인 혜택을 구체적인 물리적 속성으로 전환한 것이다. 실제제품을 구성하는 요소들로는 제품의 질, 제품의 독특성, 제품디자인, 포장 등이 있다.

제품의 질　기업은 제품의 품질 수준을 높이기 위해 노력하는데, 이는 제품의 품질이 우수할수록 소비자의 상품구매와 재구매를 유도하기 때문이다. 제품의 질과 비슷한 용어로는 상품의 질, 서비스 품질 등이 있으며, 무형적 특성이 강한 환대산업일수록 상품의 질을 높이는 것이 중요하다.

제품의 독특성　제품의 독특성(product feature)은 타 제품과 구별되는 기본적인 기능을 의미하며, 제품의 포지셔닝을 결정하는 중요한 요인이다. 또한 차별화된 제품의 독특성은 변화하는 글로벌 시장에서 제품의 경쟁력을 높여주고 브랜드 파워를 강화하여 시장을 선도하는 글로벌 기업으로 성장할 수 있는 중요한 경영전략이다.

제품디자인　제품디자인은 제품의 색, 크기, 모양, 무게, 유행 등을 총칭하는 것으로 같은 회사에서 생산된 제품이라도 여러 가지 스타일이 있다. 제품디자인과 가장 유사한 단어는 제품스타일이다. 성공적인 제품스타일은 기능적인 면이나 미적인 면에서 다른 제품들과 차별화된 특성을 지니고 있으며, 제품의 독특한 디자인 자체가 경쟁상품과 차별화 되는 강력한 포지셔닝이 될 수도 있다.

▲ ①라스베이거스 룩소호텔 전경 ②파리스호텔 전경. 호텔리조트는 제품의 독특한 디자인 자체가 경쟁상품과 차별화 되는 강력한 포지셔닝이 될 수 있다.

(3) 확장제품

확장제품(augmented product)은 실제 제품이 생산자와 구별되도록 추가적인 편익을 결합한 제품을 말한다. 즉 실제 제품에 대한 보증, 애프터서비스, 대금결제, 배달 설치처럼 제품의 본질에 추가적인 편익이 더해지면 그것이 확장제품이 된다. 확장제품의 유형을 살펴보면 다음과 같다.

보증 보증(guarantee)은 제품의 판매자가 구입자에게 그 제품의 품질을 보증하는 것으로서 제품성능이 소비자의 기대에 미치지 못할 경우 환불이나 교환과 같은 보상을 약속하는 것이다. 이는 소비자들에게 제품에 대한 신뢰감을 높여 구매 저항을 낮추는 효과가 있다. 예를 들면 세계 최대의 자동차 브랜드인 메르세데스 벤츠도 판매 경쟁에서 우위를 점하기 위해 '3년 10만km 무상보증' 서비스를 실시하고 있다.

대금의 지불 소비자의 대금 지불 방법도 확장제품에 속한다. 특히 콘도미니엄 분양이나 골프장 회원권 같은 고가제품의 경우 제품성능 이외에 구매대금 지불 방법 등이 구매 의사 결정에 영향을 미치고 있다. 따라서 분양기업은 소비자의 부담감을 줄여주고 구매를 유도하기 위해 무이자 분할납부나 사정에 따라 납부 기간을 연장해

주고 있다.

배달/설치　배달(delivery)은 구매한 제품을 안전하고 신속하게 고객이 원하는 장소에 전달하는 행위를 말한다. 효과적인 배달체계는 고객들이 자사 제품을 선택하는 데 있어 유인책이 될 수 있으며 판매증대에 도움을 준다. 호텔산업의 경우 고객의 신속한 체크인 절차와 함께 벨맨이 고객의 짐을 객실까지 운반해주거나, 고객 주문 시 객실까지 음식을 배달해 주는 룸서비스 등이 해당된다. 골프리조트에서도 캐디가 카트에 고객을 태우고 이동하거나 골프 백을 운반해주는 서비스를 시행하고 있다.

▲ ①고객의 짐을 운반하는 도어맨 모습 ②일본 시나가와 프린스호텔의 룸서비스 로봇 전경. 호텔&리조트 업계에서도 다양한 배달서비스가 이루어지고 있다.

3. 브랜드 전략

1) 브랜드의 개념

'기업은 망해도 브랜드는 남는다'는 말이 있다. 브랜드(brand)가 지닌 막강한 영향력이 엿보이는 문구이다. 기업들이 브랜드에 목숨을 걸고 치열한 경쟁을 마다하지 않는 이유도 여기에 있다. 브랜드의 본질적인 역할은 기업의 제품을 다른 기업의 것과 구별하기 위한 것이다. 브랜드는 제품의 이름, 슬로건, 심벌 등의 요소로 구성되는데 고객들은 이것을 특정한 기업이나 제품을 식별하는 메커니즘(mechanism)으로 활용한다. 이처럼 고객들로 하여금 자사 제품과 경쟁사의 제품을 명확히 구별하도록 하는 것은 마케팅에서 매우 중요하다.

소비자 입장에서도 유사제품이 범람하는 공급과잉 시장에서 브랜드는 선택할 만한 가치(value)를 제공하는 가장 큰 준거기준이다. 이런 상황에서 브랜드는 소비자에게 구매 욕구를 유발하는 어떤 가치를 제공해 준다. 명품브랜드에 대한 소비자들의 열광과 집착에서 볼 수 있듯이 브랜드란 소비자에게 자기만족을 제공하고 사회적 위신을 대리적으로 표현해주는 수단이 되고 있다.

2) 브랜드 전략

브랜드 구성요소를 통한 브랜드 전략의 유형을 살펴보면 다음과 같다.

제품의 연상 및 혜택 제시　브랜드 네임은 제품의 기능이나 편익을 잘 전달할 수 있어야 한다. 예를 들어 Pizza Hut, Mr. Pizza, Pizza Mall 등은 브랜드 네임에서 피자를 연상시킨다. 호텔산업에서는 Motel 6, Motel 8, Econo Lodge 등이 호텔네임에서 저가의 혜택을 제시한다. Paradise Beach Hotel은 해변에 위치한 호텔을 연상시키며, 마리나리조드에서는 주요 시설이 마리나인 것을 일 수 있다.

브랜드의 인성화　사람과 연관된 것을 브랜드와 연결하는 기법을 브랜드의 인성화라고 한다. 일반적으로 창시자의 이름을 브랜드화 하는 경우가 많다. 윌리엄 메리어트(J. Willard Marriott)의 이름을 브랜드화 한 'JW Marriott호텔', 만화영화 제작자인 월트 디즈니(Walt Disney)의 이름을 브랜드화 한 '디즈니랜드(Disney Land)' 등이 대표적으로 창시자의 이름을 브랜드화 한 사례이다.

▲ 디즈니랜드는 설립자 월트 디즈니의 이름을 브랜드화 하였으며, 메리어트호텔도 설립자 윌러드 메리어트의 이름을 브랜드화 하였다.

기억하기 쉬운 용어 사용　기억하기 쉬운(memorability) 용어 사용이란, 소비자가 구매시점에서 해당 브랜드를 얼마나 잘 상기(recall)하고 인식하는 데 용이한가를 의미한다. 예를 들어 신라호텔, 한국콘도, 대한항공, 아시아나항공, American Airlines, Mr. Pizza 등은 한번 들으면 기억하기 쉬운 브랜드이다.

로고와 심벌　로고와 심벌은(logo & symbol)은 브랜드를 시각적으로 보여주는 요소이다. 로고와 심벌은 브랜드를 시각적으로 보여주는 요소라는 점에 있어서는 공통되지만 차이점이 있다.

예를 들어 'SK그룹 $_{SK}$ '의 로고와 심벌의 경우를 보자. 나비모양의 행복날개는 심벌에 해당하고, 붉은 색의 영문글자인 SK는 로고에 해당된다. 환대산업에서는 대다수의 기업들이 워드마크와 추상적 로고(심벌)를 병행하여 사용하고 있는데 주요 호텔의 로고와 심벌을 살펴보면 아래와 같다.

[그림 14-5] 유명 호텔&리조트의 브랜드

슬로건　슬로건(slogan)은 압축된 문장으로 브랜드 네임을 표현하여 브랜드 인지도를 높이는 데 기여한다. 또한 슬로건은 브랜드 아이덴티티를 직접적으로 문장화하여 브랜드 주체가 약속하고 정의하는 정체성 메시지를 소비자들에게 전달한다.

호텔산업에서는 리츠칼튼호텔이 '우리는 신사 숙녀들에게 봉사하는 신사 숙녀들이다'라는 슬로건을 발표하였다. 이 외에도 포시즌호텔&리조트의 슬로건은 '다른 사람이 당신을 대하기를 바라는 대로 다른 이에게 행하라'이다.

▲ 리츠칼튼호텔의 슬로건

4. 연출믹스 전략

1) 연출믹스의 개념

　물리적 환경은 유형적 단서를 제공하기 위해 제품과 서비스를 가시화시킬 수 있는 연출기법에 의해 창출되는데, 이것을 '연출믹스'라고 한다. 연출믹스에 의해 제품이나 상품의 차별화가 이루어지므로 연출믹스는 제품의 차별화와도 높은 연관성이 있다. 리조트산업에서 연출믹스가 중요한 이유는 서비스산업의 무형적 특성에도 기인한다. 리조트의 화려함이나 즐거움 등은 무형적 특성이기 때문에 이러한 무형적 특성을 유형적 단서로 제공하기 위해서는 연출믹스 전략이 필요하다. 또한 타사에서 복제할 수 없는 독특한 분위기 연출은 경쟁사와 자사를 차별화하는 강력한 마케팅 요소로도 작용한다.

2) 연출믹스 전략

　물질적 설비를 통한 연출　물질적 설비는 인간이 창조한 건물, 시설, 제품 등이 해당되며, 고객의 관심을 끌어모으고 유인하는 데 필수적인 요소이다. 건물의 독특한 외형적 디자인이나 화려한 조명 등으로 연출된 시설물은 소비자들의 관심

을 받아 그 지역을 대표하는 랜드마크(landmark)로 발전하거나 리조트의 수준과
품격을 대변하는 유형적 단서로도 작용한다.

▲ ①마리나베이샌즈의 57층에 위치한 인피니티풀 전경 ②인터컨티넨탈 다낭 썬 페닌슐라 리조트 전경
③화려한 조명과 어우러진 롯데호텔제주의 전경

분위기 연출　분위기는 연출믹스에 있어 주의를 끌고, 기억을 지속시키며, 고객의 지각을 조정하는 가장 광범위한 마케팅 요소이다. 특히 웅장함, 독특함, 화려함, 경이로움 등의 분위기를 연출하기 위해 여러 요소들이 복합적으로 사용되고 있으며, 호텔이나 리조트산업에서도 이벤트, 쇼, 테마, 상징물 등을 이용하여 타사에서 복제할 수 없는 독특한 분위기를 연출하고 있다. 이러한 분위기 연출은 경쟁사와 자사를 차별화하는 강력한 마케팅 요소로 작용하고 있다.

▲ ①라스베이거스 베네치아호텔은 베네치아의 수상 도시를 연출하고 있다. ②아일랜드 상그릴라호텔 홍콩은 24층 높이의 중국풍 벽화를 통해 동양적 분위기를 연출하고 있다.

종사원을 통한 연출　서비스 기업은 두 종류의 고객을 가지고 있다. 하나는 통상적인 의미에서의 고객으로 외부고객이다. 다른 하나는 기업의 내부고객이라 할 수 있는 종사원이다. 많은 호텔기업들이 자사의 이미지 광고에 유명 연예인이나 스포츠 스타보다 종사원을 통한 이미지 연출을 선택하는 이유는, 유명 스타를 통한 광고는 소비자들이 기업의 일방적인 광고수단으로 여기기 때문이다. 이에 반해 종사원을 통한 이미지 연출은 종사원이 고객의 눈에 비치는 호텔기업의 이미지이기 때문에 연출믹스 효과가 더 크다.

고객을 통한 연출 우리가 백화점이나 대형마트에서 물건을 구매할 때 옆에 누가 있건 개의치 않는다. 그러나 호텔에서는 그렇지 않다. 호텔에서 주요 고객이 누구인가는 마케팅 전략의 차별적 요소에서 중요한 요소이다. 따라서 호텔산업에서는 고객 (customer)도 연출믹스의 구성요소에 해당된다.

5. 촉진전략

1) 촉진믹스의 개념

촉진(promotion)은 고객들에게 자사의 상품을 알리고 고객들이 자사의 상품을 선택하게 하려는 마케팅 커뮤니케이션이라고 할 수 있다. 일반적으로 촉진의 목적은 정보를 제공하고(inform), 호의적인 태도를 가지도록 설득하며(persuade), 최종적으로 소비자 행동에 영향을 주어(influence) 구매를 이끌어 내는 것이다.

특히 무형적 특성이 강한 환대산업에서는 기존 고객뿐 아니라 잠재고객에게도 서비스가 존재한다는 것을 알리고, 서비스를 통해 얻는 혜택이 무엇이며, 최종적으로 언제, 어디서 구매가 가능한가를 알림으로써 판매를 촉진한다. 즉 경쟁브랜드가 아닌 자사의 상품을 구매하고 사용함으로써 만족과 효용을 얻을 수 있음을 깨닫게 하여 구매를 촉진시키는 것이다.

기업에서 마케팅 관리자가 활용하는 촉진의 수단은 매우 다양하지만, 본 장에서는 가장 광범위하게 사용되는 촉진수단으로 광고(advertising), 홍보(public relations), 판매촉진(sales promotion), 인적판매(personal selling)의 네 가지 촉진수단을 소개하기로 한다.

이러한 네 가지 촉진수단은 기업의 마케팅목표를 달성하기 위하여 독립적으로 사용되기보다는 상호보완적으로 사용되고 있으므로 촉진믹스(promotion mix)라고 한다. 촉진믹스의 특성을 살펴보면 다음과 같다.

2) 촉진믹스 전략

(1) 광고

기업이 제품이나 서비스의 우수성을 보다 효과적으로 고객에게 알리고 자사제품에 대한 수용성을 늘리기 위한 커뮤니케이션 방법으로는 첫 번째가 광고이다. 리조트산업에서는 시장규모가 한정적이고 선별적이므로 무차별적으로 대중에게 노출되는 광고보다는 홈페이지나 경제지, 여행잡지 등에 선별적으로 광고를 게재하는 방법을 선호하고 있다. 기업이 광고를 통해 메시지를 실현하는 유형을 살펴보면 다음과 같다.

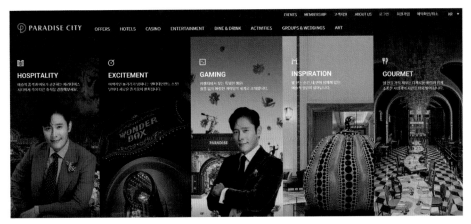

▲ 파라다이스시티는 유명 연예인을 모델로 한 기업광고를 통해 자사의 우수성을 광고하고 있다.

정보전달 광고　기업의 정보전달 광고에 어울리는 메시지이다. 정보전달 메시지는 명확한 사실을 직접적으로 전달하는 기능이 있으며, 광고의 내용이 복잡하지 않고 간결하다. 호텔과 레스토랑의 위치와 연락처, 제품설명과 가격 등에 대한 메시지가 간결하게 기재된다.

이미지 광고　감성적 광고에 어울리는 메시지로서 이미지, 무드, 즐거운 느낌 등을 통하여 소구하고자 할 때 사용되는 심리적 메시지이다. 광고에 행복감, 아름다움, 애정, 환상적인 분위기 등을 연출함으로써 고객의 감성적 반응과 상품에 대한 감정을 동일시하도록 유도하는 이미지 광고이다.

▲ 유명 연예인이 등장하는 오션월드의 이미지 광고는 연예인과 동일시하려는 소비자의 모방심리를 자극하면서, 하드코어, 여름왕국 등 간결한 정보전달을 반복적으로 전달하고 있다.

반복적 주장 광고　일반적으로 제품에 대한 자세한 설명이 필요 없는 유명제품이나 브랜드에 강력한 인상을 주기 위해 하나의 주제나 문장을 반복적으로 전달하는 광고형태이다. 소비자의 패턴이 각기 다른 소구 대상에 효과적으로 대처할 수 있어 개별 광고활동을 전개할 때보다 시장에서 더 큰 영향력을 미치게 된다.

심벌연관 광고　브랜드나 상품을 대표하는 상징적 인물이나 캐릭터를 지속적으로 사용하여 그것만 보면 상품을 곧바로 떠올릴 수 있도록 하는 방법이다. 예를 들어 디즈니랜드의 만화 애니메이션 캐릭터, 맥도날드의 로날드, 말보로 담배의 말보로 맨, 펩시콜라의 펩시맨 등이 대표적이다.

▲ 디즈니랜드 파리의 도널드 덕 캐릭터를 이용한 애니메이션 광고의 한 장면

모방 광고　모방(imitation) 광고는 고객들이 닮고 싶어 하는 인물, 체험하고 싶어 하는 상황을 연출함으로써 모방심리를 자극하는 광고이다. 심벌연관 메시지와의 차이점은 심벌, 음악 등이 모방 메시지의 구성요소에서 제외된다는 것과, 핵심 강조 포인트가 제품보다는 인물과 상황이라는 점이다.

비교 광고　비교 광고(comparison advertising)란 제품의 몇 가지 속성들에 대해서 경쟁상표들을 직·간접적으로 거명함으로써 자사상표와 경쟁상표를 비교하는 것을 말한다. 기업은 비교 광고를 통해 자사 제품이 경쟁사의 제품보다 우월하다는 것을 보여준다. 비교 광고는 직접비교와 간접비교가 있다. 직접비교는 경쟁사의 상표명을 보여주어 비교하는 경우이고, 간접비교는 자사 제품의 상표만을 보여주는 경우이다.

▲ 경쟁사 간의 재미있는 비교 광고(버거킹, 펩시콜라, 페덱스)

(2) 홍보

홍보(PR : public relation)란, 기업이 자사의 각종 긍정적인 소식을 언론에 기사화하여 대중매체에 실리게 함으로써 기업인지도를 높이고 기업 이미지를 우호적으로 형성하는 활동이다. 홍보 실무자들은 'P할 것은 피하고, R릴 것은 알리는 것'이 홍보라고 표현하기도 한다. 즉 '좋은 이야기는 더 좋게, 나쁜 이야기를 그다지 나쁘지 않게 만드는 것'이 홍보라 할 수 있다. 환대산업에서 이루어지는 홍보기법을 이용한 홍보 전략의 사례를 유형별로 살펴보면 다음과 같다.

언론을 활용하라　홍보에서 중요하고 파급효과가 가장 큰 것이 언론이다. 보도자료 배포, 인터뷰, 기자회견, 언론초청 팸 투어(Fam Tour) 등 방법은 다양하다. 방송이

냐 신문이냐에 따라 접근방법이 다르지만 지면이나 프로그램의 뉴스와 특집을 겨냥해 이야기 구조를 창출하는 게 중요하다.

이벤트를 만들어라 이벤트는 홍보에서 매개체가 되는 중요한 수단이다. 화제를 일으켜 파급효과를 높이고 비주얼적인 요소를 만들어 내는 기능을 하기도 한다. 소비자의 참여현장이 되고, 취재기자의 뉴스 소재를 만들어 내는 공간이 되기도 한다.

이벤트의 유형은 시상식, 경연대회, 세계음식축제, 기념식, 불우이웃돕기, 신상품 발표회, 출판기념회, 영화시사회 등 다양하다. 이벤트는 고정화된 것이 아니라 끊임없는 상상력의 영역이다. 어떻게 아이디어를 창출하느냐에 따라 이벤트의 영역은 커지기도 하고 작아지기도 한다.

▲ 이벤트는 화제를 일으켜 홍보 효과를 높이고 소비자의 참여를 유도하며, 뉴스 소재를 생산하는 중요한 판매촉진 수단이다.

인터넷을 활용하라 인터넷은 IT시대에 맞는 적극적인 홍보수단이다. 자체 홈페이지나 사이트 개설을 통한 홍보가 우선적이지만 포털업체나 특정 인터넷 회사와 공동홍보도 가능하다. 또한 UCC의 활용, 블로그, 유튜브, 카페 등 인터넷에서 포털공간의 다양한 활용 역시 새로운 풍속도다. 인터넷은 신속성과 전파성이 큰 특성으로 젊은 층을 대상으로 했을 때 효과가 크다.

최고 · 최대 · 최소를 만들어라 세계 최고 높은 빌딩, 최단 기간 1천만 관람객 돌파, 최소형 핸드폰 등 각종 신기록이나 수치는 뉴스가 된다. 그러기 위해서는 경쟁사와 비교할 수 있는 수치, 새로운 기록이 되는 자료를 발굴해내는 것이 중요하다. 언론은 새로운 기록이나 수치에 관심이 많다.

연합하거나 협력해라   비슷한 목표를 가진 여러 사람 혹은 단체가 연합하거나 협력을 하면 기사화될 가능성이 높다. 리조트 기업들도 대형 행사를 기획하거나 주최할 경우 문화관광부, 한국관광공사, 호텔협회, 관광협회 등 관련 업체들과 협조하여 홍보효과를 극대화할 수 있다.

유명인을 활용하라   홍보 주체가 스스로 자랑하는 것보다는 주위에서 칭찬을 해주는 것이 소비자의 수용성을 높일 수 있다. 그런 면에서 유명인을 홍보대사, 홍보도우미, 명예시민 등으로 활용하거나, 유명 드라마 촬영지 등을 활용한 홍보는 홍보 주체에 대한 지지를 이끌어 내고, 언론의 주목을 받을 수 있다. 예들 들어 용평리조트는 드라마 '도깨비'를 촬영했던 장소로서 드라마 종영 후 도깨비 투어 패키지를 판매하거나, 드라마 촬영지로서 리조트를 홍보하고 있다. 리솜리조트 역시 드라마 '시크릿가든'의 촬영지로서 언론과 일반인들의 주목을 받아 리조트를 홍보할 좋은 기회를 마련하였다.

▲ 유명 드라마 촬영지나 유명 연예인을 활용한 홍보는 소비자의 지지를 이끌어내고, 언론의 주목을 받을 수 있는 좋은 홍보수단이다.

사진은 뉴스다   새로운 사진은 독자의 시선을 끈다. 보도자료와 연계하기보다는 독자적인 사진뉴스를 구성하려는 노력이 필요하다. 예를 들어 1997년 문을 연 무주리조트의 티롤호텔은 개장 당시 팝의 황제 마이클 잭슨이 2박 3일간 체류하면서 세계적으로 언론의 주목을 받은 적이 있는데, 리조트 입장에서는 리조트를 홍보할 절호의 기회를 마련한 것이다. 지금도 무주리조트의 티롤호텔 스위트룸에는 마이클잭슨

방문 당시 촬영한 기념사진이나 기념품 등이 그대로 전시되어 있는데, 이것은 고객들에게 신기함을 안겨주는 사진으로 홍보 효과가 높다.

▲ 무주리조트 티롤호텔은 팝의 황제 마이클잭슨이 숙박한 호텔로 유명하다. ①티롤호텔 전경 ②마이클잭슨이 투숙한 스위트룸에 비치된 기념사진

(3) 판매촉진 수단

판매촉진(sales promotion)이란 제품과 서비스의 구매 혹은 판매를 증진시키기 위한 단기적 인센티브를 의미한다. 아무리 성공적으로 수행된 판매촉진 전략도 장기화되면 보통의 제품개념으로 바뀌게 되며, 그 효과 또한 감소될 수밖에 없다. 판매촉진의 대표적인 6가지 수단을 살펴보면 다음과 같다.

샘플 샘플(sampling)이란 고객에게 어떤 상품이나 서비스를 무료로 시험할 기회를 주는 것을 말한다. 즉 샘플의 제공은 상품이나 서비스를 미리 사용하게 함으로써 고객의 지각위험성을 감소시키고 서비스의 무형성에서 기인하는 구매의 위험을 감소시켜 구매를 유도하는 것이다. 샘플을 제공할 때는 새로운 신상품이나 서비스를 소개할 때나 기존 상품의 사용경험자가 적을 때, 또는 경쟁상품의 충성도가 높을 때 많이 사용된다.

쿠폰 쿠폰은(coupon) 상품이나 서비스를 구매할 때에 구입자에게 할인해주겠다는 증명서이다. 쿠폰은 일정 비율의 가격할인이나 메인 상품에 동반하는 음료수나 샐러드 등의 무료쿠폰이나 동반자에게 추가로 제공하는 할인쿠폰 등의 형태로 제공된다. 특히 가격에 민감하고 브랜드 충성도가 적은 고객을 유인할 때 적합한 수단이다. 그러나 쿠폰의 과다사용은 기업의 이미지와 브랜드 가치를 훼손할 우려가 있으며, 프리미엄 서비스를 제공하는 기업에게는 적합하지 않다.

프리미엄 제품이나 서비스를 구매한 고객에게 추가적으로 부가제품을 무료 혹은 할인을 통해 제공할 때 이것을 프리미엄(primium)이라고 한다. 프리미엄이 쿠폰과 다른 점은 무료나 할인을 원한다고 해서 모든 고객에게 제공하는 것이 아니고, 특정 제품이나 서비스를 구매한 우수고객에게만 제공한다는 점이다. 즉 기업에 충성된 고객에게 보상할 목적으로 그들에게 만족을 주고, 충성도를 더욱 높이기 위한 판촉이다. 따라서 쿠폰과 달리 기업의 이미지에 부정적인 이미지를 주지 않는다는 장점이 있다.

경품추첨 추첨(sweepstakes)은 특정한 기념일이나 연말연시, 개업행사 등에서 주로 사용되는데, 고객은 경품에 당첨(현금, 무료여행권, 자동차 등)되기 위해 구매행동을 하게 된다.

리조트의 경우 마케팅 행사기간동안 객실이나 식음료 업장을 이용한 고객들을 대상으로 추첨하여 당첨자에게는 무료 객실이용권이나 식사교환권을 경품으로 제공하거나, 특정 행사기간 동안 웨딩을 올린 고객을 대상으로 연말에 주점을 통해 고급 자동차를 경품으로 증정하는 등 다양한 방식이 있다.

▲ 경품추첨은 특정 기념일이나 연말연시, 개업행사 등에서 고객의 구매 행동을 유발하는 판매촉진 수단으로 사용된다.

환불/교환 환대산업에서는 환불이나 교환도 판매촉진의 수단에 해당된다. 환불이나 교환은 구매 혹은 이용 후에도 고객이 불만족했을 경우 고객에게 전액 환불이나 다른 상품으로 교환해주는 제도이다. 환불의 대표적인 예는 미국 Hampton Inn 호텔이 불만족한 고객에게는 객실료를 전액 환불해 주었던 '100% 서비스 보증제도'가 좋은 사례이다. 또한 Holiday Inn Express 호텔에서도 특정 마케팅 기간에 종사원이 인사를 하지 않는 등 고객 불편이 발생할 경우 객실을 무료로 제공하는 제도를 실시하여 모든 종사원의 친절을 유도하고 60% 미만의 객실점유율을 80% 이상으로 향상시켰다.

가격할인 가격할인(price reduction)은 가장 많이 사용되고 있는 판매촉진 수단으로 비수기에 수요를 자극하거나 기간 내 판매가 요구되는 상품을 처리하기 위하여 사용되고 있다. 또한 성수기를 피하고 비수기로 수요를 분산시키는 효과가 있다. 그러나 정상가격에 구매할 용의가 있는 고객들에게까지 할인가격으로 판매하거나, 고객들이 해당 기업이 가격할인을 할 때까지 구매를 하지 않고 기다리거나 동종업계 간 가격경쟁을 유발할 위험이 있어 신중히 채택할 필요가 있다.

▲ 에버랜드를 비롯한 리조트 업계에서는 비수기 기간에 다양한 할인이벤트를 통해 판매촉진을 실시하고 있다.

참고문헌

단행본

가와지마 요시쿠니, 미래도시를 여는 테마파크, 박석희 역, 1998.

골프존 마켓인텔리전스팀, 대한민국 골프백서, 백산출판사, 2013.

서천범, 레저백서, 한국레저산업연구소, 2020.

스탠리 파커, 현대사회와 여가, 일신사, 1995.

안봉원 외 공역, 관광시설조경론, 신학사, 1984.

엄서호 · 서천범, 레저산업론, 현학사, 2003.

유도재, 호텔경영론, 백산출판사, 2014.

유도재 · 조인환, 관광학개론, 대왕사, 2019.

유도재 · 조인환, Hospitality Marketing, 대왕사, 2012.

이사도어 샤프, 사람을 꿈꾸게 만드는 싱성사, 앙승언 역, 지식노마드, 2011.

이재곤 외 2인, 리조트경영론, 대왕사, 2015.

이종규, 리조트의 개발과 경영, 기문사, 2002.

이토마사미, 테마파크의 비밀, 박석희 역, 1998.

임청규, 스키리조트 계획의 이론과 실무, 도서출판누리에, 1998.

잭 웰치, 승자의 조건, 윤여필 역, 청림출판사, 2007.

조셉 미첼리, 리츠칼튼 꿈의 서비스, 비전과리더십, 2012.

채용식, 리조트경영학, 현학사, 2004.

펠만 스티븐, 디즈니와 놀이문화의 혁명, 박석희 역, 1994.

필립 코틀러 · 어빙 레인, 퍼스널 마케팅, 위너스북, 2010.

필립 코틀러 · 발데마 푀르치, B2B브랜드 마케팅, 비즈니스맵, 2007.

국내논문

권순정, 한국 노인요양시설의 공급량추정 및 시설계획에 관한 연구, 서울대 박사논문, 1999.

김규호, 관광산업의 경제적 효과분석, 경기대 박사논문, 1996.

김병량, 태백 폐광관광개발 기본계획, 서울대 석사논문, 1997.

김상훈, 한국온천관광지의 형성과정과 기능에 관한 연구, 경희대 박사논문, 1994.

김인순, 보양온천을 중심으로 한 수치료 시설의 비교연구, 건국대 박사논문, 2003.

김재민, 워터프론트를 이용한 한국형 해양리조트 입지분석에 관한 연구, 한양대 석사논문, 1997.

김현지, 리조트개발이 지역사회에 미치는 영향에 관한 연구, 한양대 석사논문, 1997.

류광훈, 해외 사례로 보는 복합리조트 개발의 과제, 한국관광정책, 2013.

박경열·정광민, 해외 사례분석을 통한 복합리조트 관광개발제도 도입에 관한 연구, 한국관광레저학회, 2014.

박원임, 여가레크레이션 정책에 관한 비교 연구, 국민대 박사논문, 1991.

변필성 외 5인, 낙후지역 개발사업의 추진실태 및 실효성 제고 방안, 한국연구재단, 2013(34).

부석현, 중문 관광단지내 카지노 리조트 계획에 관한 연구, 제주대 석사논문, 2001.

서상국, 테마파크 개발시 접근 방향에 관한 연구, 경운대 석사논문, 2002.

서수원, 강원지역 온천관광지 개발방향에 관한 연구, 경희대 석사논문, 2003.

손영해, 이미지 연출방법을 적용한 워터파크 설계기법의 개발에 관한 연구, 홍익대 석사논문, 1997.

엄상권, 국내 리조트시설의 현황 및 특성에 관한 연구, 성균관대 박사논문, 2001.

오주원, 골프장의 효율적인 경영을 위한 서비스마케팅 믹스 전략, 건국대 박사논문, 2005.

유도재·조인환, 국내 스키리조트의 국외시장 활성화방안 연구, 호텔관광연구, 2005, 7(1).

이양주, 주제공원 계획에서 설계기준일 선택을 위한 모형개발, 서울대 박사논문, 1997.

이은정, 자연이미지 연출방법을 적용한 실내환경계획에 관한 연구, 이화여대 석사논문, 1996.

이인환, 골프코스 중심의 종합리조트개발, 건국대 석사논문, 2005.

장귀환, 사계절 이용을 위한 스키리조트 계획에 관한 연구, 한양대 석사논문, 1999.

장병권, 한국형 복합리조트 조성방안, 한국관광정책, 2013.

정종석, 해양레저스포츠 발전을 위한 한국형 마리나 개발방향에 관한 연구, 경성대 박사
　　　논문, 2003.
정중걸, 지역발전을 위한 리조트사업의 활성화 방안에 관한 연구, 한양대 석사논문, 1999.
최병천, 낙후지역 재활성화 수단으로서 관광개발 효과에 대한 연구, 건국대 박사논문, 2004.
최성은, 테마파크 재현적 공간과 표현특성에 관한 연구, 국민대 석사논문, 2003.
한승준, 낙후지역 개발정책의 문제점과 개선방향, 한국행정학회 발표논문집, 2000.
황창규, 카지노산업의 효과적인 촉진방안에 관한 연구, 동국대 석사논문, 1997.

리조트 자료

곤지암리조트 홍보팀
롯데 워터파크 홍보팀
롯데월드 홍보팀
리솜스파캐슬 홍보팀
목포마리나 홍보팀
무주덕유산리조트 홍보팀
부곡하와이 홍보팀
부산수영만마리나 홍보팀
블루원 워터파크 홍보팀
서울랜드 홍보팀
소노호텔&리조트 홍보팀
아산스파비스 홍보팀
알펜시아리조트 홍보팀
양지파인리조트 홍보팀
에버랜드 홍보팀
엘리시안강촌리조트 홍보팀
오투리조트 홍보팀
용평리조트 홍보팀
웰리힐리파크(옛 성우리조트) 홍보팀
제주신화월드 홍보팀
충무마리나리조트 홍보팀

테딘 워터파크 홍보팀

파라다이스시티 홍보팀

하이원리조트 홍보팀

한솔오크밸리 홍보팀

한화호텔&리조트 홍보팀

휘닉스리조트 홍보팀

라스베이거스관광청

마카오관광청

말레이시아관광청

싱가포르관광청

일본관광청

캐나다관광청

골프다이제스트, 2005. 5.

대한요트협회, 자료실.

문화관광부, 제2차 관광개발 기본계획, 2000.

산업연구원, 카지노산업의 발전방향, 2003.

엘지이엔씨, 강촌스키리조트 조성사업 기본계획, (주)욱성, 1997.

여가산업연구소, 무주리조트개발구상에 관한 연구보고서, 1990.

월간 호텔 & 레스토랑, 2005. 1~8.

(주)강원랜드, 강원 카지노·리조트 조성사업 기본계획, 1999.

(주)우방, 우방 제주리조트 기본계획설계, 국제산업정보연구소, 1991.

중앙개발, 캐리비언 베이 사업계획서, 1995.

코리아 투어리즘 뉴스, 2004. 6.

한국골프장경영협회, 국내골프장 경영현황, 2005~2011.

한국관광공사, 관광통계, 2004.

한국관광공사, 세계관광시장 동향, 2004.

한국관광공사, 한국관광시장 동향분석 및 관련정보, 2004.

한국관광연구원, 폐광지역 카지노 설치 및 운영에 관한 연구, 1997.

한국스키장사업협회, 한국스키장 현황(00 / 01시즌~2011 / 11시즌).

한국종합유원시설업협회, 국내·외 테마파크 경영현황, 2005.

한국카지노업관광협회, 자료실.

Cyno 21, 강원 카지노리조트 조성사업 사업타당성 검토, 1998.

Gisco 산업연구소, 리조트산업의 현황, Vol. 1, 2.

Gisco 산업연구소, 리조트의 건축계획, Vol. 1.

Gisco 산업연구소, 리조트자료집, Vol. 1.

KGB컨소시엄, 골프장 설계·시공·관리·운영, 2004.

국외논문

Association of Austrian Spas and Health Resorts, Nature Health Spas and Health Resorts, Austria, 1984.

Auckland Yachting and Boating Association, The Boating Book, New Zealand : Auckland, 2003.

Beng, K. A., Oceanic Sports Survey, Singapore Federation, Secretary General, 2002.

Braunlich, Carl G., Lessons from the Atlantic City Casino Experience, Journal of Travel Research, 1996, 34(3).

Chuck Y. Gee., Resort Development and Management, the Educational Institute of the American Hotel & Association, U.S.A. : Michigan, 1981.

Clark, The Dictionary of Gambling & Gaming, NY : Lexik House, 1987.

Douglas G. Pearce, Tourist Development, Longman Scientific & Technical, 1981.

Dumazedir, J. Sociology of Leisure. New York, NY : Elservier North-Holland, 1974.

Eadington, W. R., Impact of Casino Gambling on the Community : Comment on Pizam and Pokela, Annual of Tourism Research, 1996, 13(1).

Gabe, Todd, Jean Kinsey, and Scott Loveridge., Local Economic Impacts of Tribal Casinos : The Minnesota Case, Journal of Travel Research, 1996, 34(3).

Gary Goddard, Creating the Theme Park of the 21st Century from concept to Realization. Landmark Group, U.S.A, 1994.

Gerge Tokildson, Leisure and Recreation Management, 1983.

Hawkins, Best, and Coney, Tourism Planning & Development Issue, 1998.

Hirose, K., Oceanic Sports Survey, Japan Sailing Federation, Director Chairman, International Committee.

Juul, Tore, The Architecture and Planning of Ski Resorts in France, Page Bros Ltd., 1979.

Lawson, Fred, Hotels Motels and Condominiums : Design, Planning and Maintenance, Cahners Books International Inc., 1976.

Maccallen, Brain, Golf Resorts of the World, A Golf Magazine Books, Abrams, Inc., 1993.

Manual Baud Bovy & Fred Lawson, Tourism and Recreation Development, Boston : CBI Publishing Company Inc., 1997.

Margaret Huffadine, Resort Design : Planning, Architecture, and Interiors, McGraw-Hill, 1999.

McKechnie, G. E., The Psychological Structure of Leisure : Past Behavior, Journal of Leisure Research, 1974, 6 : 4-16.

Mike Shaw, Unique Aspects of Theme Park Construction, Bovis International Malaysia, 1994.

Murphy, J., Recreation and leisure service, Iowa: William C. Brown Company Publishers, 1975.

Neulinger, J., An Introduction to Leisure, Boston : Allyn and Bacon, 1981.

Paker, S., The future of work and leisure, London: MacGibbon and Knee, 1971.

Perdue, R. R., Resident Support for Tourism Development, Annals of Tourism Research, 1990, 17(4).

Roehl, W. S., Quality of Life Issue in a Casino Destination, Journal of Business Research, 1999, 44(3).

Rutes, Walter A. and Penner, Richard H., Hotel Planning and Design, The Architectural Press Ltd., 1985.

Truitt, L. J., Casino Gambling in Illinois : Riverboats, Revenues, and Economic Development, Journal of Travel Research, 1996, 34(3).

Wightman, D. and Wall, G., The Spa Experience at Radium Hot Springs, Annals of tourism research, 1985.

W. R. Eadington, "The Casino Gaming Industry : A Study of Political Economy", The Annals of American Academy of Political and Social Science, 1984.

Wykes, Alan, The Compete Illustrated Guide to Gambling, A Books Limited, London, 1984.

저자약력

유도재

저자는 호텔 및 리조트 기업의 객실부서와 세일즈마케팅부서에서 10년간 근무하였으며, 세종대학교 호텔경영대학원에서 경영학 박사학위를 취득하였다. 한국여성경제인협회 창업스쿨과 서울시청공무원연수원 전문강사로 활동하였으며, 이후 경기대학교, 세종대학교 등에서 호텔관광경영학과 겸임교수를 역임하였다. 현재 백석예술대학교 관광학부 교수 겸 백석대학교 관광아카데미 교수로 재직 중이다. 주요 저서로는 호텔경영론, Hospitality Marketing, 관광학개론 등이 있으며, 관심분야는 리조트기업의 경영전략 및 전략적 제휴 등이다.

리조트경영론

2006년 2월 20일 초 판 1쇄 발행
2020년 7월 30일 제4판 1쇄 발행

지은이 유도재
펴낸이 진욱상
펴낸곳 (주)백산출판사
교 정 박시내
본문디자인 오행복
표지디자인 오정은

등 록 2017년 5월 29일 제406-2017-000058호
주 소 경기도 파주시 회동길 370(백산빌딩 3층)
전 화 02-914-1621(代)
팩 스 031-955-9911
이메일 edit@ibaeksan.kr
홈페이지 www.ibaeksan.kr

ISBN 979-11-6567-137-2 93320
값 30,000원